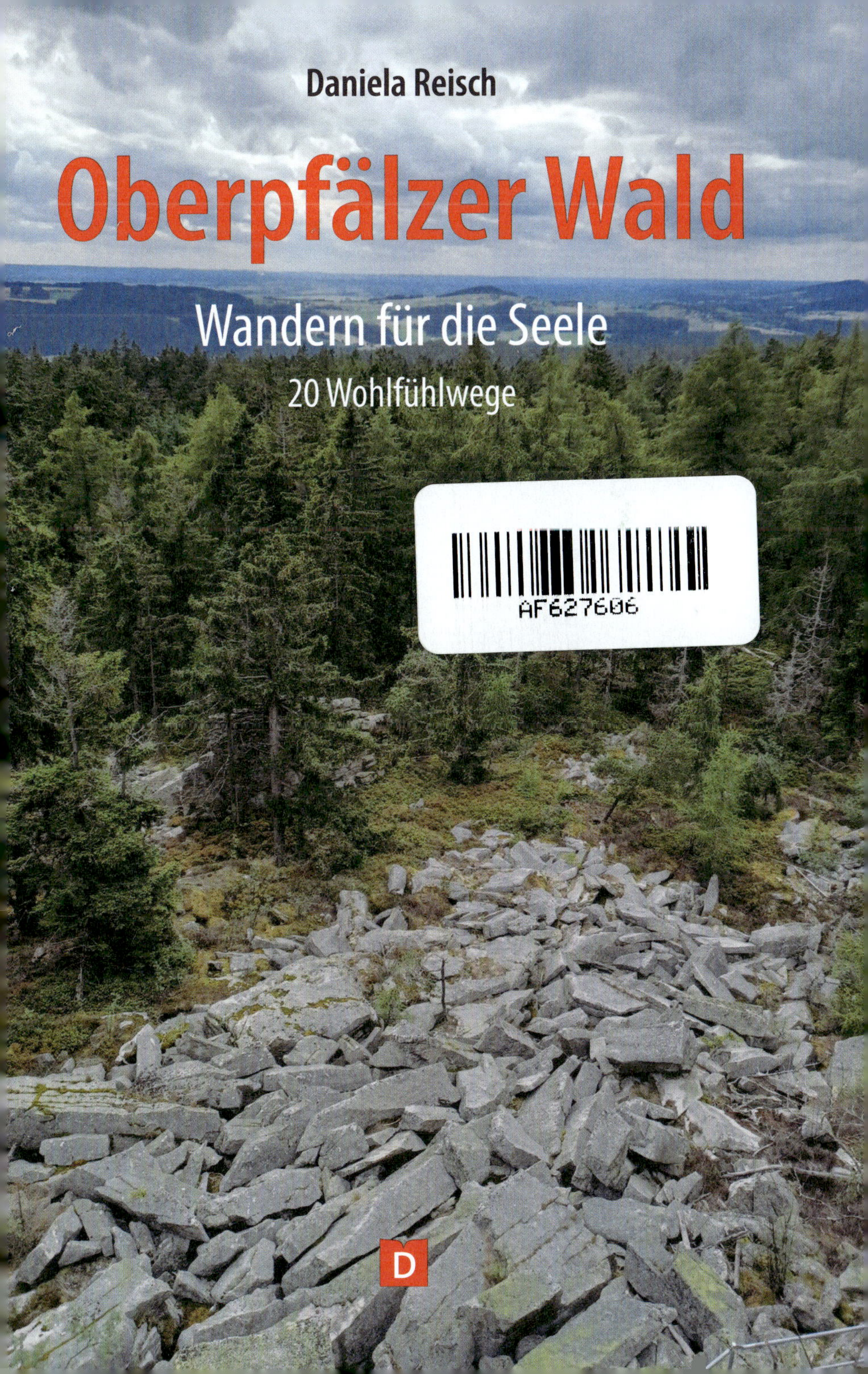

Daniela Reisch

Oberpfälzer Wald

Wandern für die Seele

20 Wohlfühlwege

D

Alle Touren auf einen Blick

ENTSCHLEUNIGUNG

ERFRISCHUNG

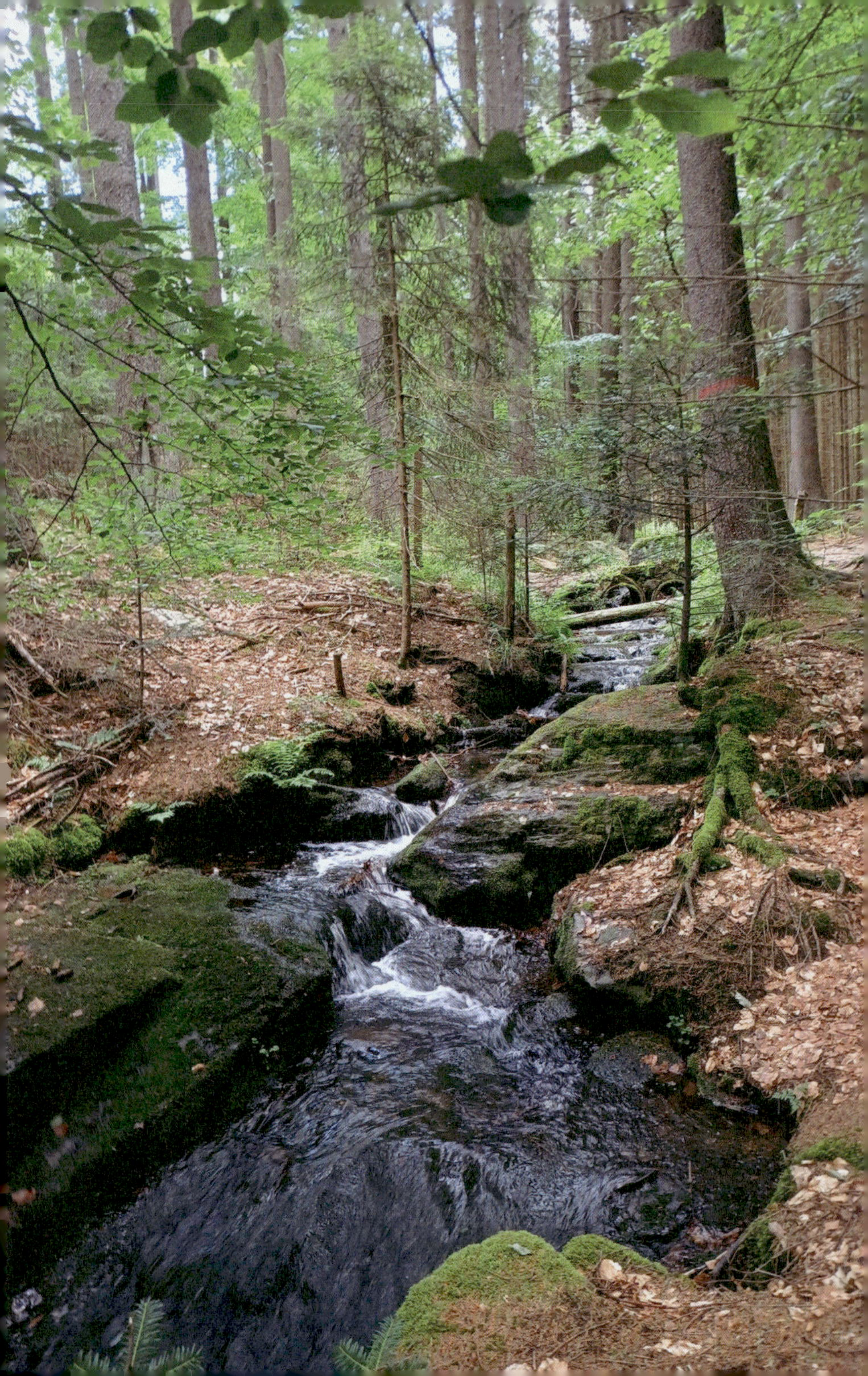

Liebe Wanderer und Naturfreundinnen,

der Oberpfälzer Wald zieht sich entlang der tschechisch-bayerischen Grenze von Waldsassen im Norden bis Waldmünchen im Süden. Unter ihrem grünen Dach offenbart uns die Region unerwartete Schätze.

Im Osten verbinden alte Schmugglerwege den Oberpfälzer mit dem Böhmerwald. Wir Wanderer überschreiten buchstäblich Grenzen, **vorbei an alten Baumriesen und Burgruinen** zu Aussichtspunkten mit grandiosen Fernblicken über noch mehr Wald.

NATUR

KULTUR

GENUSS

TOUR

GPS-Tracks zum Download

Der Norden der Region erhielt durch Vulkanismus seinen besonderen Reiz. **Erloschene Vulkanschlote** wie der Rauhe Kulm bergen eine seltene botanische Vielfalt, die sich **auf angenehmen Wegen** erkunden lässt.

Unsere Seele entspannt sich in den **wildromantischen Flusstälern** wie dem Doost oder Waldnaabtal, wo moosbewachsene, rundliche Granite im Wasser und im Wald die Existenz von Feen wahrscheinlich werden lassen.

Kulinarisch hat die Region zwei Besonderheiten zu bieten: Im Norden zeigt uns der Zoiglstern an, wo wir uns das untergärige, süffige Bier nach einer Wandertour genehmigen können.

Bei Tirschenreuth und Schwandorf erwandern wir **ausgedehnte Teichlandschaften** auf den Spuren der Karpfenzucht – und können anschließend den berühmten gebackenen Karpfen in der Gastronomie genießen.

Viel Freude beim Durchstreifen dieser außergewöhnlichen Region!

Ihre Daniela Reisch

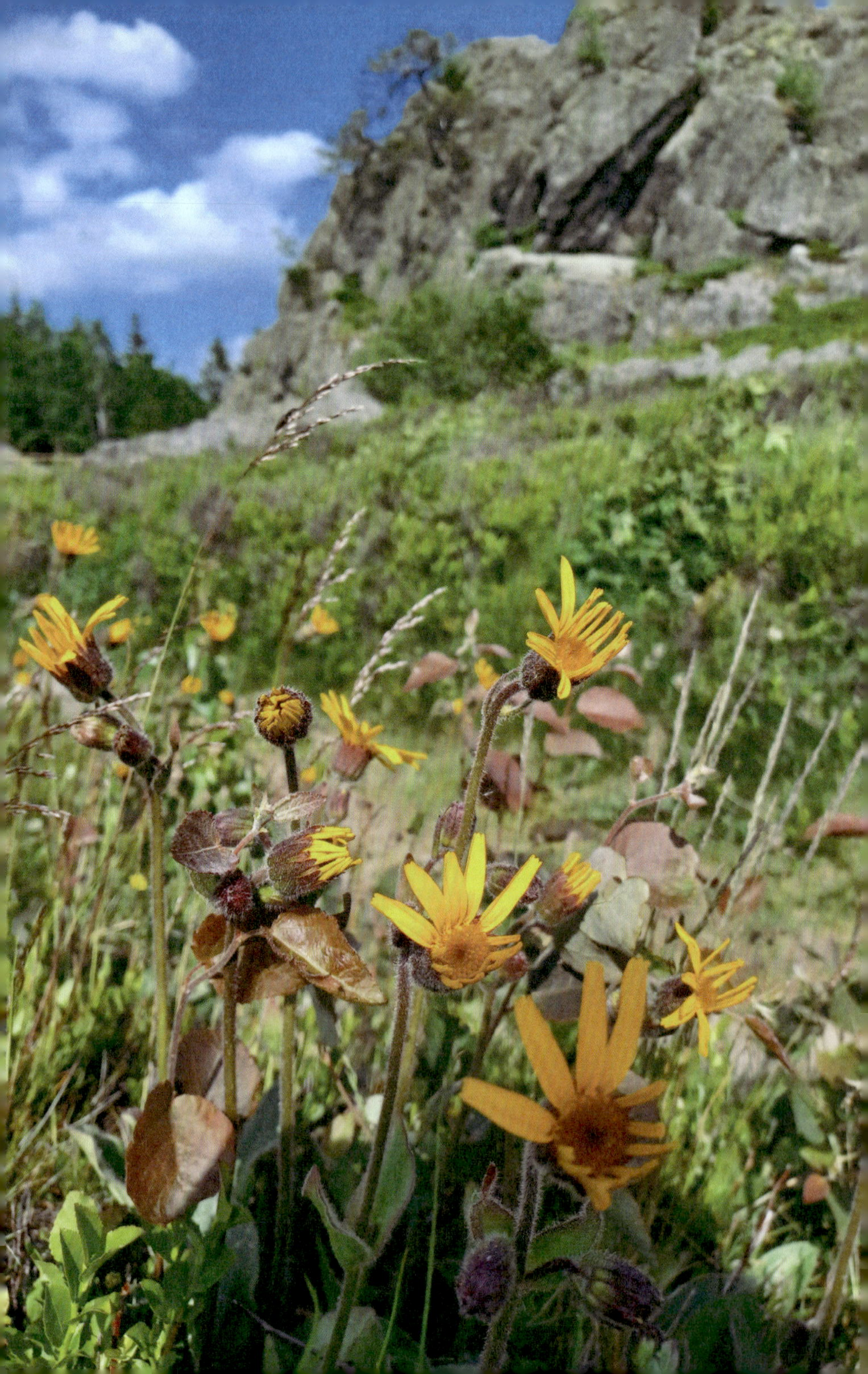

Grenzwerte

Der Grenzwald im Schönseer Land

Weit im Süden des Oberpfälzer Waldes und ganz im Osten finden wir eine Ballung von Highlights auf kleinem Raum: bizarre Felsformationen, eine Burgruine, einen Aussichtsturm, aufgelassene Ortschaften im Grenzgebiet, einen verlassenen Friedhof und ganz viel Wald. Wir packen unseren Rucksack mit Bedacht: aufgeladenes Handy, ausreichend Getränke trotz Einkehrmöglichkeit, Snack und Wanderkarte. Uns erwartet ein abenteuerlicher Tag in der Abgeschiedenheit des deutsch-tschechischen Grenzgebietes.

Stadlern heißt die Gemeinde im Osten von Schönsee, zum Landkreis Schwandorf gehörend. Der Wanderparkplatz befindet sich direkt unterhalb der ersten Sehenswürdigkeit, des ❶ **Geotops Gneis am Hochfels.** Die Felsrippe zählt zu Recht zu Bayerns 100 schönsten Geotopen. Sie ist umgeben von weiteren kleineren Gneiskuppen und Bockfeldern. Eine Infotafel klärt uns auf, dass das Gestein vor über 300 Millionen Jahren bei über 600 Grad Celsius geformt wurde. Das sind Zahlen und Maßstäbe, denen unser Geist nur schwer folgen kann. Der Hochfels ist typisch für die Gneiskuppen des südlichen Oberpfälzer Waldes und ragt, ganz untypisch, freigestellt und gut sichtbar in den Himmel.

Unsere Markierung bis kurz hinter dem Böhmerwaldturm ist der „Rote Querbalken auf gelbem Grund“. Wir starten erwartungsvoll durch die Heidelandschaft mit Wacholder, Schwarz- und Preiselbeeren und wir entdecken sogar die Echte Arnika am Wegesrand (streng geschützt). Die freie Fläche ist durch

__Unterschied Gneis und Granit:__ Gneis macht durch extremen Druck und hohe Temperaturen eine Metamorphose durch. Granit entsteht aus erstarrtem vulkanischen Magma. Beide bestehen aus Feldspat, Quarz und Glimmer.

Kilometer: 13,8
Höhenmeter: 310
Stunden: 4
RUNDWEG

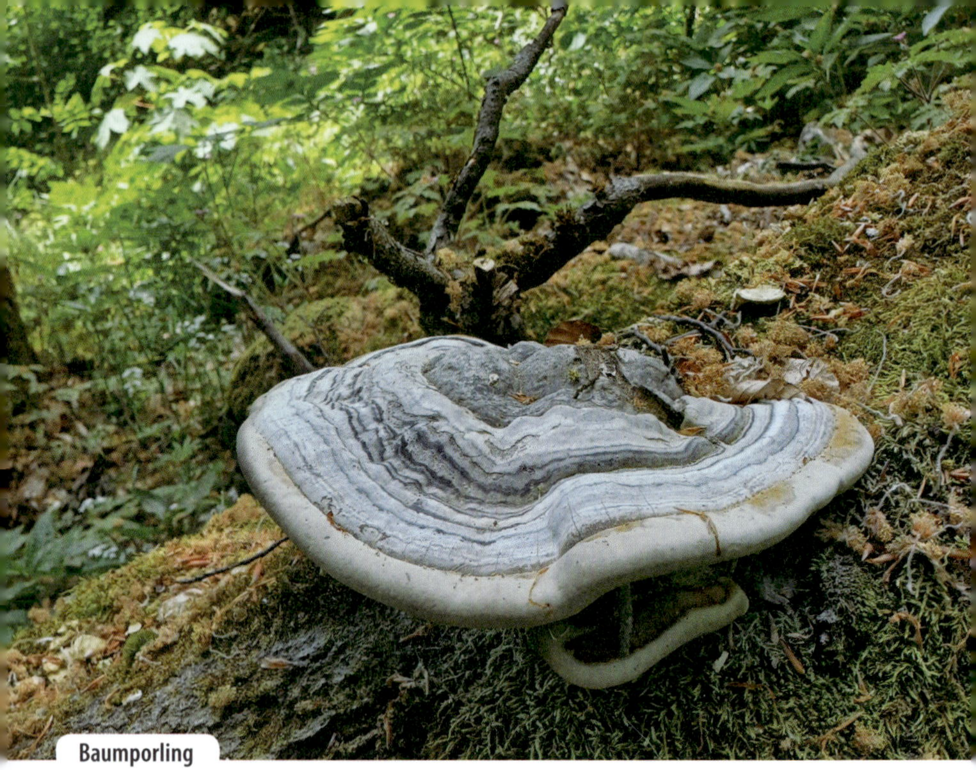

Baumporling

Die **Echte Arnika,** auch Bergwohlverleih genannt, ist sowohl Arznei- als auch Giftpflanze. Erst seit dem 18. Jahrhundert wird sie bei Beschwerden wie Verletzungen, Krampfadern oder Rheuma eingesetzt. Die Arnika ist geschützt.

jahrhundertelange Beweidung entstanden, sie diente der Gemeinde Stadlern als Allmende/Weidefläche.

Noch ein letzter Blick nach Südwesten in die wellige Landschaft, dann tauchen wir in den Wald ein. Kaum warm gelaufen, erreichen wir schon den Felshang unterhalb der **2 Ruine Reichenstein.** Die Felsrippen sind hier fast zugewachsen, in einem Teil werden sie als Kletterfelsen benutzt. Die Ruine liegt auf 874 Metern über N.N. und bietet einen schönen Blick über die Umgebung. Ihre genaue Entstehung ist im Dunkel der Geschichte verborgen, dafür ist sie geheimnisumwittert: Es soll ein unterirdischer Gang zur Ruine Frauenstein (Tour 3 „Vergessene Burgen") führen und eine spukende weiße Frau hat schon so manchen einsamen Wanderer das Fürchten gelehrt.

Weiche Wald- und Wurzelpfade schlängeln sich durch zunehmend mehr Fichtenwald zum Böhmerwaldturm. Kräuterkundige Augen entdecken eine spannende Flora wie zum Beispiel das violette Waldläusekraut, ein Halbschmarotzer, der wegen seiner giftigen Inhaltsstoffe früher gegen Läuse (Name!) verwendet wurde. Dabei kommen wir am ersten ③ **Landschaftskino** des Oberpfälzer Waldes vorbei, das seit 2021 den Grenzweg bereichert. Der Blick geht über die Magerwiesen und eine ehemalige Skiabfahrt hinein in den endlosen Böhmerwald und Bayerischen Wald, inklusive Blick auf den Osser und Arber.

Für die Seele

Die vergangenen Orte und der Friedhof machen uns nachdenklich. Wir sind dankbar für Frieden und Zuhause.

Weiter geht's bergauf. Mit 898 Metern über N.N. ist das Naturdenkmal und Geotop Weingartenfels der höchste Gipfel im Landkreis Schwandorf. Mehrere Felsrippen aus Gneisen machen ihn für Geologen höchst spannend. Den meisten dürfte der Ort aber wegen des 30 Meter hohen ④ **Böhmerwaldturmes** ein Begriff und lohnendes Wanderziel sein. 142 Holzstufen führen zur verglasten Aussichtskanzel, die einen schönen Blick über den Böhmerwald auf der einen Seite und Bayern auf der anderen bietet. Über den Norden

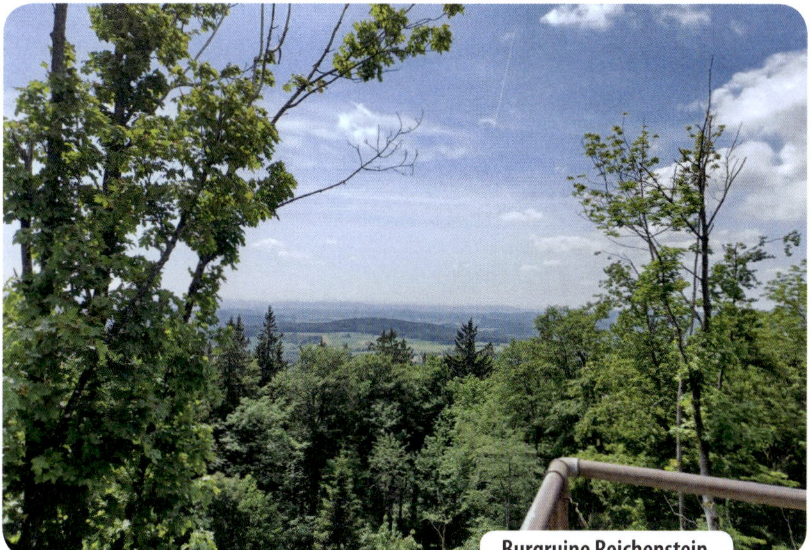

Burgruine Reichenstein

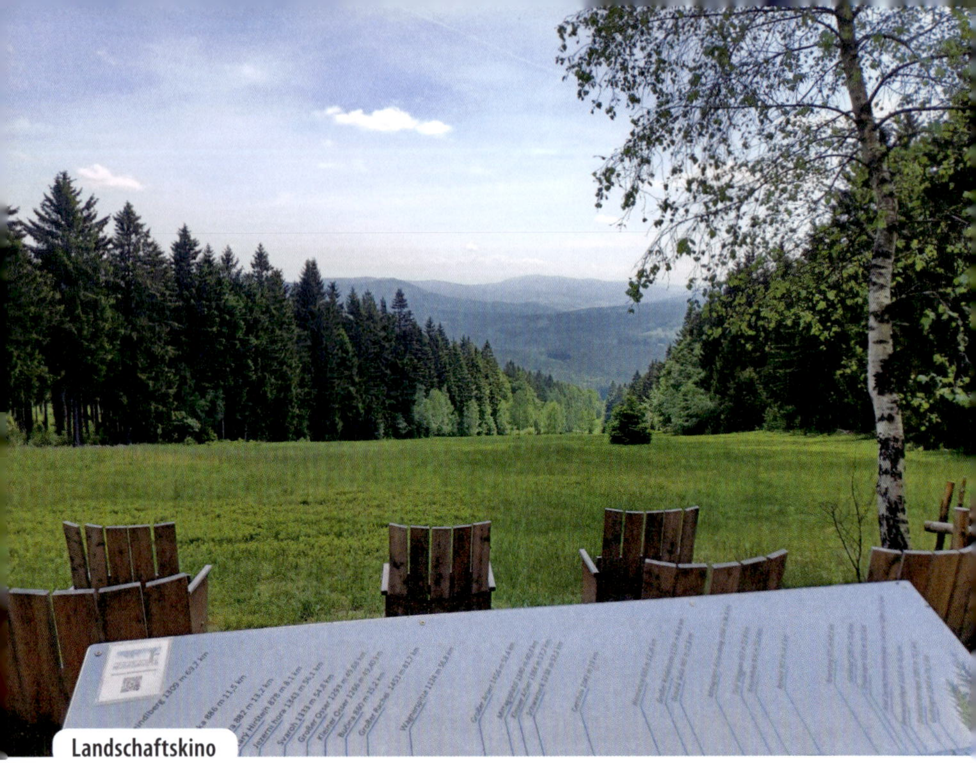

Landschaftskino

des Weingartenfelsens zieht sich auch die Europäische Hauptwasserscheide Donau-Elbe.

Kurz hinter dem Turm bei einem Schilderbaum verlassen wir unsere Wegmarkierung und wechseln für die nächste große Etappe bis kurz vor Stadlern auf die Markierung „BB2“. 500 Meter weiter erreichen wir die **5 Wüstung Bügellohe** mit dem letzten noch verbliebenen Fleischhackerhaus als Wahrzeichen. Die Siedlung entstand zwischen 1946 und 1948 aus der puren Not heraus. Dörfer der Sudetendeutschen wie Plöß, Rappauf und Wenzelsdorf, jetzt auf der tschechischen Seite, wurden damals dem Erdboden gleichgemacht. Elf Familien mit insgesamt etwa 60 Mitgliedern bauten sich hier einfache Baracken aus Holz, in der Hoffnung, bald wieder in ihre Dörfer zurückkehren zu können. Es gab weder eine Straße noch fließendes Wasser oder Strom. Einzige Wasserversorgung war die Quelle des Weißbachs. Weil die Lebensumstände gar zu widrig waren, wurde die Bügellohe wieder aufgegeben. Im hinteren Teil des Fleischhackerhauses ist ein kleines Informationszentrum zur Geschichte der Bügellohe untergebracht.

BB2 steuert über Feuchtwiesen auf die **Weißbachquelle** zu, deren Wasser sich zum Schwarzen Meer aufmacht, über die Ascha, Schwarzach, Naab und Donau. Gefühlte drei Schritte weiter gehen wir durch den ehemaligen Eisernen Vorhang und betreten tschechischen Boden. Hier gluckert das Johannesbächlein Richtung Osten zur Moldau, Elbe und dann in die Nordsee. Die Landschaft ist einsam und wild, hat aber noch einen Nachklang der ehemaligen Besiedlung. Wir streifen **Wenzelsdorf/Vaclav,** das bis 1945 noch über 600 Einwohner hatte. Jetzt sind die verlassenen Gebäude der Grenzwachen überwuchert. Der Weg zweigt nach links ab, es öffnet sich eine Weide- und Wiesenlandschaft mit weißen Kühen. Hier stand mal die Siedlung Rappauf/Rabov, wie ein Schild erinnert, wo seit dem 16. Jahrhundert Glasperlen für Rosenkränze und Stickperlen hergestellt wurden.

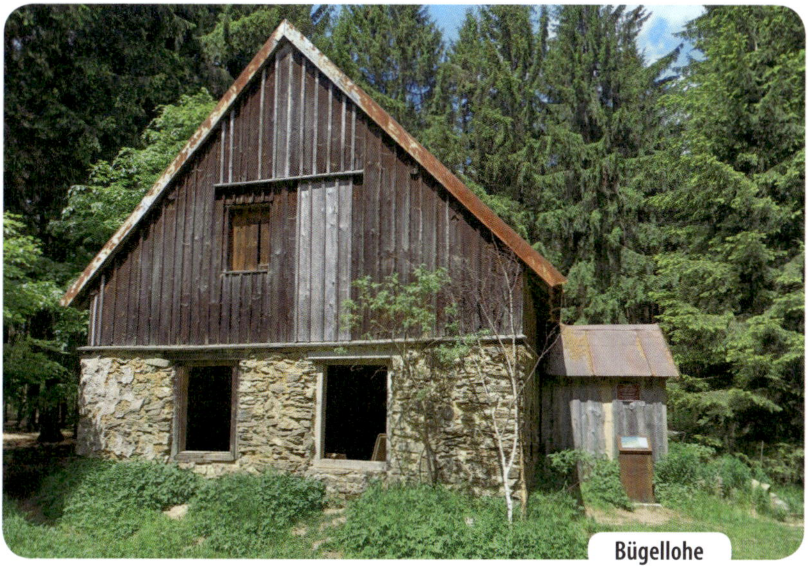

Bügellohe

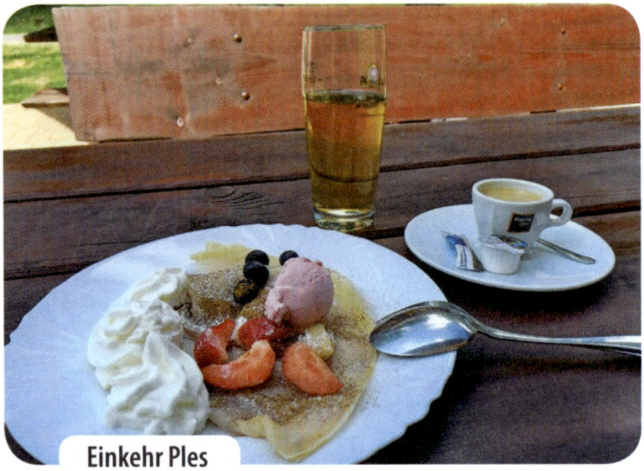
Einkehr Ples

Noch ein Linksschwenk durch die idyllische Landschaft auf dem Grünen Dach Europas und wir erreichen die **Wüstung Plöß/Ples.** Auch hier wurden ab 1945 alle Bewohner vertrieben, die 124 Häuser verfielen bis auf die sogenannte Rössler-Villa Nr. 73, die vom Förster und Schmuggler Josef Zika bewohnt wurde. Heute ist hier das ⑥ **Restaurace Ples,** in dem es Gästezimmer und Gaumenfreuden gibt. Im schattigen Biergarten genießen wir Pfannkuchen, Espresso und Apfelschorle – auch die herzhafte Speisekarte liest sich gut.

*Der **Name Plöß** lässt sich von Blöße (= freie Fläche) herleiten. Seit dem 16. Jahrhundert lebten hier Familien von der Glasherstellung in relativer Armut. Der karge Höhenzug ließ nur den Anbau von Hafer zu.*

Auf unserem weiteren Weg liegt rechts die **Kapelle Heilige Maria Plöß,** erst 2016 erbaut als Symbol der jetzt wieder guten Beziehungen der Menschen im Grenzland. Die Vorgängerkapelle wurde nach der Vertreibung erst als Stall genutzt und dann abgerissen.

An der nächsten Wegkreuzung machen wir einen Abstecher zum ehemaligen ⑦ **Friedhof Plöß,** gehen ein paar Meter weiter geradeaus (statt mit BB2 links) und biegen an der Statue von Johannes dem Täufer links ab. Der Friedhof wurde von der Heimatgemeinde Plöß ab 1989 sanft wieder instand gesetzt, die Fundamentmauern der Kirche Johannes der Täufer freigelegt und Wildwuchs beseitigt. Die Steinkreuze träumen auf der Anhöhe unter Flieder und Eschen vor sich hin. Die meisten Namen auf den Grabinschriften sind deutsch und wenige Menschen sind älter als 40, 50 Jahre geworden. Hier befindet sich auch das symbolische Grab des Försters und Schmugglers Zika, der 1951 erschossen wurde. Es ist ein stiller, schöner Ort zum Nachdenken und Sichbesinnen.

Wieder an der Wegkreuzung folgen wir der Markierung „BB2“ nunmehr nach rechts Richtung Grenze. Wir laufen durch ein tschechisches Naturreservat, das seine Vielfalt durch die Grenzschließung entwickeln konnte. Wir sehen Weiden und Felder, die verbuschen, uralte Rotbuchenbestände sowie bunte Pflanzenvielfalt und wissen, dass hier Wildkatze, Luchs und Haselhuhn ihre Runden drehen.

Unterhalb des Eulenberges erreichen wir die Grenze und die Ortschaft **Friedrichshäng.** Hier biegen wir mit BB2 links in eine offene Wiesenlandschaft ab, überschreiten den kleinen Weißbach, den wir von seiner Quelle oben in Bügellohe her kennen, plagen uns im Wald über den Gerstmaier Steig den Schillerberg hinauf bis auf 784 Meter – und dann wieder runter. Es quert ein Weg, der BB2 mit nach links nimmt. Wir gehen aber einfach einen unmarkierten Weg geradeaus, der nach wenigen Hundert Metern auf einen Wanderparkplatz stößt, der an der Landstraße Richtung Stadlern liegt. Wir queren die Straße und laufen auf der

__Am Eulenberg__ finden wir auch eine Gruppe von Spielleuten, die Irrlichter und die Pascher, die übers Jahr verteilt Freiluftbühnenstücke aus dem Grenzland aufführen. Beliebt ist außerdem der Adventsmarkt am Eulenberg.

Ehemaliger Friedhof Plöß

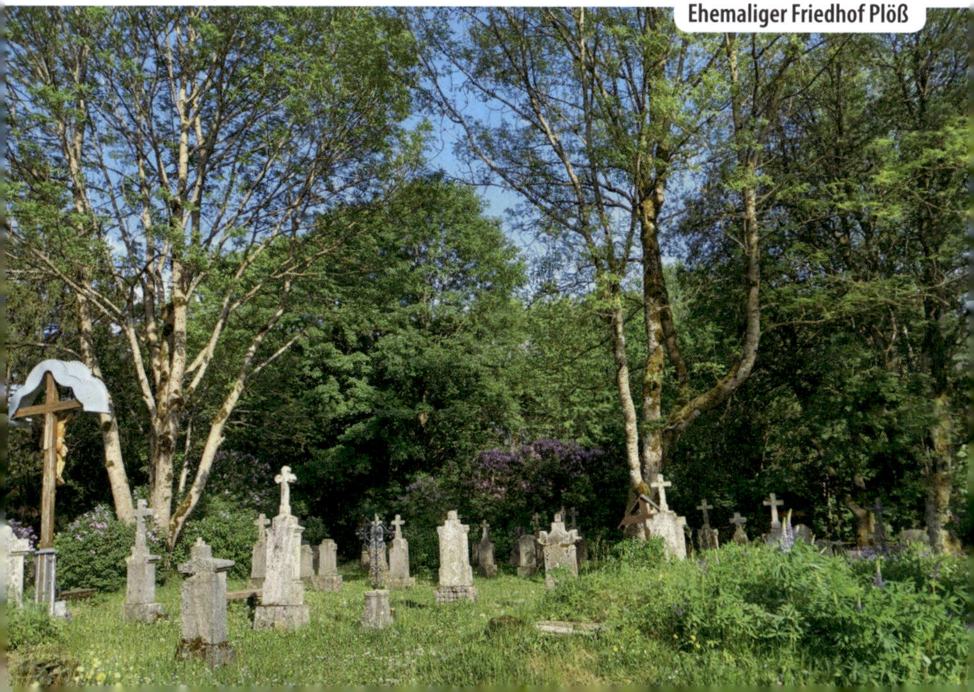

anderen Seite einen breiten Weg Richtung Süden/Stadlern. Kurz vor der Ortschaft noch mal ein Seitenwechsel und die letzten Meter versüßt uns ein **Lehrpfad der örtlichen Schule** mit Holz- und Fantasietieren. Unser Hund ist auf jeden Fall angemessen entsetzt und bellt und knurrt die hölzerne Meute ergebnislos an.

Auf der Hauptstraße laufen wir in Stadlern hinein bis zum Sportplatz, dort biegen wir links in die Straße Zum Hochfels ein, dann links in die Reichensteinstraße und dort nehmen wir den nächsten Weg rechts, ist auch ausgeschildert, zum Wanderparkplatz Am Hochfels. Die Tour war so erlebnisreich und entspannend, am liebsten würden wir sie morgen gleich noch einmal laufen!

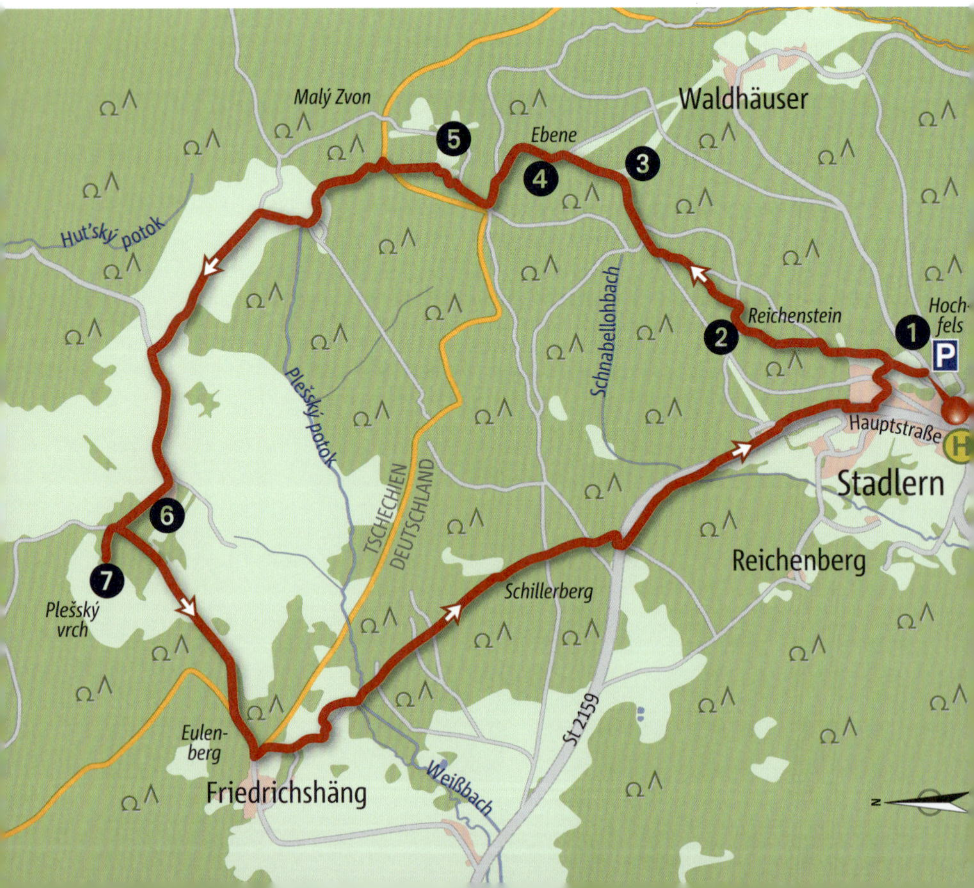

ALLES AUF EINEN BLICK

Entspannung
Abenteuer
Vielfalt

WIE & WANN

Die Wanderwege sind auch auf der tschechischen Seite sehr gut ausgeschildert. Gut laufbare Wege und Pfade. Besonders schön im Frühling und Sommer.

HIN & WEG

Auto: Wanderparkplatz am Hochfels, Waldhäuser Straße 7, 92549 Stadlern
ÖPNV: Bus 6296 bis Schönsee (nur wochentags!); BAXI 8403, Tel. (0 94 31) 8 02 80 05

ESSEN & ENTSPANNEN

6 **Restaurace Ples (Plöß),** CZE-345 26 Bela nad Radbuzou, Tel. +4 20 (6 02) 43 21 78

ENTDECKEN & ERLEBEN

1 **Geotop Gneis am Hochfels**
2 **Ruine Reichenstein**
3 **Landschaftskino**
4 **Böhmerwaldturm**
5 **Wüstung Bügellohe**
7 **Ehemaliger Friedhof Plöß**

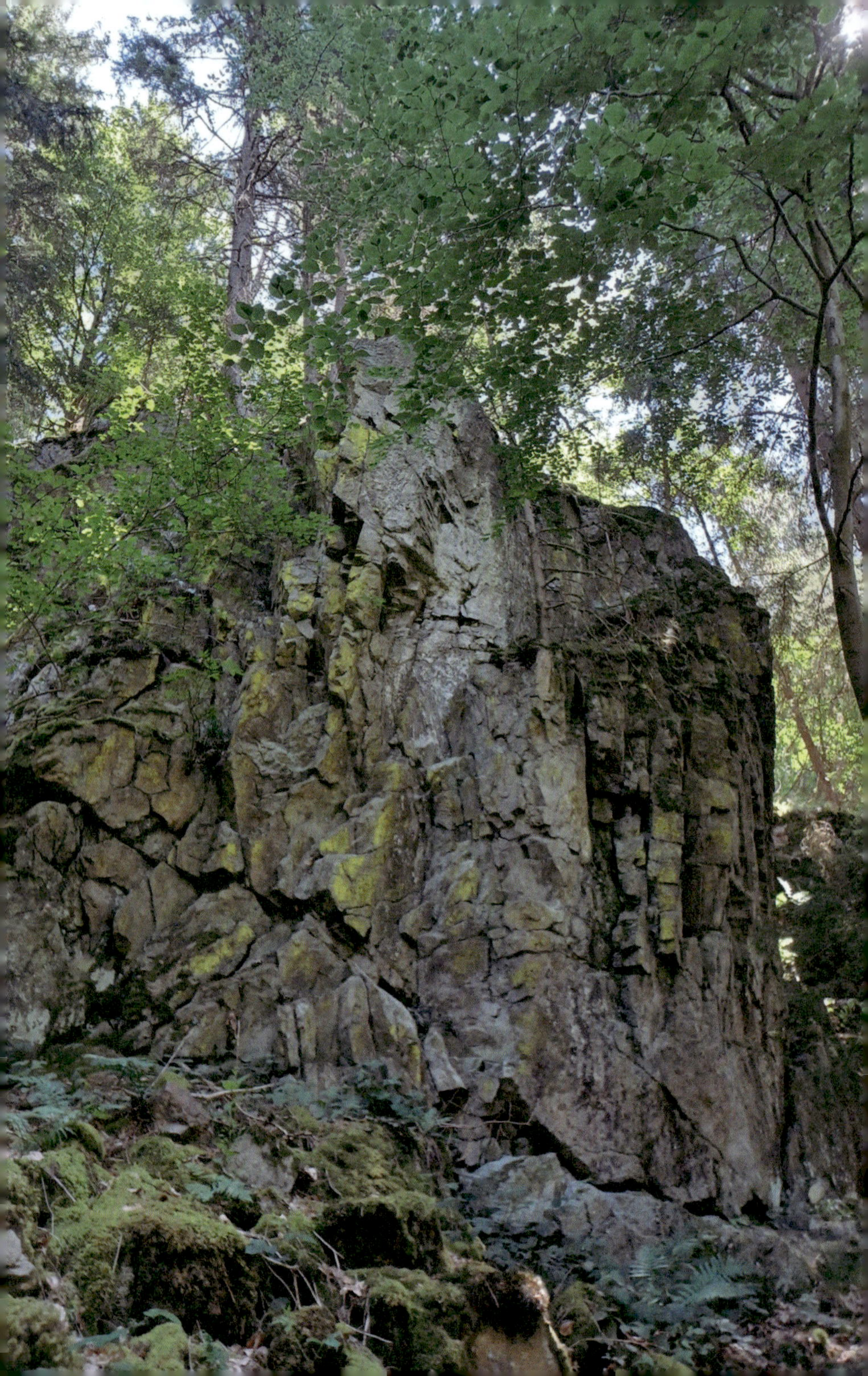

Wasserträume

Die Pfreimd bei Trausnitz

Auf eine Auszeit im vollen Umfang lassen wir uns bei der Erkundung des Pfreimdtaluferpfades ein. Die Zoiglstube hat nicht immer geöffnet und ermöglicht nur eine Einkehr am Ende der Tour. Abgesehen vom Uferweg und dem Fluss selbst gibt es keine Sehenswürdigkeiten wie Aussichtstürme oder Ruinen. Die Anreise ist mit dem Auto zu empfehlen. Im Rucksack verschwinden neben einer Wanderkarte und einem aufgeladenen Handy auch Getränke und eine Brotzeit. Am besten legt man seine Wanderung auf einen der Ausschanktermine der Zoiglstube Lohbinder, so lässt sich die Wanderung am Abend gemütlich abrunden.

Wir parken in **Trausnitz** vor der Pfarrkirche St. Josef. Trausnitz liegt gerade noch im Landkreis Schwandorf, beherbergt knapp 1000 Einwohner und hat seinen Namen von der „Burg Trausnitz im Tal“ übernommen. Diese thront über dem Fluss Pfreimd auf 448 Metern über N.N. seit nunmehr 700 Jahren. Sie zählt zu den schönsten und fotogensten Burganlagen Bayerns – für uns nur von außen zu bestaunen. Wilde Ritterhorden hausen aktuell in den historischen Hallen und vertreiben Eindringlinge mit Geschrei. Das Burggebäude ist eine Jugendherberge.

Wir laufen zunächst die Straße Richtung Ortsausgang am Kindergarten vorbei und biegen dann rechts in die Hauptstraße **Richtung Ödmühl** ab. Es geht bergab. Links befindet sich ein Rotwildgehege, rechts der Gebäudekomplex des seit einigen Jahren geschlossenen Seehotels Anzer, vor uns die Pfreimd.

Kilometer: 14,2
Höhenmeter: 250
Stunden: 4
RUNDWEG

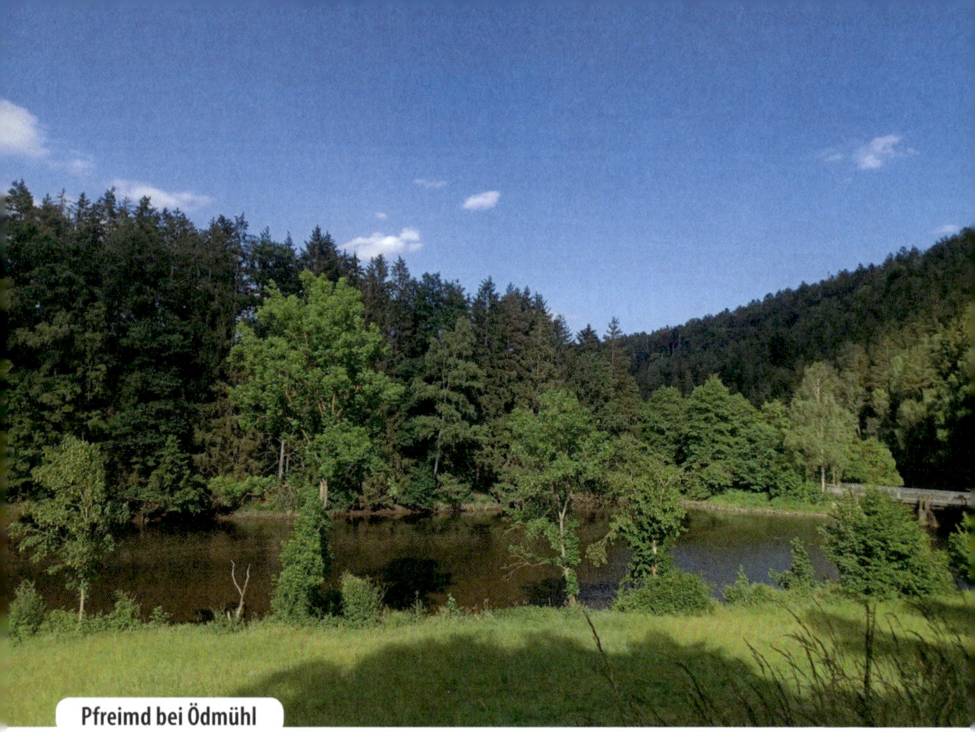

Pfreimd bei Ödmühl

*Ein **Viertelhof** oder Viertelbauer hatte eine Ackerfläche in der Größe einer Viertel- oder halben Hube (Hofstelle und Nutzungsfläche) zur Verfügung. Das reichte meistens nur als Nebenerwerb.*

Hier finden wir die Markierung „Blauer Ring“, die uns die gesamte Strecke leiten wird. Die Tour verläuft im Uhrzeigersinn Richtung Tanzmühle, gegen die Fließrichtung, also laufen wir als Erstes an der Gebäudegruppe Ödmühl vorbei. Der einstige Viertelhof mit Mahlmühle ist heute ein Wohnhaus.

Unser Tagesthema ist die 1 **Pfreimd.** Der Fluss entspringt als Katerinabach in der Tschechei und ändert erst nach 20 Kilometern beim Übertritt über die Grenze den Namen. Insgesamt 76 Kilometer und 320 Höhenmeter legt die Pfreimd zurück, bis sie bei der nach ihr benannten Stadt in die Naab mündet, die Kurs aufs Schwarze Meer nimmt. Knapp 600 Quadratkilometer beträgt das Einzugsgebiet ihres Flusssystems, dessen Grenze die Europäische Hauptwasserscheide zwischen Donau und Elbe ist. Die Namensherleitung kommt wahrscheinlich vom sorbischen „pri-“, was so viel wie trübes Wasser bedeutet. Durch ihren kräftig schlängelnden Verlauf zählt sie zu den naturnahen und schönsten Flüssen Bayerns.

Kurz hinter **Ödmühl** umfängt uns schon Ruhe und üppige Natur. Der Pfreimdtalwanderweg ist wenig belaufen und deshalb ideal geeignet zum verträumten Dahinwandern. Der Weg wird schmaler und präsentiert rechter Hand üppige Feuchtwiesen. Die Berghänge rechts und links des Flusses zählen zum **② FFH-Gebiet Pfreimdtal und Kainzbachtal,** das insgesamt gut 343 Hektar umfasst. Das Fließgewässersystem bietet bedeutende Lebensraumqualitäten für einige seltene und bedrohte Tierarten. Ganz speziell ist hier die Libellenvielfalt wie das Vorkommen der Grünen Keiljungfer zu nennen. Das Wasser mag den Sorben dazumal trüb erschienen sein, aber heute taugt es vielen Fischarten als Lebensraum, wie dem Bachneunauge, der Mühlkoppe und der Groppe. Sogar einige Süß-

Für die Seele

Das Plätschern des Wassers, der Wind in den Bäumen und das Vogelgezwitscher sorgen für sofortige Entspannung.

Nadelwald

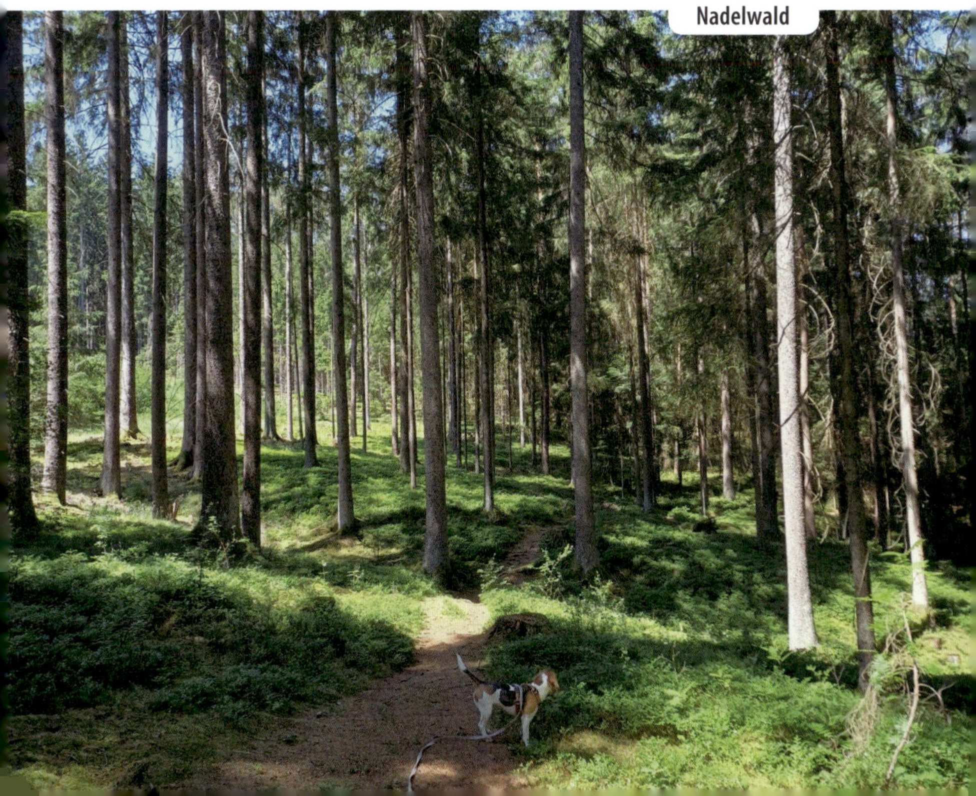

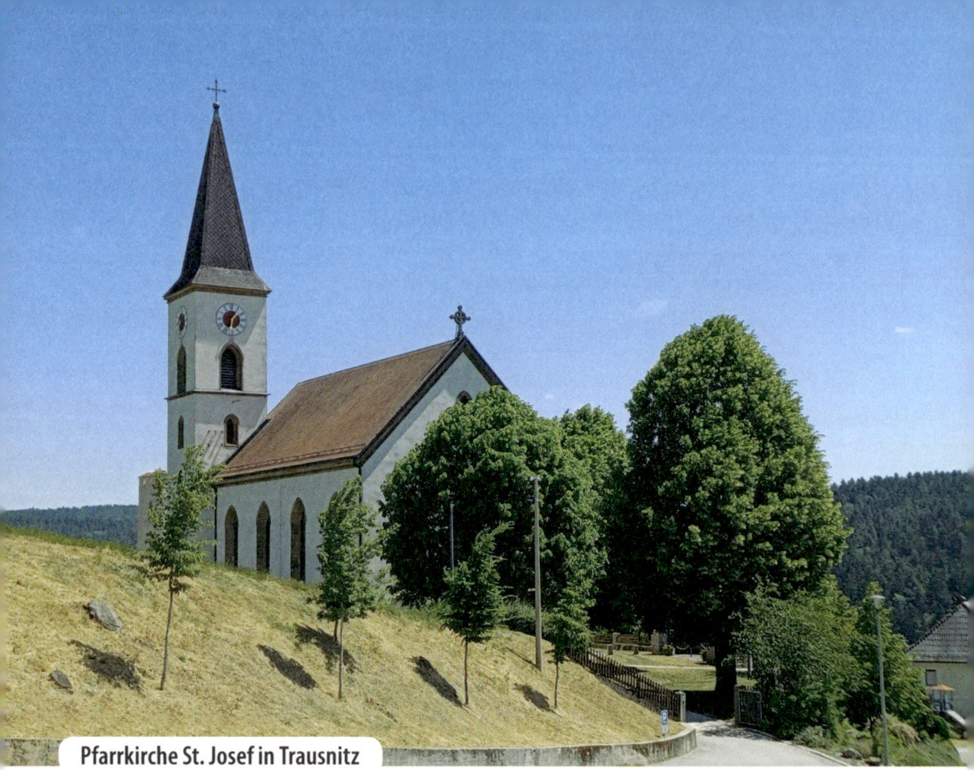

Pfarrkirche St. Josef in Trausnitz

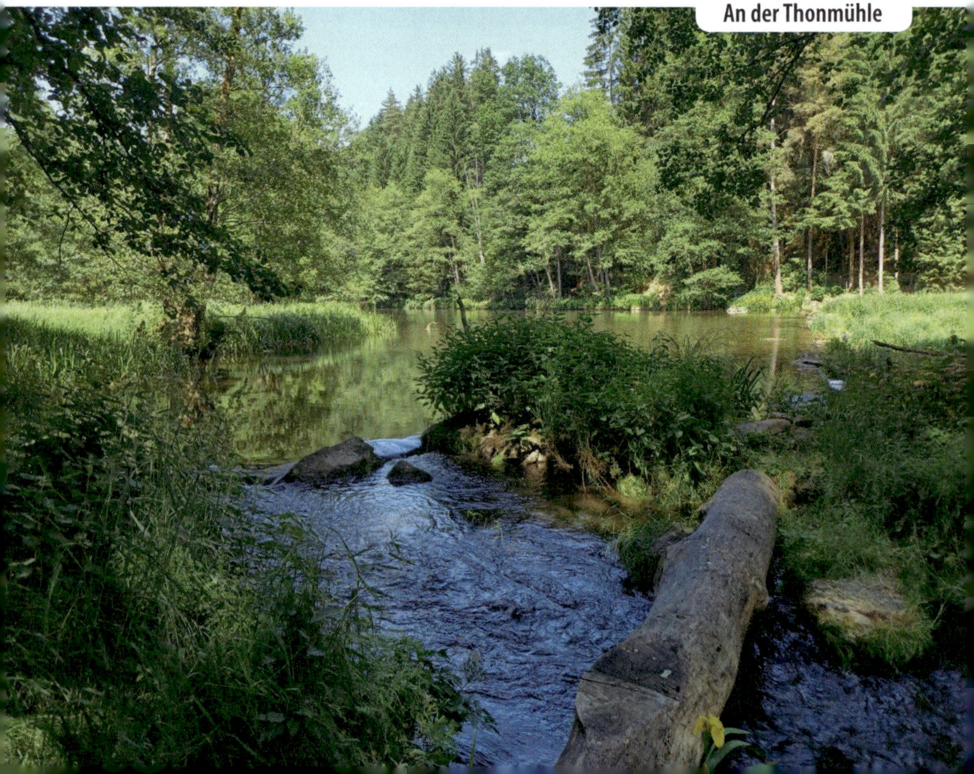

An der Thonmühle

wassermuscheln fühlen sich hier wohl, Bergunke und Gelbbauchunke sind nachgewiesen. Nagespuren an Ästen und Baumrinden und sanduhrförmig angefressene Bäume verraten die Anwesenheit des Bibers.

Auf unserer Wanderung werden wir verschiedenste Lebensraumtypen, unter anderem Auwald, Moorwald und Schlucht- und Hangmischwald, kennenlernen. Ständig ändern sich die Vegetation, die Gerüche, die Geräusche. Mit Moosen, Farnen und Flechten bewachsene Felsen ragen links im Wald auf und kündigen den „Steinigen Weg“ an, eine Wegetappe über vielleicht 20 Meter Felsen und Steine. Moosige Granitblöcke sprenkeln den Fluss, die Sonne malt Kreise und Kringel aus Licht in den Wald. Jeder Schritt ist ein Genuss. Üppiger Laubwald aus Vogelbeeren, Holunder, Bergahorn und Erlen drängt an die Pfreimd.

*FFH-Gebiet ist die Abkürzung für **Fauna-Flora-Habitat** und bezeichnet ein Schutzgebiet, in dem spezielle, teils bedrohte Tier- und Pflanzenarten leben. Zusammen mit den Vogelschutzgebieten bilden sie das Netzwerk Natura 2000.*

Ein Holzsteg führt über den von links herabrinnenden Dreiherrenbach und weiter geht's auf schmalen Uferpfaden bis zum ehemaligen Standort der ③ **Thonmühle.** Nur noch ein Schild erinnert daran, dass hier 400 Jahre lang erfolg- und ertragreich ein Mühlrad klapperte. Mit Wasserkraft wurde Holz gesägt, Korn gemahlen und Pflanzenöl gepresst.

Ein Stückchen weiter fallen die ④ **Anzersteine** links des Weges ins Auge. In einem Stein wurden eine Bischofsmütze und Jahreszahlen eingeritzt, wahrscheinlich vom Döllnitzer Pfarrer Schmid zum Gedenken an den Bi-

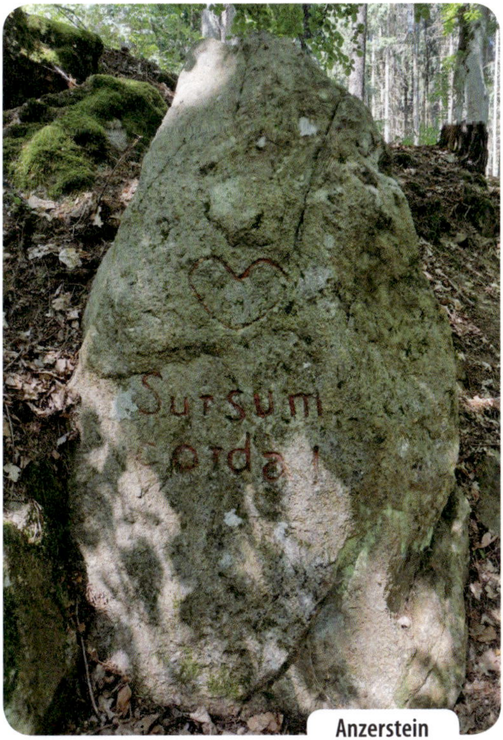

Anzerstein

Von Mai bis Juni wachsen hier die gelben ***Sumpf-Schwertlilien,*** *eine gefährdete Pflanzenart. Sie sind in Europa heimisch, aber keine echten Lilien, sondern Iris. Vor allem in der Heraldik (Wappen) sind sie beliebt. Die ganze Pflanze ist giftig.*

schof Johann Baptist (von) Anzer, einen gebürtigen Oberpfälzer. Auf dem zweiten Stein steht unter einem Herz der Schriftzug „Sursum Corda" = „Empor die Herzen".

Der Blaue Ring schwingt sich hoch auf eine Teerstraße und wir queren die Pfreimd bei **5 Tanzmühle.** Der Weiler gehört zur Gemeinde Tännesberg. Aber die Aufmerksamkeit zieht sowieso das riesige Pumpspeicherwerk Tanzmühle auf der anderen Pfreimd-Seite auf sich. Es ist ein kombiniertes Pumpspeicher- und Laufwasserkraftwerk und gehört in die Kraftwerksgruppe Pfreimd mit dem Hochspeicher Rabenleite, dem Kainzmühlspeicher und dem Trausnitzspeicher. Das System versorgt die Umgebung mit Strom, die Hochwasserregulierung durch die Talsperren ist ein Nebeneffekt.

Auf der östlichen Seite der Pfreimd folgen wir der **Markierung „Blauer Ring",** die auf der Teerstraße eine

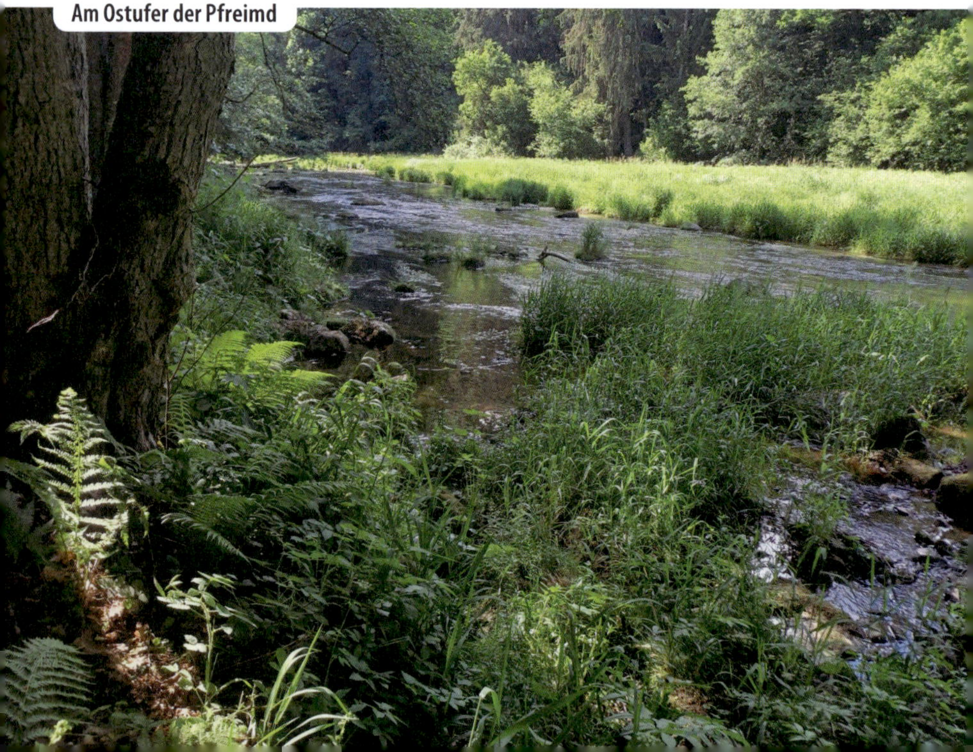

Am Ostufer der Pfreimd

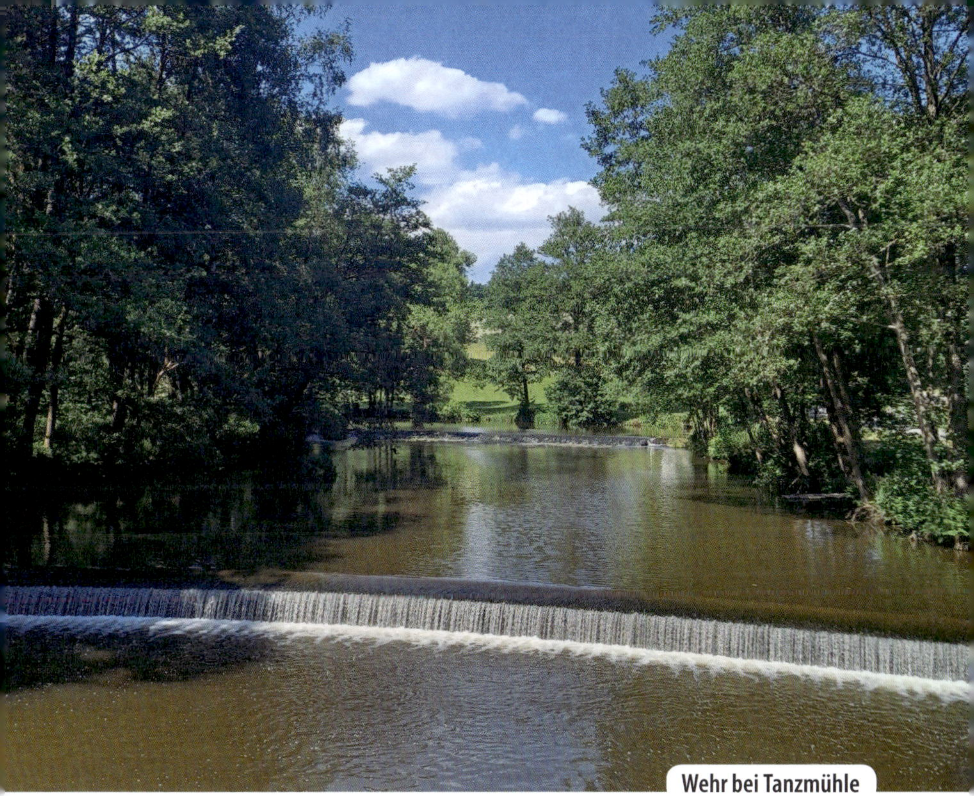

Wehr bei Tanzmühle

scharfe Kurve beschreibt und gleichzeitig den steilsten Anstieg der Tour abhakt. Kaum oben angekommen, geht es sanfter wieder bergab bis aufs Flussniveau in einer engen Schleife. Hier bieten sich einige Baumstümpfe am Ufer mit Blick auf alte Brückenpfeiler für eine Brotzeitpause an. Die Pfeiler stützten mal eine Brücke, die die Dörfer Döllnitz und Weinrieth verband. Wir träumen uns ins Pfreimdgeplätscher hinein und stellen uns diesen Ort vor 200 Jahren vor, als noch Pferdegespanne über die Brücke zu den Mühlen fuhren. Es fällt fast schwer, sich aus dieser sonnigen Idylle zu lösen.

Der weitere Wegverlauf hält den Wanderer mit einem ständigen Auf und Ab auf Trab, mal an der Pfreimd entlang, dann wieder durch Eichen-Hainbuchen-Wälder, Rotbuchenbestände und Fichtenforste. Manchmal müssen wir zweimal nach der Markierung Ausschau halten, aber sie ist immer da. Kurz vor

Für müde Wandererfüße am Abend: ein ***Fußbad*** *aus 3 Teilen Hainbuchenblättern, 1 Teil Salbei, 1 Teil Thymian. Wie Tee zubereiten, 10 Minuten ziehen lassen. Erfrischt geschwollene und schwitzende Füße.*

Reisach verlassen wir den Wald, vor uns eine offene Feld- und Ackerlandschaft. Eine kleine Baumgruppe kennzeichnet die Kuppe des Berges Ameisenbühl.

Am Waldrand geht es jetzt erst sanft, dann steiler bergab. Unten erwartet uns ein Marterl an einer Teerstraße, mit der wir die Pfreimd das zweite und letzte Mal überqueren. Der Uferpfad bringt uns zurück zum **Seehotel Anzer** und Ödmühl. Jetzt muss nur noch die Steigung hoch nach Trausnitz gemeistert werden zum Parkplatz vor der Pfarrkirche. Ein Blick in den Zoiglkalender verrät, ob die **6 Zoiglstube zum Lohbinder** heute geöffnet hat. Falls ja, sollte man eine gute Brotzeit und das eine oder andere Wanderbier (für den Beifahrer) nicht versäumen.

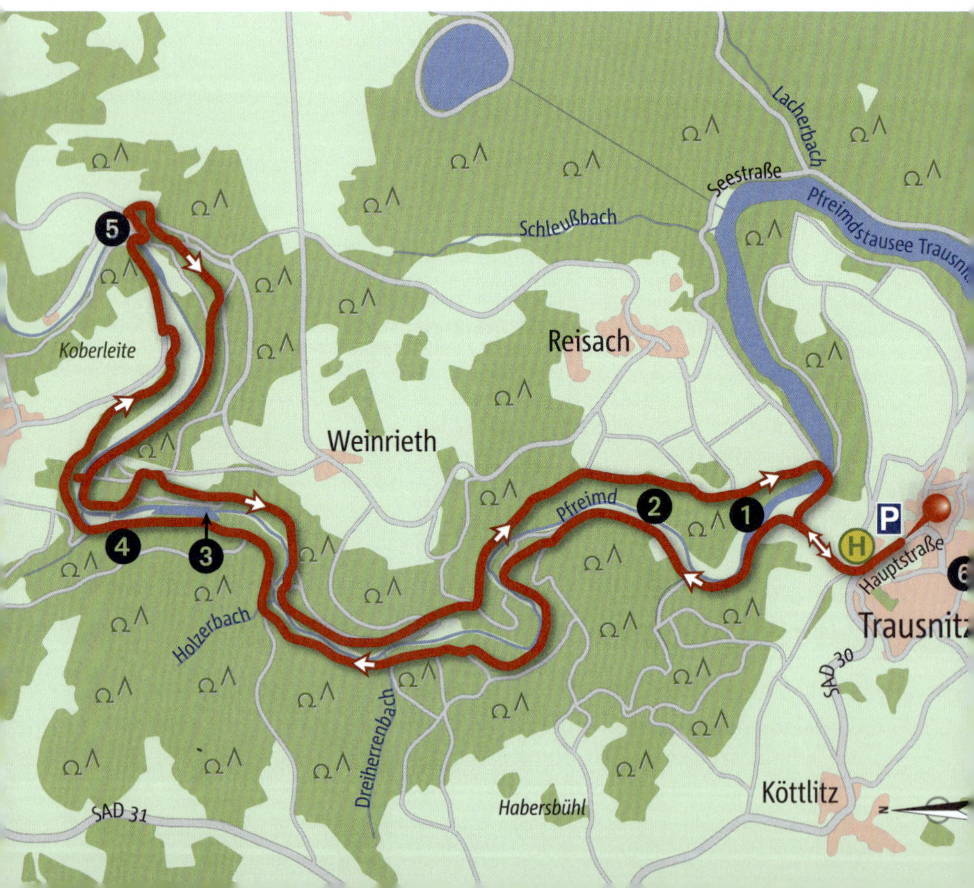

ALLES AUF EINEN BLICK

Entspannung 5/5
Abenteuer 2/5
Vielfalt 3/5

WIE & WANN

Einfache Ausschilderung mit einem Symbol links und rechts der Pfreimd, bis auf ein kurzes Stück breite, gut begehbare Wege. Besonders schön im Sommer. Zoiglausschanktermine beachten.

HIN & WEG

Auto: Parkplatz bei der Pfarrkirche St. Josef, Hauptstraße 41, 92555 Trausnitz
ÖPNV: BAXI 8401, Tel. (0 94 31) 8 02 80 05

ESSEN & ENTSPANNEN

Rucksackverpflegung einpacken.

6 **Zoiglstube zum Lohbinder,** Hauptstraße 18, 92555 Trausnitz, Tel. (0 96 55) 91 47 18, www.zoiglimstodl.de (Do.–Sa. geöffnet, Ausschanktermine für Zoigl beachten!)

ENTDECKEN & ERLEBEN

1 **Pfreimd**
2 **FFH-Gebiet Pfreimdtal und Kainzbachtal**
3 **Thonmühle** (ehemaliger Standort)
4 **Anzersteine**
5 **Tanzmühle**

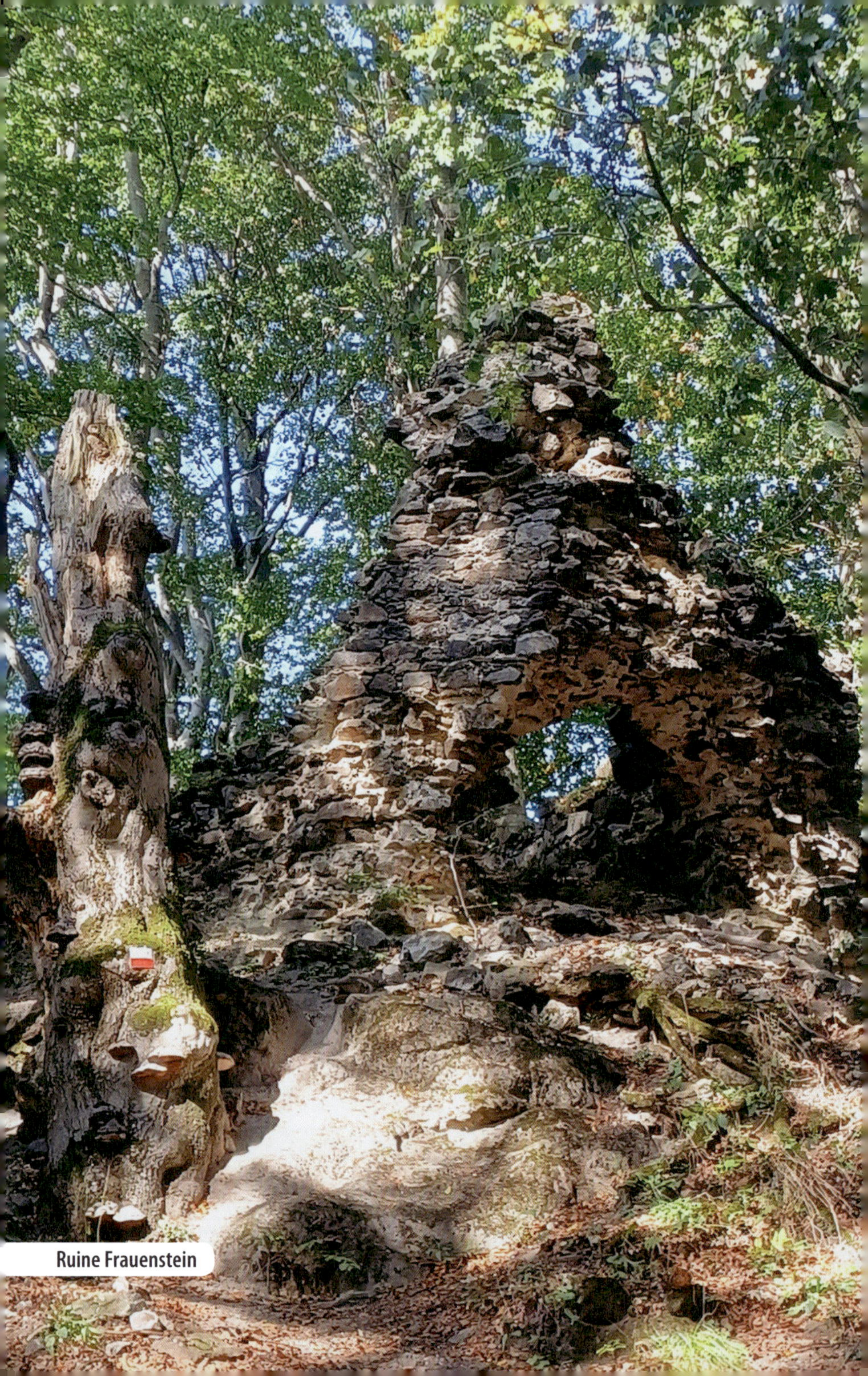

Ruine Frauenstein

Vergessene Burgen

Im Wald bei Schönsee

Ideale Voraussetzungen für einen Tag Auszeit im Wald bietet diese Tour mit zwei handfesten Anstiegen unterm Oberpfälzer Blätterdach. Wir packen unsere Rucksäcke mit Bedacht: aufgeladenes Handy und Powerbank, Wanderkarte, ausreichend Wasser und ein Snack, denn Einkehrmöglichkeiten bestehen erst gegen Ende der Tour. Wir checken die Wetter-App und packen eventuell auch Regenjacke und/oder Sonnenschutz ein.

Heute geht es nach **Tiefenbach** im Landkreis Cham, nahe der tschechischen Grenze. Zwischen dem Aschatal im Westen und dem Tal der Bayerischen Schwarzach im Osten erstreckt sich das bewaldete Frauenstein-Schneeberg-Massiv, durch das keine einzige Straße führt. Mittendrin schläft die Burgruine Frauenstein, die unser heutiges Tagesziel ist.

Wir parken auf dem Wanderparkplatz am Ortsteil Russenmühle hinter dem Waldbad. Eine Wandertafel zeigt die Optionen auf. Wir nehmen die **Markierung „Tb 1 Frauensteinweg“** (nicht die kurze Version) Richtung Schönbrunnenkapelle. Also nicht geradeaus, sondern erst mal rechts entlang.

Kilometer: 13,4
Höhenmeter: 400
Stunden: 4
RUNDWEG

Kurz vor dem Ortsteil Russenmühle zweigt die Markierung links in die Flur ab und verschwindet anschließend im Wald. Nach etwa 1 Kilometer stößt von rechts ein breiterer Weg mit Rosenkranzstationen zu uns. Wir sind umgeben von dichtem Mischwald. Rippenfarne deuten auf sauren Boden hin. Die steinernen Stationen begleiten uns bis zur **❶ Schönbrunner Kapelle,** einem kleinen

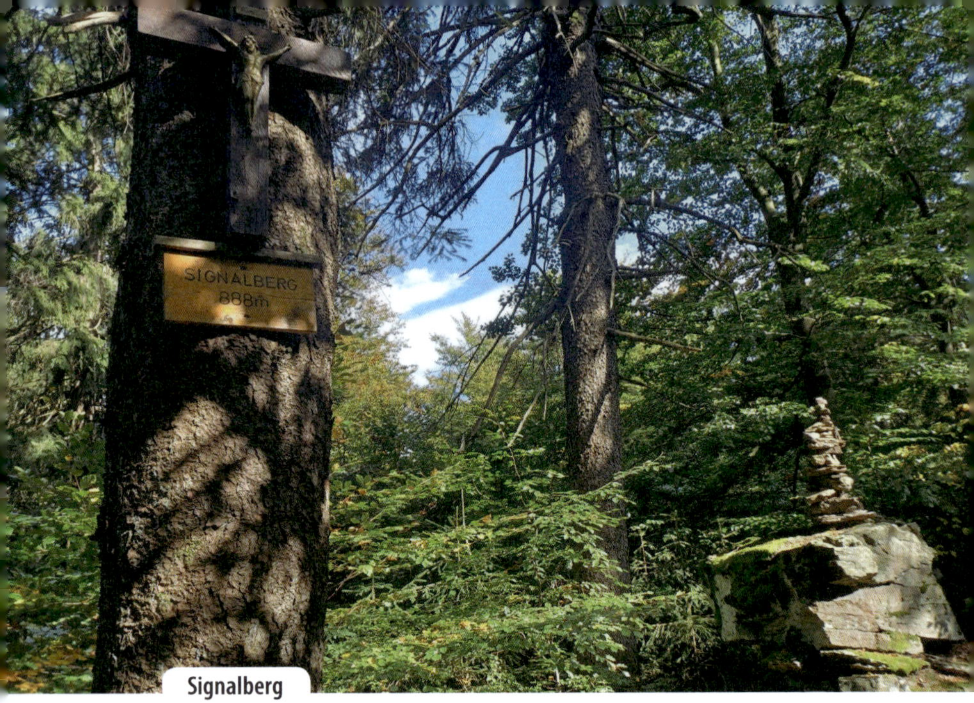

*Bei dieser Wanderung können wir den **Oberpfälzer Wald** in seiner Bestform erleben: Weiche Waldwege schlängeln sich unter Rotbuchen und Fichtenwipfeln hindurch, vorbei an Burgruinen und Granittürmen.*

kompakten Gewölbebau aus dem 18. Jahrhundert mit der Besonderheit, dass eine Quelle in der Kapelle und eine weitere davor sprudeln. Es geht eine leider etwas unglückliche Sage, dass sich einst an dieser Stelle ein armer Bauer am Wasser erfrischte und eine verfluchte Seele erlöste, der er versprach, hier eine Kapelle zu erbauen. Danach starb er und seine Frau verlor aus Kummer den Verstand. Seitdem ist das Gotteshäuschen ein Wallfahrtsort geworden – für gebrochene Herzen vielleicht?

Mit der Markierung „Tb1" geht es weiter an der Ostflanke des Bergmassivs entlang, nach rund 500 Metern biegen wir links ab und bewältigen den ersten steileren Anstieg mit 15 Prozent Steigung auf einem schmalen Waldpfad. Jetzt kommt ein kleiner Teil ohne Wegmarkierung: Es kreuzt ein breiter Forstweg und ein Schild „Wasserschutzgebiet", die Markierung will uns nach links (bergab!) lenken. Wir biegen stattdessen nach rechts auf einen Pfad ab, folgen diesem etwas bergauf, bis wieder ein breiter Forstweg kreuzt. Hier biegen wir scharf links ab und folgen dem zum Schluss schmaler werdenden Weg, bis wir wieder auf die Markierung „Tb1“ treffen.

Wir schwenken rechts herum, immer bergauf, kurz bevor wir den Signalberg erreichen, nochmals mit 15 Prozent Steigung. Es lohnt sich, vom Weg aus einen Abstecher auf den Gipfel des ② **Signalberges** zu machen. Dafür Ausschau halten nach rechts verschwindenden Trampelpfaden. Geologisch gesehen befinden wir uns im Geotop Gneisfelsen Dachsbau. Zwischen mit Flechten bewachsenen Gneisklippen stehen eindrucksvolle alte Rotbuchengestalten, teils verwachsen, teils umgefallen, verrottend, mit Zunderschwämmen bewachsen. Der Gipfel befindet sich laut Schild auf 888 Metern über N.N. und ist mit einem kleinen Marterl gekennzeichnet. Der Signalberg ist der mittlere und höchste Berg des Frauenstein-Schneeberg-Massivs, das sich von Norden nach Süden erstreckt. Der Frauenstein liegt knapp 1 Kilometer südöstlich und die Bergplatte mit Fernsehturm und dem Naturdenkmal Schlagsteinfelsen etwa 3 Kilometer nördlich.

Für die Seele

Ein magisch-schöner Platz im Frauenstein-Schneeberg-Wald, ideal für Feen, Geister und Moosweiblein.

Die ③ **Burgruine Frauenstein** liegt knapp unter dem Gipfel des namensgebenden Berges und wir erreichen sie in wenigen Minuten, der Markierung leicht bergab und links herum folgend. Nicht grundlos wird sie im Bayernatlas als Bodendenkmal geführt – abgesehen von

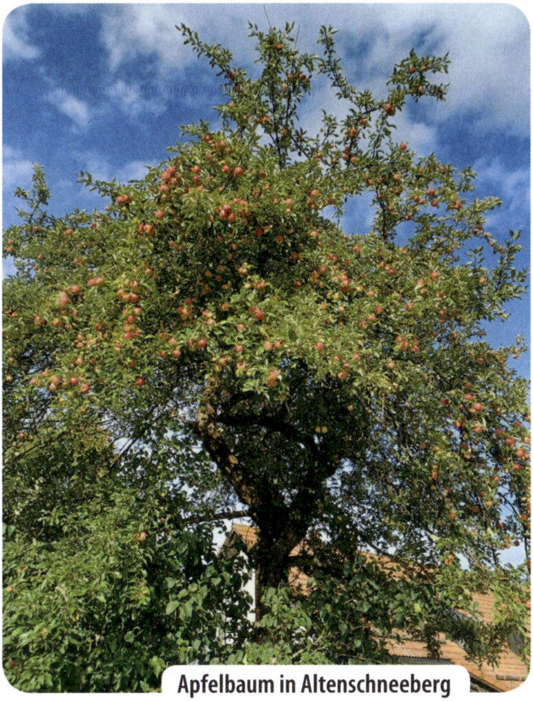

Apfelbaum in Altenschneeberg

einem malerischen Torbogen und weiter hinten im Gelände ein paar Mauerresten ist nach 700 Jahren nichts mehr von ihr übrig. Umso mehr Legenden ranken sich um den Ort. Es soll (immer noch) einen geheimen Gang zu einem Felsen im Wald geben. Im Inneren des Frauensteinmassivs sollen Höhlen voller Gold und Edelsteine verborgen sein, deren Tore sich dem Unerschrockenen nur in der Nacht von Gründonnerstag auf Karfreitag öffnen. Einst lebte hier ein schönes Burgfräulein, das vom Altenschneeberger Ritter, dem „Wilden Hans", entführt wurde. Ihr Bräutigam legte daraufhin die Burg Altenschneeberg in Schutt und Asche. Hier steht auch das sogenannte Zahnwehkreuz – einen Splitter davon abgebrochen und gekaut befreit den Leidenden von Zahnschmerzen. Der Tipp hat sich herumgesprochen, das Kreuz musste bereits mehrfach erneuert werden.

Der Rückweg führt wieder über den **Signalberg** und dann, Belohnung für die Steigungen, nur noch

Schlagsteinfelsen

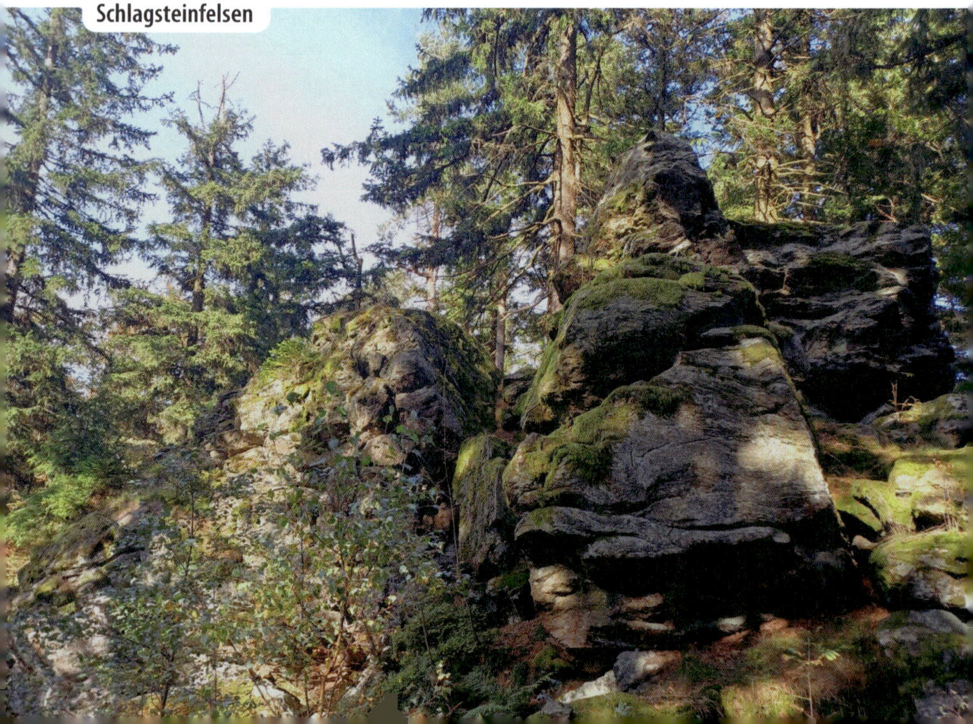

abwärts. Es kreuzt ein Forstweg und die Markierung „Tb1“ schwenkt nach links. Hier verlassen wir die Markierung und laufen geradeaus auf einen schmaleren Waldpfad bergauf. Blaue Dreiecke und die alte „T1“-Markierung an den Bäumen lotsen Richtung Gipfel. Wir treffen auf einen Fuhrweg von Altenschneeberg zum Gipfel und erreichen das Plateau mit dem Fernsehturm. Nördlich des Turmes duckt sich im Wald das mit Flechten und Moosen bewachsene ❹ **Geotop Schlagsteinfelsen.** Die Gneisfelsrippen fallen nach Westen steil ab, nach Osten sind die Stufen sanfter. Immer wieder sind wir fasziniert von der wilden Schönheit und Einzigartigkeit der vielen Felsgruppen. Jeder für sich ist sehenswert.

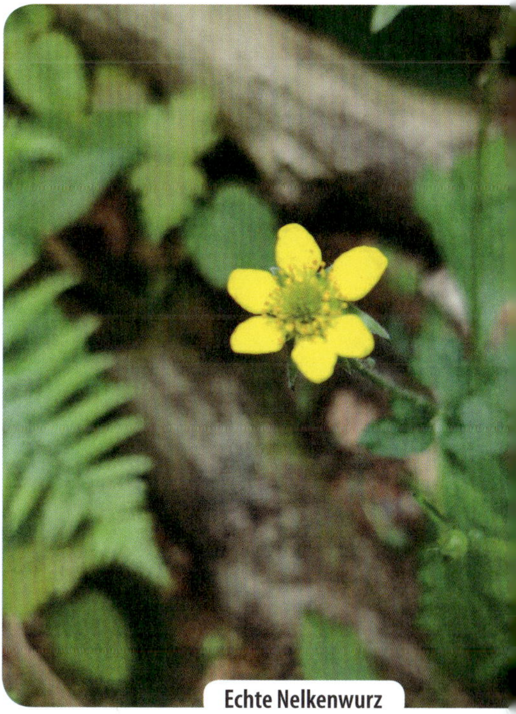

Echte Nelkenwurz

Auf dem Zufahrtsweg zum Fernsehturm laufen wir nach **Altenschneeberg,** in ein Dorf mit rund 50 Häusern, vorbei am Bergasthof Tannenhof. An der nächsten Kreuzung weisen Schilder zum ❺ **Burgstall Altenschneeberg.** Wir erinnern uns, hier hauste einst der Wilde Hans. Ein Gipfelkreuz und eine Wetterschutzhütte markieren den Standort der abgegangenen Burg aus dem 12. Jahrhundert am südlichen Ausläufer des Signalberges. Zum Abschluss der Waldwanderung bietet sich von hier ein umwerfender Blick auf die grünen Bergketten des Bayerischen Waldes, unter anderem auf den Großen Arber, und des Böhmerwaldes sowie auf den Silbersee, einen Freizeitsee, der dem Hochwasserschutz dient.

Was wirklich gegen Zahnschmerzen hilft, sind die ***Wurzeln der Echten Nelkenwurz,*** *ein Wildkraut, das uns eher in Siedlungsnähe begegnet. Beim Kauen setzen wir schmerzlindernde Inhaltsstoffe und Öle frei.*

Zurück unten auf der Straße folgen wir den Markierungen „Tb1“ und „Tb2“ auf einer schmalen Teer-

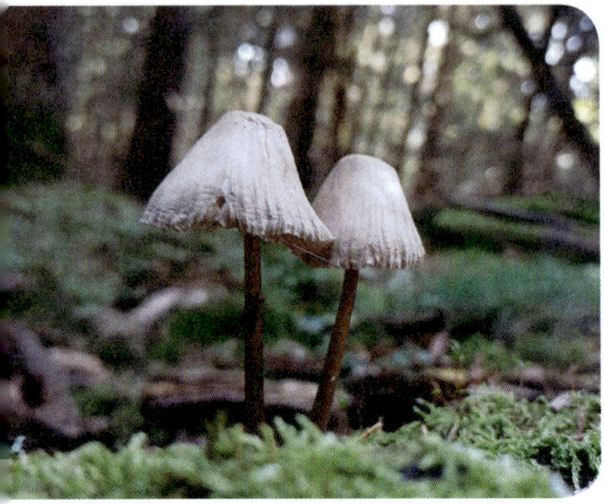

straße bergab durch den beschaulichen Ort mit seinen teils landwirtschaftlichen Anwesen, alten Obst- und Kastanienbäumen, weiter durch ein Waldstück und kommen am westlichen Ortsrand von Tiefenbach heraus. Am Spielplatz treffen wir wieder auf die Waldbadstraße und stiefeln die letzten Meter bis zum Parkplatz leicht bergan. Es ist Sommer, das Waldbad und die **6 Waldbadgaststätte** haben geöffnet. Auch wenn man kein Badegast ist, kann man hier Erfrischungsgetränke und Speisen kaufen – der passende Ausklang nach einem grünen Tag im Wald.

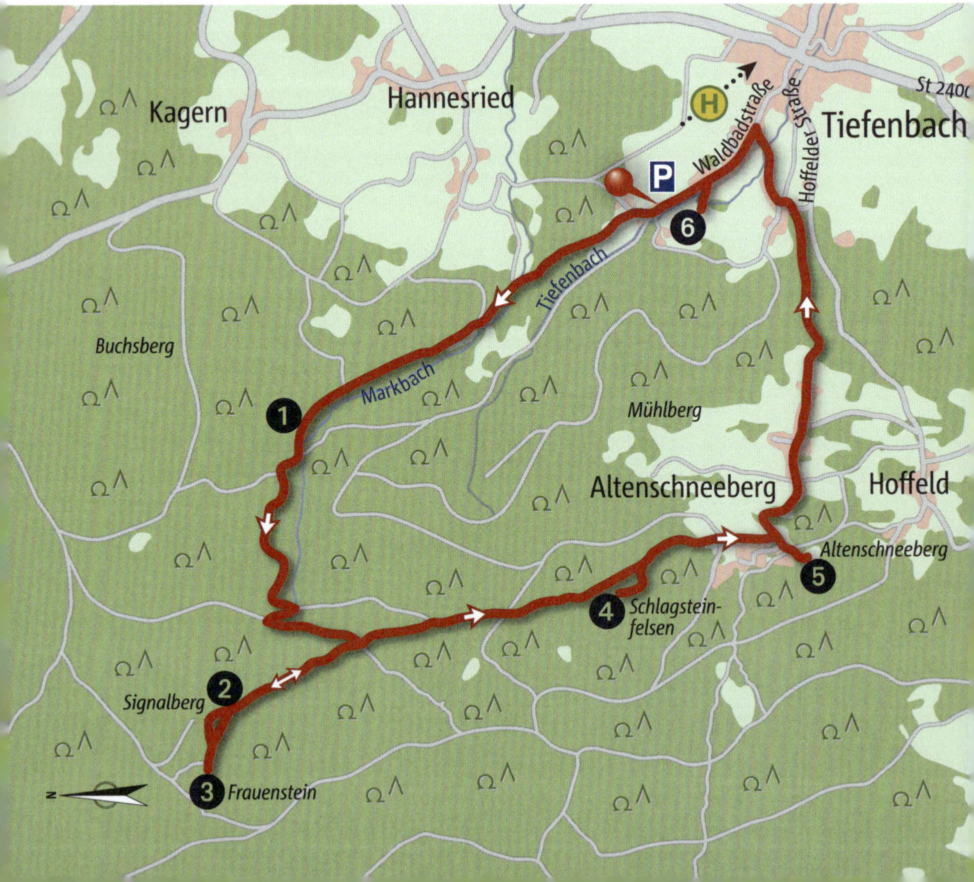

ALLES AUF EINEN BLICK

Entspannung 5/5
Abenteuer 4/5
Vielfalt 3/6

WIE & WANN

Eine hundertprozentige Waldwanderung auf Waldpfaden und Forstwegen, fast durchgängige Markierung, zwischendurch nicht markiert und steil. Ganzjährig begehbar. Im Sommer und Herbst besonders schön.

HIN & WEG

Auto: Wanderparkplatz Waldbadstraße, Ecke Straße Russenmühle (hinter dem Waldbad), 93464 Tiefenbach

ÖPNV: Bus 6296 bis Schönsee Rathaus (keine regelmäßige Verbindung)

ESSEN & ENTSPANNEN

6 **Waldbadgaststätte,** Waldbadstraße 47, 93464 Tiefenbach, Tel. (0 96 73) 9 14 95 49

ENTDECKEN & ERLEBEN

1 **Schönbrunner Kapelle**
2 **Signalberg**
3 **Burgruine Frauenstein**
4 **Geotop Schlagsteinfelsen**
5 **Burgstall Altenschneeberg**

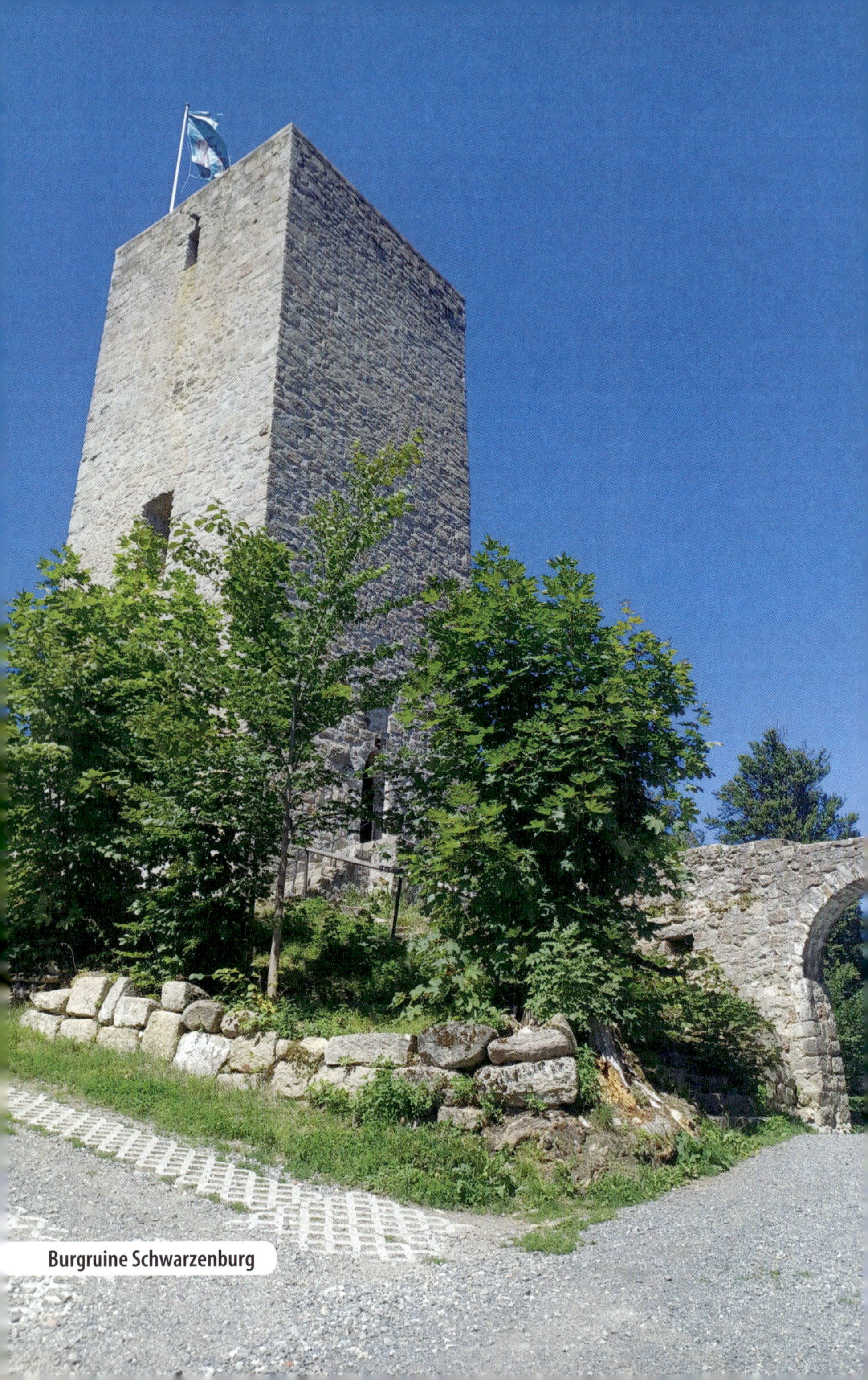
Burgruine Schwarzenburg

Steinernes Herz

Schwarzenburg & Eixendorfer See

Ganz im Südosten des Oberpfälzer Waldes gönnen wir uns heute eine Auszeit, die aus einer Wald-Wasser-Kombination besteht, mit teils anspruchsvollen Trails. Das Bergmassiv des Schwarzwihrberges und der Eixendorfer See bilden einen reizvollen Kontrast für Augen und Wandererfüße. Eine Einkehr während der Tour ist problematisch, denn die Schwarzwihrberghütte hat meistens geschlossen und liegt bereits im ersten Viertel des Weges, wenn wir noch keine Stärkung brauchen. Danach bewegen wir uns gastronomisch im Nirgendwo und haben deshalb selbst für Getränke und eine Brotzeit gesorgt.

Wir steuern den Wanderparkplatz am Ortsteil Bauhof der Stadt **Rötz** an, die zum Landkreis Cham gehört. Informationstafeln und eine Tischgruppe heißen den Wanderer willkommen. Der Weg zu unserem ersten Etappenziel, der Ruine Schwarzenburg, ist sehr gut ausgeschildert. Wir nehmen die **Markierung „Goldsteig"** (Gelbe Serpentine), queren die Teerstraße nach Bauhof und nehmen den Südhang des Schlossberges in Angriff.

Zwischen Thanstein (Tour 15 „Mystisches Moor"), Rötz und dem Eixendorfer See erstreckt sich ein komplett bewaldetes Bergmassiv ohne Straßennetz, der Wald kann von uns nur erwandert werden. Die höchsten Erhebungen sind der Obere Eibenstein (708 Meter), der Schloßberg (706 Meter) und der **Schwarzwihrberg** (690 Meter), der seinen Namen der südlich im Tal fließenden Schwarzach verdankt. Teile des Waldes, vor allem die

Kilometer: 13,3
Höhenmeter: 280
Stunden: 4
RUNDWEG

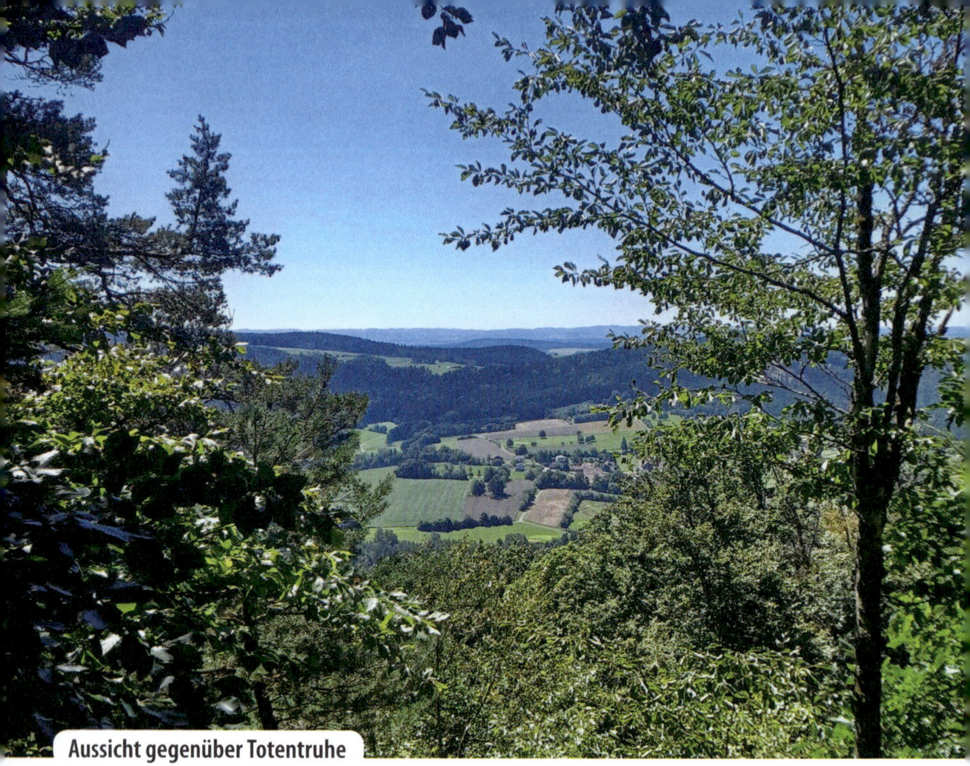

Aussicht gegenüber Totentruhe

Der Verein Schwarzenburg-Festspiele bietet jährlich ein buntes Mittelalter- und Märchenprogramm für die ganze Familie an. Tradition hat auch das ***Bergfest*** *am 15. August.*

Strecke bis zur Steinernen Wand, sind ❶ **FFH-Gebiet** und Naturwaldreservat. Schlucht- und Hangwälder mit Laubmischwald aus Ahorn, Ulme, Esche und Linden im Wechsel mit Rotbuchenwald sorgen für kühlen Schatten beim teils 15-prozentigen Aufstieg. Diese Vielfalt, auch mit alten, rissigen, umgestürzten Bäumen, hat verschiedenste Fledermausarten angelockt.

Nach kurzer Strecke gabelt sich der Weg und wir müssen uns entscheiden zwischen dem Jägersteig mit dem „Felsenmeer" oder weiterhin dem Goldsteig mit der Totentruhe. Wir nehmen Letzteren. Mitten im kräftigen Anstieg bietet das Naturdenkmal ❷ **Totentruhe** einen willkommenen Anlass zum Atemholen und Gruseln. Der Legende nach handelt es sich bei dem gestapelten Granit nur dem Anschein nach um Felsen, in Wirklichkeit sei es ein Sarg. In gewissen Nächten bewegt sich der Deckel wie von Geisterhand und eine junge bleiche Frau mit einem Herz aus Stein steigt heraus und geht im Wald um. Nur ein Sonntagskind reinen

Herzens kann sie erlösen und wird mit Gold und Edelsteinen belohnt.

So weit reicht unser Können nicht, unser Lohn ist ein Ausblick Richtung Westen in den Oberpfälzer Wald. Gegenüber der Totentruhe steht in einer Baumlücke eine einladende Ruhebank. Der knackige Anstieg geht weiter, bis wir den Gipfel des Schlossberges mit der ❸ **Ruine Schwarzenburg** erreicht haben. Die Geschichte der Gipfelburg reicht bis ins 11. Jahrhundert zurück, sie wurde kontinuierlich vergrößert und ausgebaut, bis der Dreißigjährige Krieg sie zerstörte und ihre Nutzung als Steinbruch für die umliegende Bevölkerung einläutete. Übrig geblieben sind der als Aussichtsturm genutzte Bergfried, ein Burgtor und Teile der Ringmauer, des Batterieturmes und der Burgkapelle. In der Hauptburg befindet sich eine zeitweise geöffnete ❹ **Wirtschaft mit Biergarten,** die heute geschlossen hat. Der Bereich der Vorburg wird als Tribüne für die jährlich stattfindenden Festspiele genutzt.

Für die Seele

Wie mag es auf dem Seegrund aussehen? Durch Hausruinen und Fensteröffnungen schwimmen dort Fische.

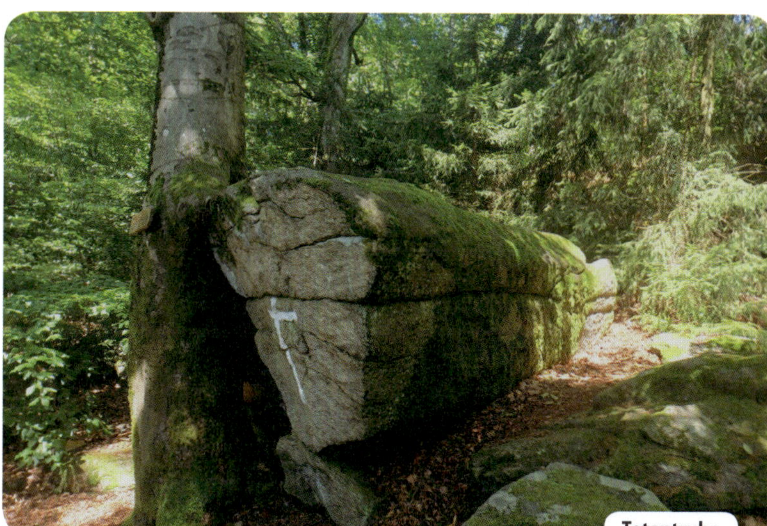

Totentruhe

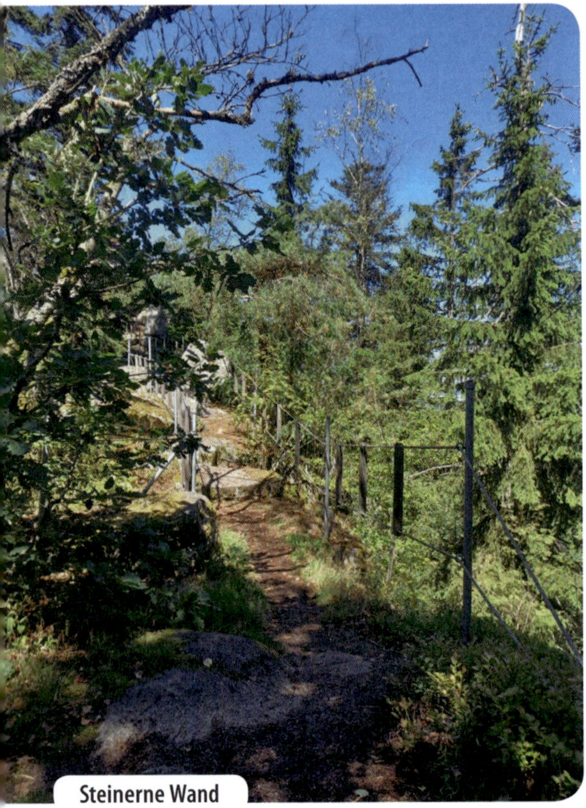
Steinerne Wand

Das edle Fräulein aus der Totentruhe findet hier oben gute Gesellschaft zum Feiern. In Vollmond- und Losnächten tummeln sich diverse Geister, unerlöste Seelen, der Wilde Heinz, das „Nachtgoich" (auch Wilde Jagd genannt) mit schwarzen Totenvögeln und dreibeinigen Hunden. Wir sind ganz froh, dass es ein normaler Sommertag ist, Mittagszeit, blauer Himmel, denn für das nächste Highlight brauchen wir gute Nerven. Kurz hinter der Burg liegt als Krönung des Schwarzwihrberges das Naturdenkmal und **5 Geotop Steinerne Wand.** Dabei handelt es sich um einen 20 Meter hohen und nur wenige Meter breiten, wollsackartig verwitterten Granitfelsen, der tatsächlich wie eine aufgestellte, etwa 300 Meter lange Wand im Wald steht. Ein mit Seilen beidseitig gesicherter, schmaler Felssteig ermöglicht trittsicheren und schwindelfreien Besuchern einen herrlichen Blick über die Landschaft. Eine Infotafel lockt die Botaniker unter uns zusätzlich mit der Aussicht auf zwölf verschiedene Farnarten ins Abenteuer. Alle anderen laufen einfach unterhalb der Steinernen Wand entlang, bis die Wege wieder aufeinandertreffen.

__Farne__ sind fossile Pflanzen aus dem Zeitalter des Karbons vor über 300 Millionen Jahren. Damals wurden sie so groß wie heute unsere Bäume. Sie pflanzen sich nicht mit Blüten und Samen fort, sondern mit Sporen, die sie auf der Unterseite der Wedel bilden.

Nach der Steinernen Wand treffen wir nach wenigen Gehminuten auf die **Wetterschutzhütte Sattelhütte,** die zwischen dem Großen Eibenstein und dem

Schwarzenwihrberg liegt. Hier trifft sich ein ganzes Bündel an Wanderwegen, deshalb Augen auf, dass wir uns nicht falsch einfädeln.

Wir verlassen den Goldsteig und nehmen die **Markierung „Rot-Weißer Querstreifen"**, die auf einen bequemen Forstweg Richtung Süden leitet. Es geht leicht bergab bis zu einer Weggabelung, wo wir uns rechts halten. Die Markierung führt uns um den Roten Berg herum und wir verlieren nach und nach die erkämpften Höhenmeter. Schließlich geht der Weg parallel zur Verbindungsstraße Neunburg vorm Wald–Rötz und das Nordende des Eixendorfer Sees kommt in Sicht. An seinem Ufer wechseln wir die Straßenseite zum großen Wanderparkplatz. Dort verschwindet der Weg etwas heimlich durch die Böschung mit dem Wegweiser „Zum Eixendorfer Seeweg". Heute ist der 6 **Eixendorfer See** weit über die Region bekannt als Paradies für Wassersportler, Angler und Camper. 1975 wurde

Eixendorfer See

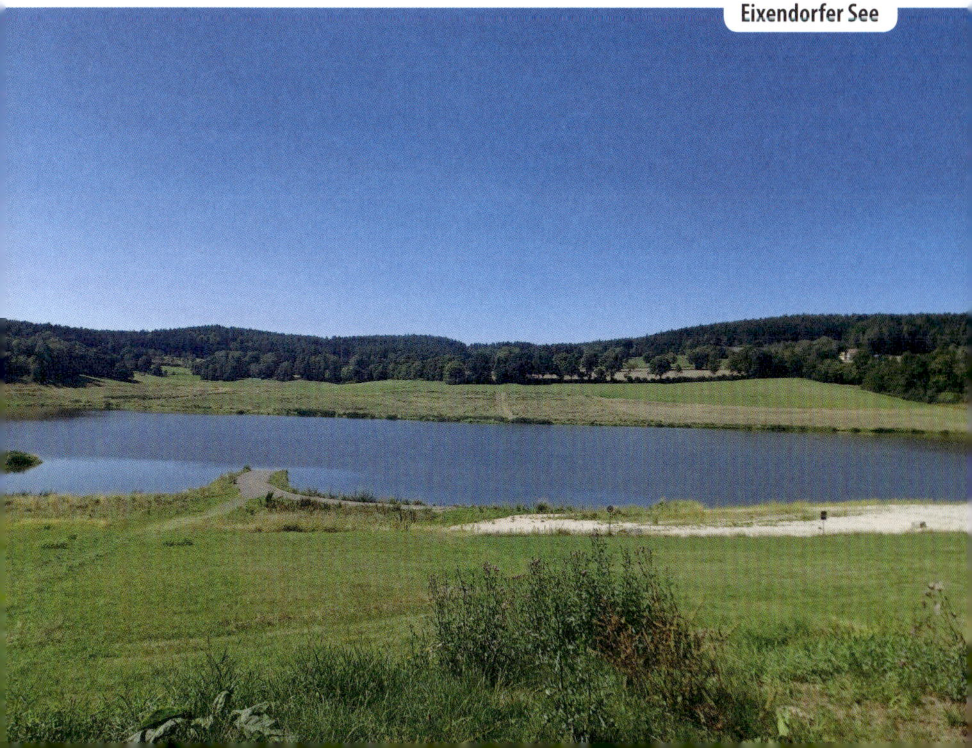

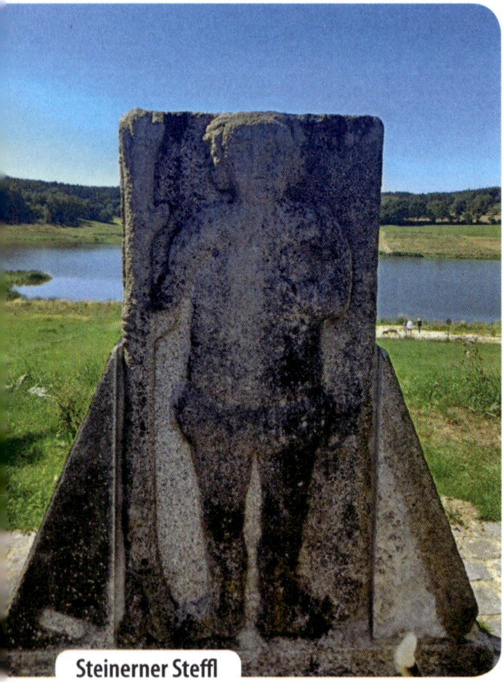

Steinerner Steffl

für den Hochwasserschutz und die Stromerzeugung die Schwarzach hier im Tal künstlich aufgestaut. Dabei versanken mehrere Mühlen, 180 Hektar landwirtschaftlicher Nutzfläche, ein Stück Bahnlinie und der Weiler **Eixendorf** im Wasser. Die Bewohner wurden umgesiedelt, der Name auf das Gewässer übertragen. Dass sich an den Ufern des „neugeborenen“ Sees wichtige Lebensräume für Tiere und Pflanzen entwickelten, war für die Bewohner sicher nur ein schwacher Trost.

Entspannt geht es auf Wiesenwegen am Seeufer entlang, das Wasser glitzert blau in der Sonne. Eine archaisch anmutende Steinfigur in Lebensgröße erregt unsere Aufmerksamkeit. Der 7 **Steinerne Steffl** von Eixendorf gibt den Heimatforschern seit über 100 Jahren Rätsel über seine Bedeutung und sein wahres Alter auf. Natürlich ist er aus Granit gemeißelt. Und da er mit Attributen aus dem Pflanzenreich ausgestattet ist, liegt eine Deutung als „Wilder Mann“ oder „Grüner Mann“ sehr nahe. Ursprünglich stand er in einem Pfeiler der alten Brücke, die die Schwarzach überspannte. Die phasenweise unterschiedlich hohen Wasserstände des Sees ermöglichen an seinen Ufern artenreiche Feucht- und Überschwemmungswiesen. Je nach Jahreszeit können wir Knabenkräuter (Orchideen), Arnika, Pechnelken und viele andere Wildpflanzen bewundern. Die strauch- und heckenreichen Abschnitte sind ein Paradies für die heimischen Tierarten von Reh über Hase bis zum Feldhamster und Rebhuhn. Wanderer mit Hund werden gebeten, ihre Hunde anzuleinen, damit Wildtierbestand und Tourismus Hand in Hand gehen können.

*Falls wir Fasane, Kiebitze und Rebhühner sehen, haben wir das dem **Projekt „Wild-Wasser-Weg“** zu verdanken, das sich für die Wiederansiedlung der Bodenbrüter einsetzt.*

Eine Ruhebank lädt zur Pause ein. Mit Blick auf den See packen wir unsere mitgebrachten Leckereien aus. Die Stärkung kommt zum richtigen Zeitpunkt, denn danach lässt der Uferweg seine Muskeln spielen. Er wird zum One-Man-Trail zwischen imposanten Felsklippen und Hangwald und kurvt munter auf und ab. Der Eixendorfer See unter uns wird schmal und schmaler. Rauschendes Wasser kündigt die **8 Wutzschleife** an. Hier wurde schon vor der Aufstauung des Sees für eine Glasschleife, in der mit Wasserkraft Glas geschliffen wurde, eine Wehranlage aus Felsbrocken und Beton errichtet. Dadurch staute sich die Schwarzach auf mehreren Hundert Metern mit negativen Auswirkungen auf Flora und Fauna. Nach dem Bau des Stausees verblieb das Wehr in der Schwarzach. Eine Initiative erlöst den Fluss nun aus dieser Klammer mit einem Renaturierungsprojekt, um wieder frei fließendes Wasser mit all seinen Vorteilen zu schaffen. Nicht

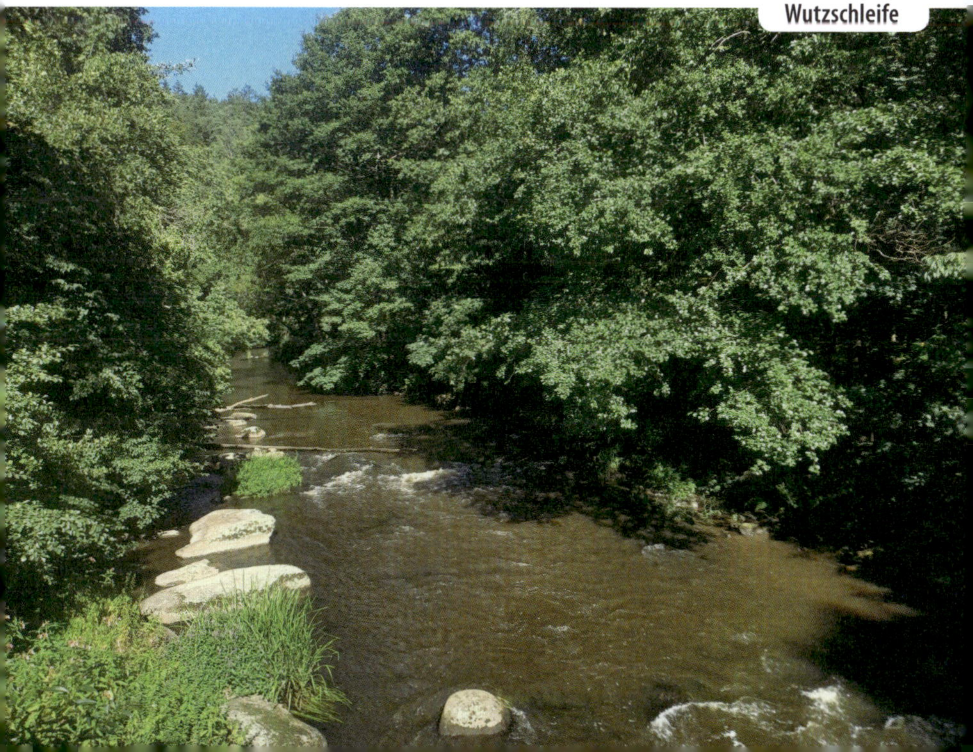

Wutzschleife

nur für die Tierwelt, es soll auch ein begehbares Ufer für Familien, Wanderer und Angler geben. Wir sehen, dass das pink blühende und schwer duftende Indische Springkraut sich hier bereits wohlfühlt.

Ein paar Schritte weiter steht ein Wegweiser. Wir verlassen die rot-weiße Markierung und folgen dem Nordic Walker nach links **Richtung Bauhof.** Es geht bergauf bis zur Verbindungsstraße nach Rötz, die wir queren, und auf der anderen Seite weiter bergan bis zum Wanderparkplatz. Da wir mit dem Auto angereist sind, lohnt sich im Anschluss an die Tour ein Abstecher zum **„Salzfriedl" in Hillstett,** um mit einem kühlen Getränk in der Hand den Sonnenuntergang über dem See zu genießen.

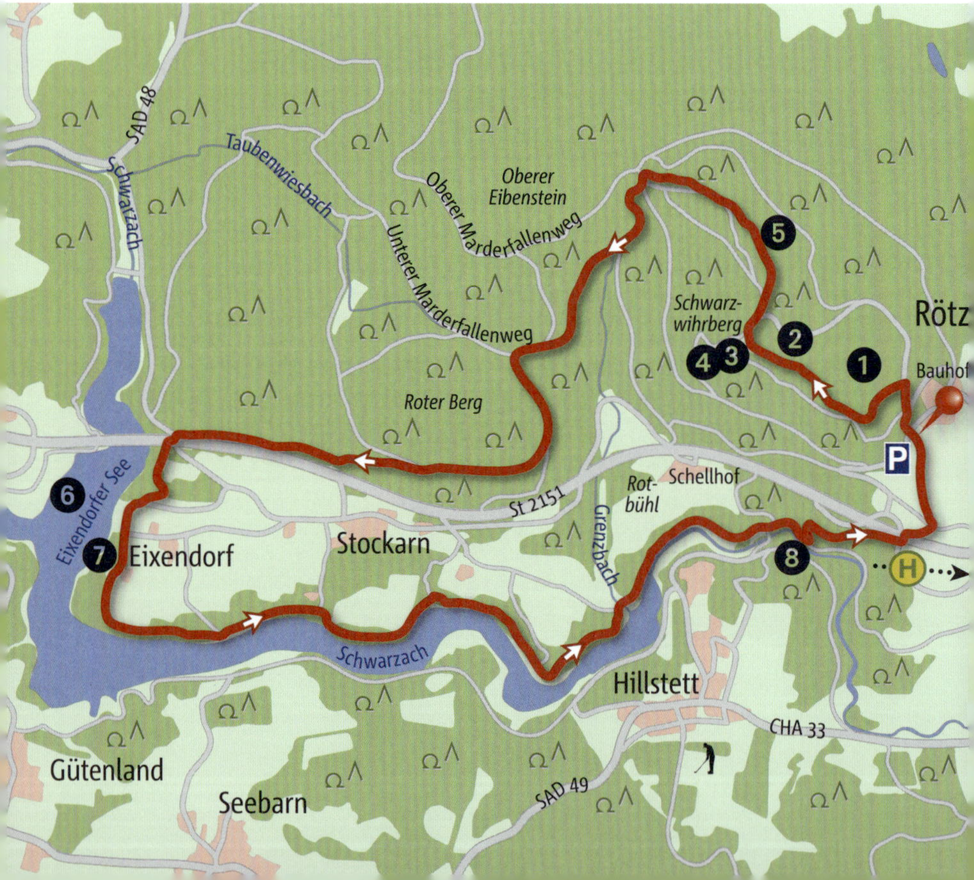

ALLES AUF EINEN BLICK

Entspannung 4/5
Abenteuer 5/5
Vielfalt 5/5

WIE & WANN

Gut ausgeschilderte Pfade, Wald- und Wiesenwege. Trittsicherheit und Schwindelfreiheit für die Steinerne Wand notwendig (die auch umgangen werden kann). Am besten in den Sommermonaten zu laufen, Vorsicht bei Glätte und Feuchtigkeit, auch am Uferweg.

HIN & WEG

Auto: Wanderparkplatz Bauhof, 92444 Rötz
ÖPNV: Rufbus Landkreis Cham 910 oder Bus 350 bis Rötz

ESSEN & ENTSPANNEN

Rucksackverpflegung einpacken.

4 **Wirtschaft mit Biergarten Schwarzenburg,** 92444 Rötz, Tel. (01 72) 4 56 30 49 (Apr.–Okt.)

Abseits der Strecke empfehlenswert: Salzfriedl/Museumsschänke, Hillstett 47, 92444 Rötz, Tel. (0 99 76) 90 20 20 (nur bei schönem Wetter, Do.–So. geöffnet)

ENTDECKEN & ERLEBEN

1 **FFH-Gebiet Schwarzenwihrberg**
2 **Totentruhe**
3 **Ruine Schwarzenburg**
5 **Geotop Steinerne Wand**
6 **Eixendorfer See**
7 **Steinerner Steffl**
8 **Wutzschleife**

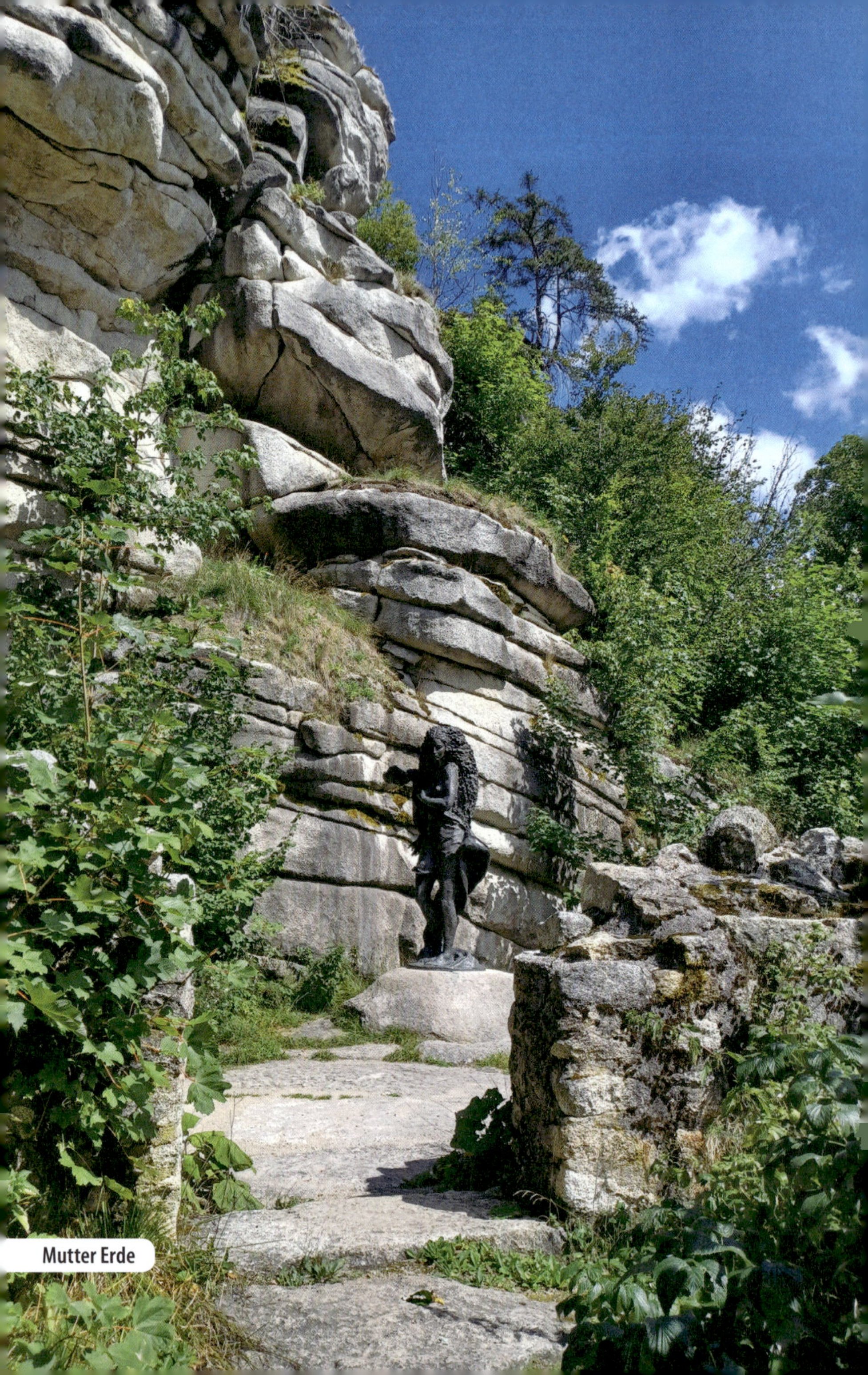

Mutter Erde

Mutter Erde

Durch den Steinwald im Norden

Hoch im Norden lockt der Steinwald mit herrlichen Aussichten, märchenhaften Steinformationen und ganz viel Wald. Diese entlegene, raue Landschaft mit vielen schneereichen Monaten wollen wir heute erkunden. Wir parken auf dem Wanderparkplatz am nördlichen Ortsausgang von **Pfaben** (bayerisch gesprochen „Pfoum“), das ein Gemeindeteil von Erbendorf ist und zum Landkreis Tirschenreuth gehört. Im Rucksack stecken auf jeden Fall genügend Getränke für die Tagestour, denn die einzige Einkehrmöglichkeit liegt im letzten Viertel der Strecke.

Vom Parkplatz geht es erst mal die Teerstraße zurück durch den Ort bis zum Marterl und Kreuz auf der rechten Straßenseite. Hier steigen wir in die Markierung „Blauer Senkrechtstrich“ ein, die nach links in die Feld- und Wiesenlandschaft einbiegt. Richtung Osten wandern wir in das friedliche Bild hinein, weit vorne die Hügel des Böhmerwaldes. Den Weiler Wäldern lassen wir rechts liegen, kurz darauf taucht links am Waldrand die **Steinwaldkirche St. Peter** auf. Hier biegen wir links in den Wald mit dem Flurnamen „Fuchsrangen“ ein. Wenn sich der Waldweg gabelt, nehmen wir im Zweifelsfall die rechte Seite. So erreichen wir nach ein paar Hundert Metern eine schmale Teerstraße, die links herum nach Napfberg führt.

Von **Napfberg** an halten wir uns bis zur Ruine Weißenstein an die Markierung „Blau-Weiße-Diagonale“. Kurz hinter Napfberg baut sich links des Weges das **1 Geotop Teufelsstein** auf, ein etwa 10 Meter langer, von

Kilometer: 15,1
Höhenmeter: 420
Stunden: 4,5
RUNDWEG

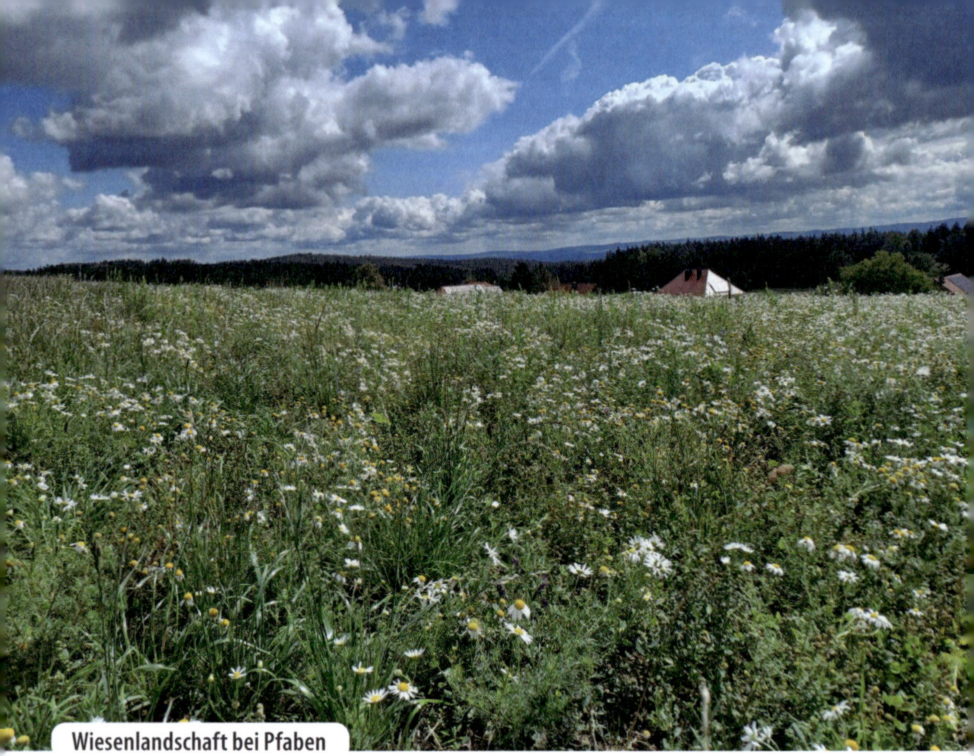

Wiesenlandschaft bei Pfaben

Mit dem Begriff ***„Teufel"*** *wurden früher gerne unerklärliche Naturerscheinungen bezeichnet, besonders wenn es sich um große, düstere und unheimliche Dinge handelte. Siehe auch die Teufelsküche, Teufelsbutterfass und Teufelskralle.*

krustigen Flechten überwucherter Granitrücken. Ein sogenannter Wanderblock, denn im Eiszeitalter ist er an diesen Standort von irgendwoher aus dem Steinwald „gekrochen". Bemerkenswert sind an seinen Flanken die Rinnenkarren und opferkesselartige Einbuchtungen im oberen Bereich. Profane menschliche Abkeilspuren verraten, dass hier auch für den Hausbau geklaut wurde.

Die Markierung quert den Grenzbach, macht noch ein paar Wendungen und verschwindet hinter dem Einödhof Fichtner für lange Zeit im Steinwald. Sofort nimmt uns ein bequemer Forstweg auf, der langsam und bedächtig durch den Fichtenwald schneidend an Höhe gewinnt. Wo im Wald Sturm- und Käferlücken entstanden sind, entfalteten sich verblauende Weitblicke in den Oberpfälzer Wald. Das Verblauen der Landschaft ist ein Verdunstungseffekt der Wälder. Bemoost und eingewachsen in der Wegrandvegetation verkündet eine Gravur in einem Granit, dass wir gerade auf der alten Waldhaus-Straße laufen, die von 1895 bis 1898 erbaut wurde. Imposante alte Buchen säumen die Altstraße, viele mit Zunderschwämmen und anderen Porlingen bewachsen.

Nach einer scharfen Linkskurve ist es vorbei mit der Forstweggemütlichkeit. Auf seinen letzten Metern zur Burgruine wird der Weg zum steilen, steinigen Pfad, der mit 19 Prozent Steigung den Schlossfelsen in Angriff nimmt. Willkommen ist da kurz vor dem Ziel ein Abstecher zum ❷ **Kiebitzfelsen** links des Weges. Hier hat eine verschobene Wollsackgranitformation ein Felstor gebildet, das aus einem gewissen Winkel an einen Kiebitzschnabel erinnert. Ein guter Platz, um im kühlen Felsschatten mal tief durchzuatmen.

Für die Seele

Wir nutzen den Ort, indem wir einen Stein niederlegen, der unsere Sorgen symbolisiert.

Ein paar Schritte weiter haben wir die ❸ **Ruine Weißenstein** auf 863,5 Metern über N.N. erreicht, die im

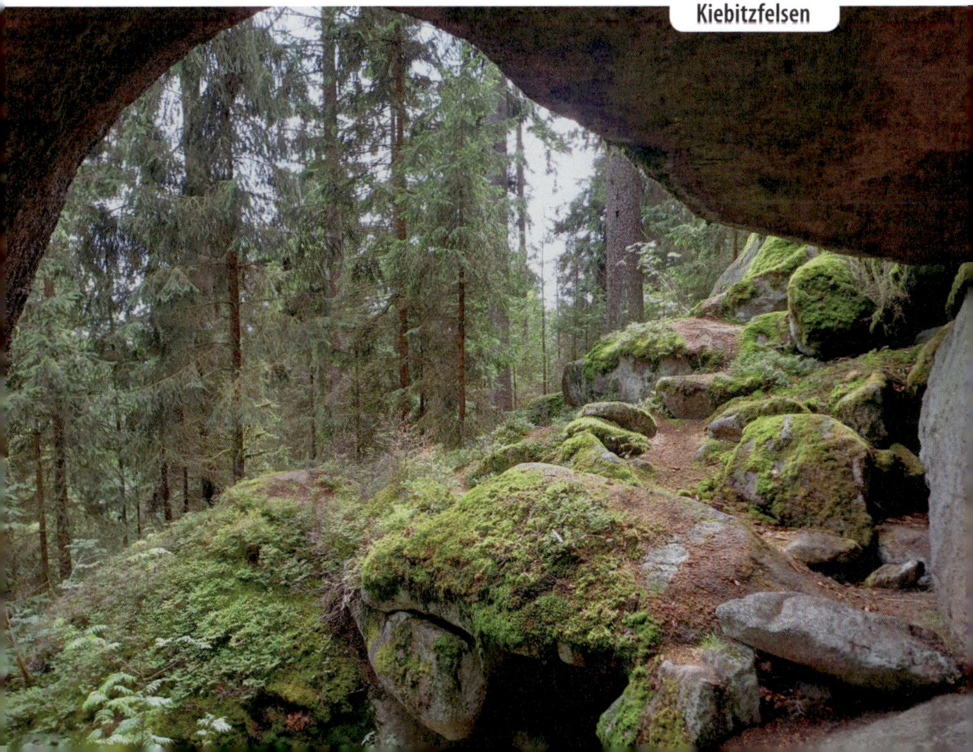

Kiebitzfelsen

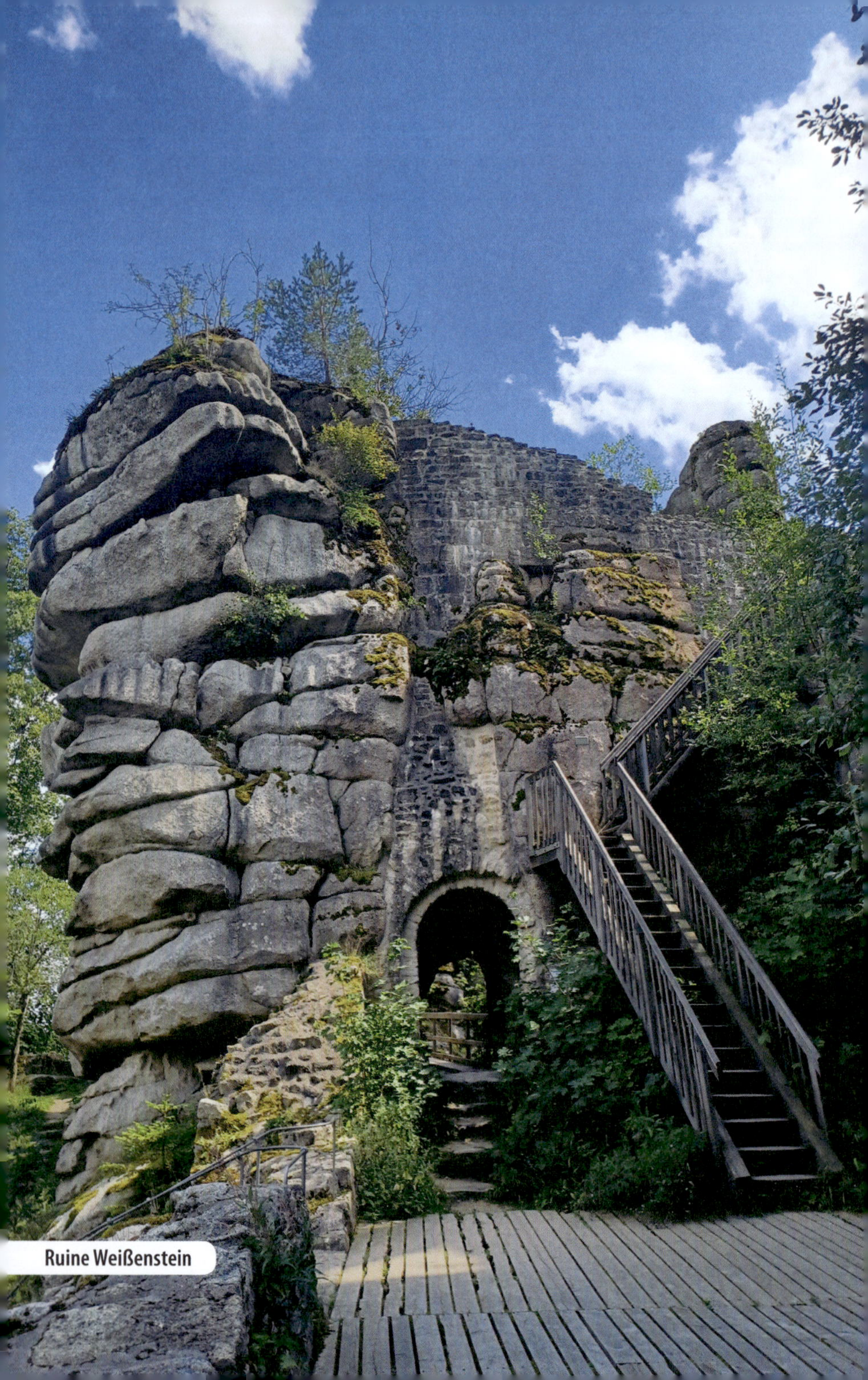

Ruine Weißenstein

13. Jahrhundert auf massigen Granittürmen aufgebaut wurde. Für uns ist der spezielle Reiz, wie Fels und Baukunst ineinander übergehen, fürs Auge fast nicht auszumachen. Das märchenhafte Bild haben wir Wanderer der Gesellschaft Steinwaldia Pullenreuth e.V. zu verdanken, die ab 1996 aus den jämmerlichen Resten der einst stolzen Burg mit viel Zeit und Geld einen echten Magneten geschaffen haben. Konzerte, Theateraufführungen und andere kulturelle Veranstaltungen erhalten die Energie des geschichtsträchtigen Standortes.

Es lohnt sich, den Bergfried zu erobern und einen befreienden Weitblick übers Land zu genießen. Zwei Wetterschutzhütten gegenüber der Burg laden zu einer längeren Pause selbst bei Regenwetter ein. Was wenige wissen: Hinter der Burg hält seit 2009 **4 Mutter Erde** höchstpersönlich Hof. Die lebensgroße Bronzeplastik wurde von einem heimischen Künstler aus Mitterteich geschaffen. Mit ihrem wallenden Haar und Kurven steht sie dort als Bindeglied zwischen Himmel und Erde. Richtig angesprochen kann sie Wünsche erfüllen, heißt es. Natürlich nur solche, die auch für sie gut sind.

Ab der **Ruine Weißenstein** bis zu unserem Wanderparkplatz steigen wir hier auf die blaue Goldsteig-Markierung (Blaue Serpentine) um, die über den Steinwaldkamm oder auch Plattenweg führt. Erst mal heißt es wieder über steinige Pfade an Höhe gewinnen. Der Plattenweg ist wildromantisch. Granitblöcke sind unter unseren Füßen und überall im Wald verstreut.

*Ab Juli finden wir im Fichtenwald wilde Heidelbeeren bzw. **Blaubeeren.** Sie sind viel kleiner als die Kulturblaubeeren, dafür umso geschmacksintensiver und gesünder. Anthocyane färben sie dunkelblau – und unsere Zungen.*

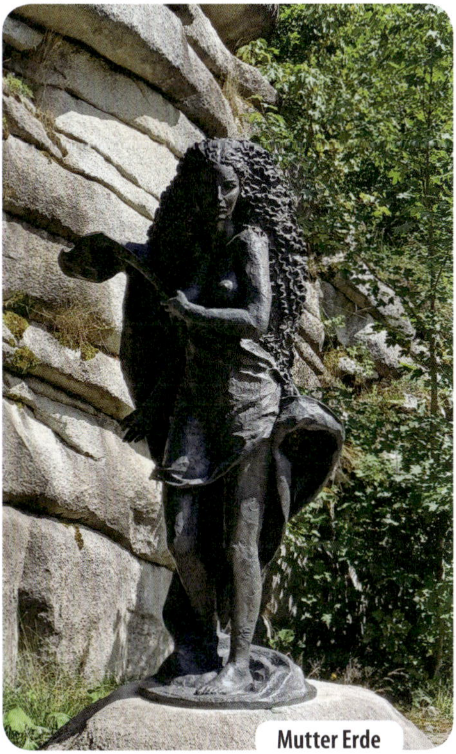

Mutter Erde

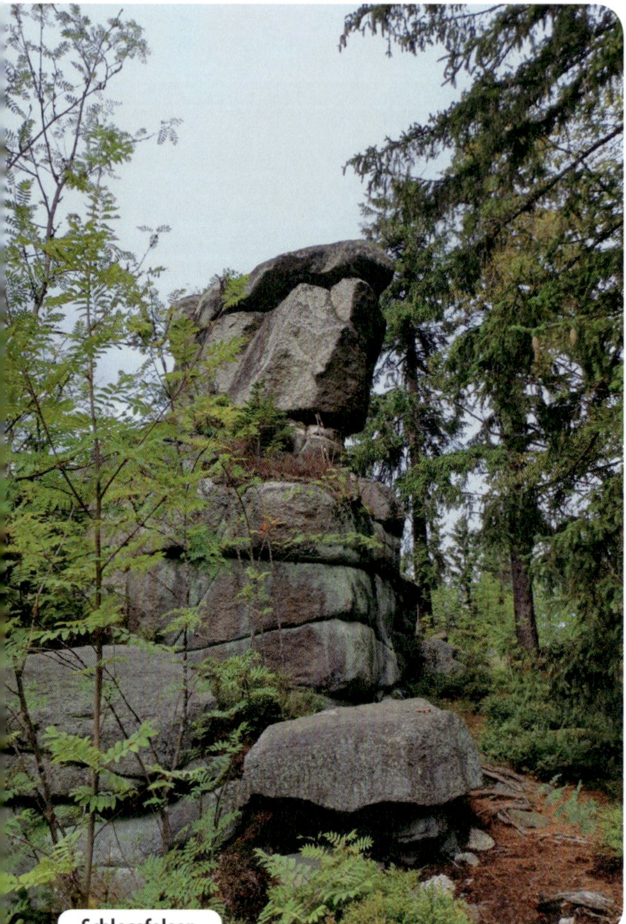
Schlossfelsen

Die nächsten Sehenswürdigkeiten liegen alle buchstäblich auf dem Weg.

An der ersten Wegkreuzung erreichen wir gleich zwei Besonderheiten auf einmal. Zum einen überschreiten wir hier die Wasserscheide Donau-Elbe, zum anderen erinnert die **5 Dreifaltigkeitskapelle Steinwald** daran, dass Pausen das Schönste beim Wandern sind. Seit 1974 bietet das Gotteshäuschen aus Granit und Holz in dieser Waldeinsamkeit Gelegenheit zum Besinnen und Ausruhen, außerdem Wetterschutz durch die offene Ausgestaltung. Vor der Kapelle steht eine von „Sühnesteinen“ umringte Steinmarter. Früher, heißt es, trugen die Menschen aus der Umgebung mühsam Steine hierher, um Vergebung von Sünden zu erlangen. Inzwischen sind aus den Sühnesteinen fröhliche Steinmännchen geworden.

Weiter geht es bequem über den Steinwaldkamm. Rechts verstecken sich im sommerlichen Wald die Schlossfelsen. Die Felsgruppe lohnt durchaus eine nähere Erkundung. Ihre ganze Pracht entfaltet sie im Winter, wenn keine grünen Blätter die Felsen bedecken. Wenig weiter klärt neben einer zugewucherten Grube eine Infotafel auf, dass es sich um eine Wolfsgrube handelt, also eine Wolfsfalle. Es ist erst die zweite dokumentierte Falle dieser Art in Südbayern.

Der Steinwaldkamm gewinnt kontinuierlich an Höhe, bis er die „Platte" mit dem 6 **Oberpfalzturm** erreicht hat. Die Platte ist mit 946 Metern über N.N. der höchste Berg im Steinwald, der hölzerne Aussichtsturm setzt noch mal 30 Meter drauf. 150 Stahlgitterstufen winden sich um die Holzkonstruktion, die auf den oberen Metern gern auch mal im Wind schwingt. Schwindelfreien Besuchern eröffnet sich ein Blick ins Fichtelgebirge, ins Eger- und Stiftland und über den Oberpfälzer Wald. Bei guter Sicht ist sogar der 118 Kilometer entfernte Große Arber im Bayerischen Wald zu erkennen.

Die meisten ***Wolfsfallen*** *sind nicht mehr rekonstruierbar und ihre Standorte vergessen. Nur Flurnamen wie Wolfsgrund, Wolfsgraben usw. weisen auf die frühere Nutzung der Waldabteile hin.*

Nach diesem geografischen Höhepunkt der Tour geht es mit unserer Markierung wieder an alten Baum-

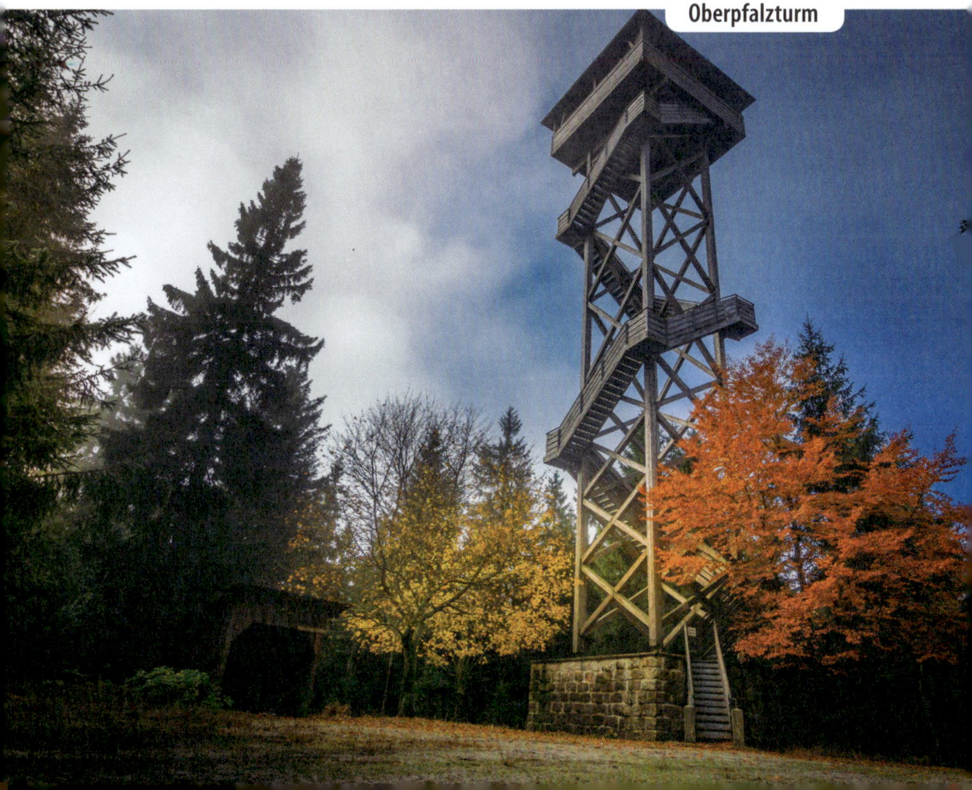
Oberpfalzturm

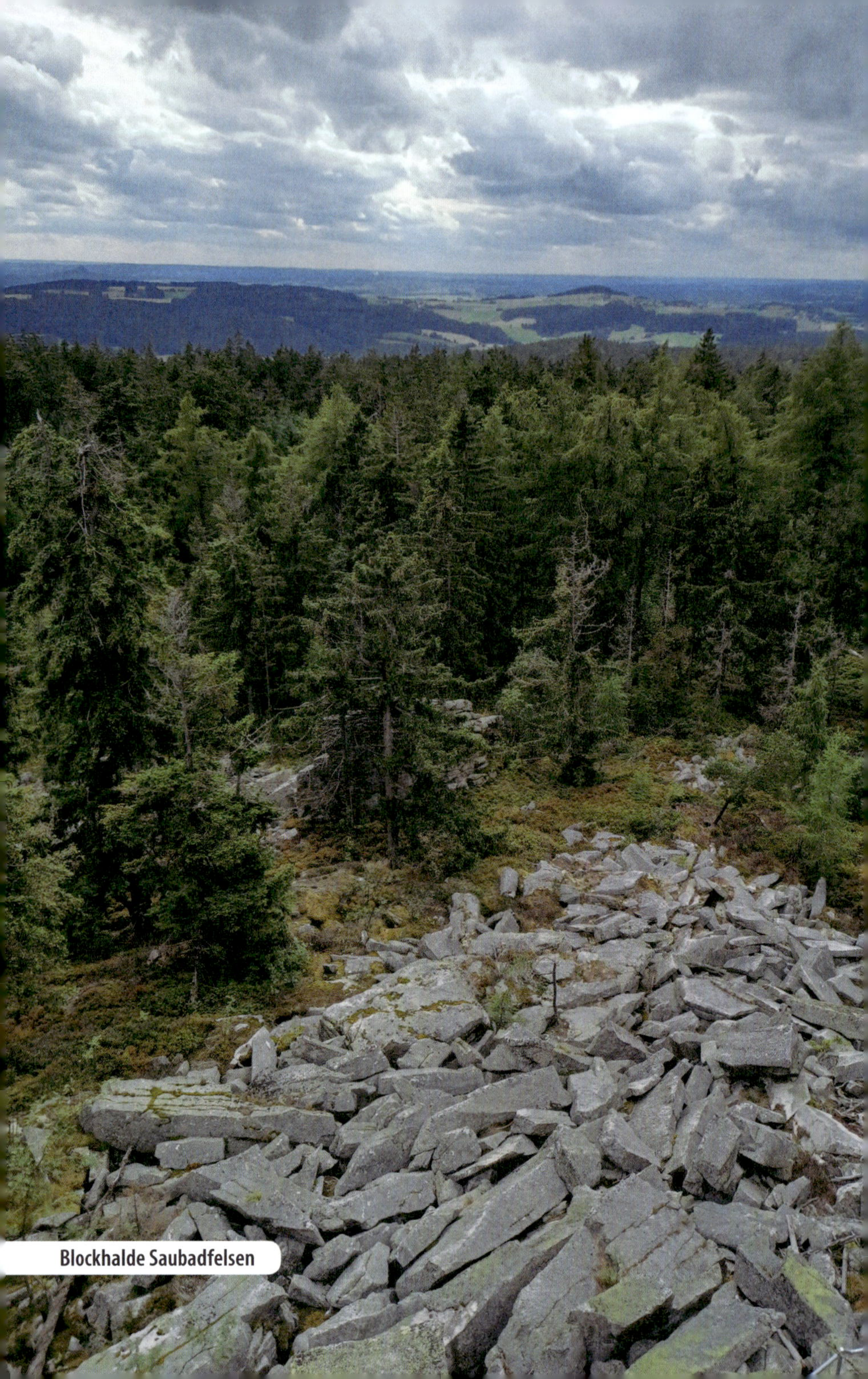

Blockhalde Saubadfelsen

riesen vorbei durch lichten Mischwald bergab Richtung Waldhaus. Dabei kommen wir am „Steinwaldpilz" vorbei, einer wettergeschützten Rastbank, und laufen weiter zur Einkehrmöglichkeit **7 Waldhaus Steinwald.** Die Einöde liegt auf einer Lichtung mit Rotwildgehege mitten im Wald. Hier kreuzen sich mehrere Wanderwege, die kreuz und quer durch den Steinwald führen. Errichtet wurde das Gebäude 1831 als Waldwärterhaus für die Forstaufseher und ihre Familien, weil die Fußmärsche in die Waldgebiete von den Dörfern aus zu mühselig waren. Ein cleverer Forstwart erschloss sich einen Nebenverdienst, indem er ein Zimmer als Gaststube einrichtete. Daraus entwickelte sich eine kleine Waldgaststätte, die aber Mitte des letzten Jahrhunderts mit dem Wegzug der letzten Bewohner zum Erliegen kam. Aus seinem Dornröschenschlaf wurde das Waldhaus mit der Verfilmung von „Krambambuli" im Jahr 1997 erweckt. Das Waldhaus diente als Kulisse für Schauspieler wie Tobias Moretti und Christine Neubauer. Inzwischen ist das Gebäude eine beliebte und gut zu erwandernde Informationsstelle und Kleingaststätte. Unser Wanderparkplatz in Pfaben ist keine 2 Kilometer entfernt. Auch wir nehmen im Schatten der Sonnenschirme Platz und stärken uns mit Speis und Trank.

Nur 500 Meter und ein paar Schritte mehr vom Waldhaus entfernt entfaltet sich die Felsformation **8 Saubadfelsen,** zu der uns die blaue Goldsteig-Variante bringt. Das Naturdenkmal präsentiert sich schroff und rau, eine Blockhalde aus Granitfelsen am Hang, die in einen Blockstrom übergeht. Gefrorenes Wasser spielt eine Rolle beim Wandern der Steine bergabwärts. Seltene Moose und Flechten haben sich hier niedergelassen. Die hohen Temperaturen im Sommer und die harten Frostnächte im Winter lassen nur besondere Insekten und andere Tiere überleben. Der höchste Felsen ist mit einer Eisenleiter

> *Im* ***Bioladen Schwammerl*** *am Unteren Markt 5 in Erbendorf (Tel. (0 96 82) 9 15 88 70) kann man von Montag bis Samstag einen Picknickkorb an den Zipfeltannenfelsen bestellen.*

erklimmbar und bietet für diesen Tag einen letzten Weitblick über die Landschaft.

Nach dem kurzen Abstecher kehren wir auf den Hauptwanderweg zurück, der auf einem schmalen Trail bergab führt und durch die Felsformation **9 Zipfeltannenfelsen** hindurch. Der Granitturm wird auch gerne „Sphinx des Steinwaldes“ genannt, aber die Assoziation kommt jetzt im Sommer bei dichtem Bewuchs nicht zustande. Der idyllische Platz hinterlässt einen schönen letzten Gruß auf dieser Tour. Nach wenigen Metern verlassen wir den Wald und laufen auf den Wanderparkplatz zu. Inzwischen sind die Schatten schon lang geworden und kündigen den Abend an.

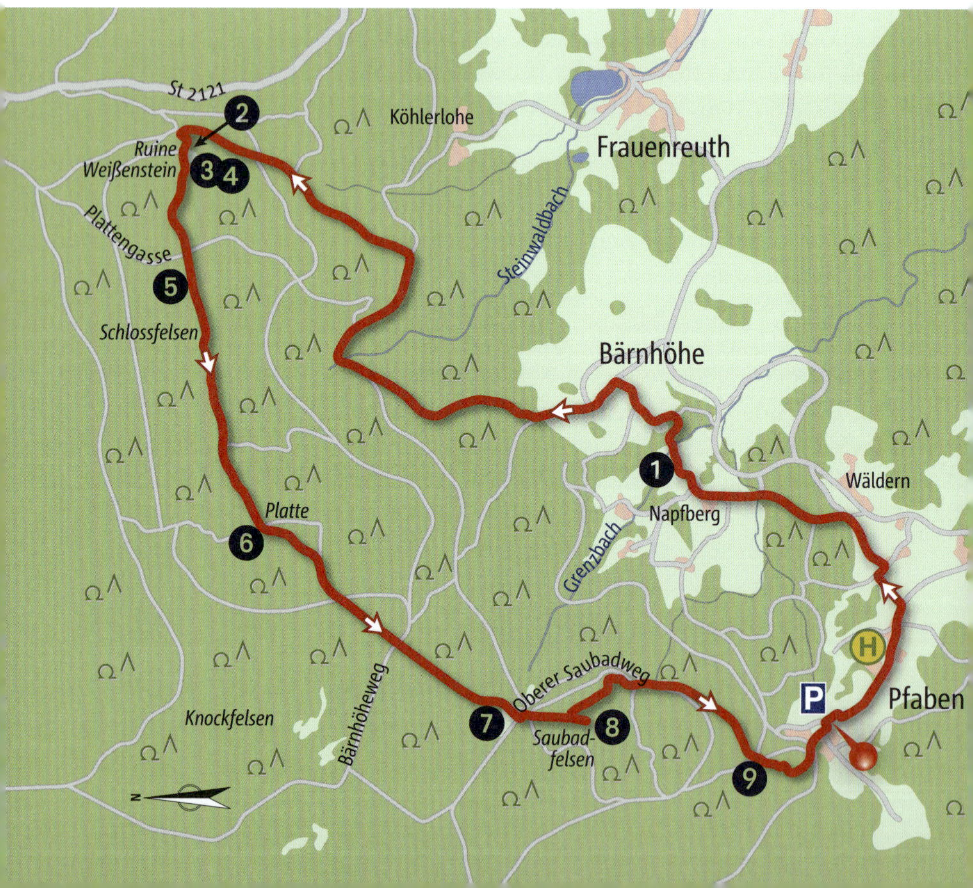

ALLES AUF EINEN BLICK

Entspannung 5/5
Abenteuer 4/5
Vielfalt 3/5

WIE & WANN

Gut ausgeschildertes Wegesystem, Wechsel von bequemen Feld- und Waldwegen mit steilen Anstiegen und steinigen Pfaden. Besonders schön im Frühling und Herbst. Beachten: Bis April/Mai kann Schnee auf der Platte liegen!

HIN & WEG

Auto: Wanderparkplatz Pfaben, 92681 Pfaben (Erbendorf)
ÖPNV: BAXI 1802 (Richtung Wiesau Bf.), Tel. (0 96 31) 7 92 98 99

ESSEN & ENTSPANNEN

7 **Waldhaus Steinwald,** Pfaben 12, 92681 Erbendorf, Tel. (0 96 83) 9 29 97 97, www.waldhaus-steinwald.de

ENTDECKEN & ERLEBEN

1 **Geotop Teufelsstein**
2 **Kiebitzfelsen**
3 **Ruine Weißenstein**
4 **Statue Mutter Erde**
5 **Dreifaltigkeitskapelle Steinwald,** Plattengasse, 95679 Waldershof
6 **Oberpfalzturm**
8 **Saubadfelsen**
9 **Zipfeltannenfelsen**

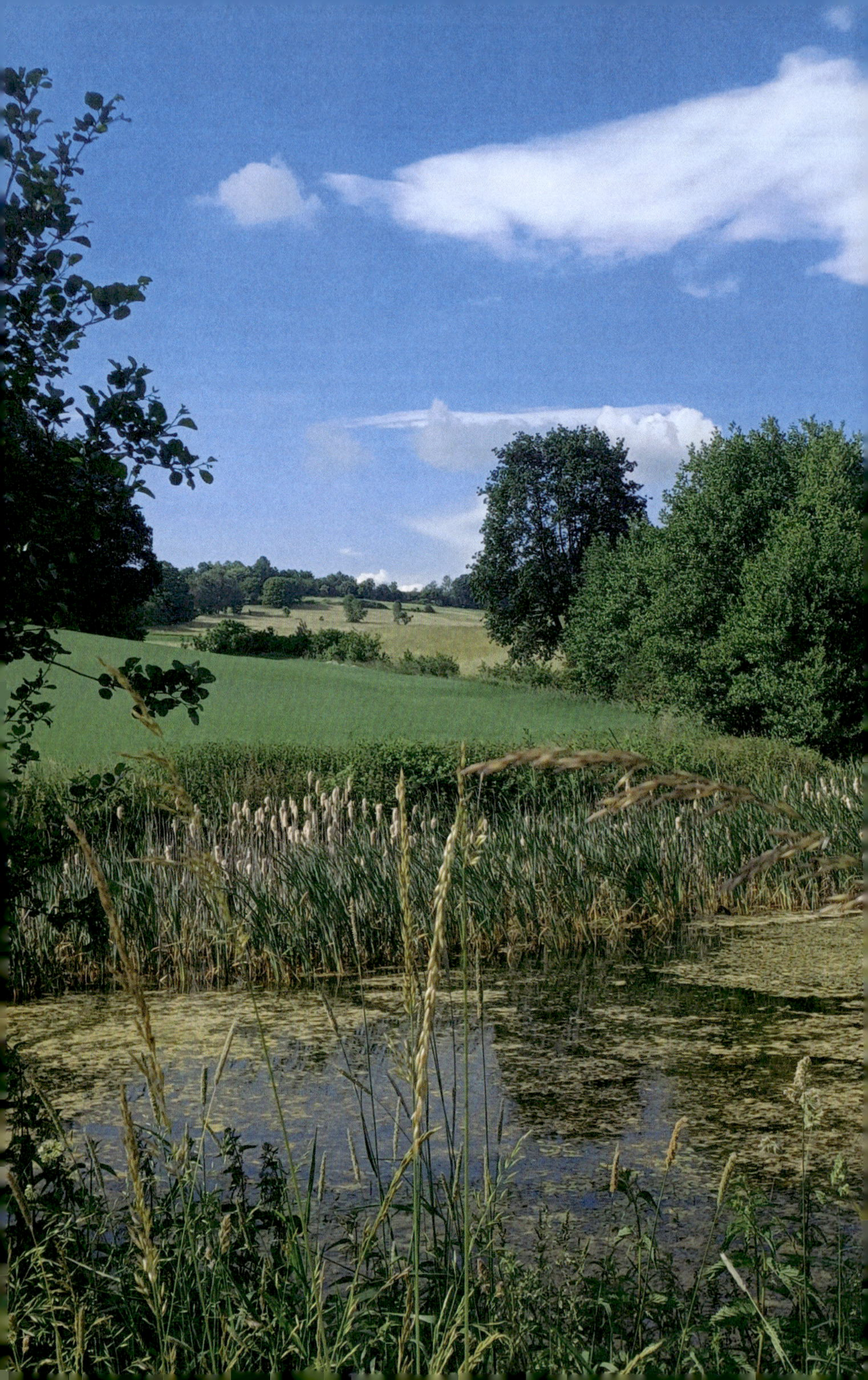

Kleine Vulkane

Vulkanlandschaft bei Kemnath

Östlich von Kemnath, Landkreis Tirschenreuth, bietet sich eine offene, von etwa 20 kleinen Vulkanen durchsetzte Landschaft für eine entspannte Tour mit vielen Weitblicken an. Wir parken am Wanderparkplatz Schlossberg unterhalb der Burgruine Waldeck. Der **Markt Waldeck,** ein Ortsteil von Kemnath, liegt nördlich des Schlossberges. Da eine Einkehr erst im Anschluss in Waldeck möglich ist, haben wir Getränke und Snacks im Rucksack dabei.

Der Schlossberg hält ein ganzes Paket an Wundern für uns bereit, weshalb wir uns Zeit nehmen und nicht den kürzesten Weg zur Ruine gehen. Stattdessen laufen wir auf der Teerstraße zurück (Richtung Waldeck, Norden) und werfen einen Blick auf den **1 Alten Friedhof,** wo steinerne Grabkreuze und Mauerreste trotz Sommer und Sonne eine mystische Stimmung schaffen. Von 1599 bis 1913 fanden die Waldecker auf dem ehemaligen Pestacker ihre letzte Ruhe, vorher ging ihre letzte Reise bis nach Kastl, was vor allem im Winter mühsam war.

Nach dem Friedhof biegen wir links auf einem zunächst breiteren Weg in den Hangwald ein. Die Markierung zur Schlossbergumrundung ist der „Grüne Punkt". Der **2 Schlossberg** ist ein sogenannter Basalt-Härtling und überragt mit seinen 641 Metern die Umgebung aus Sedimentgestein. Seine Flanken zählen zum FFH-Gebiet Basaltkuppen Raum Kemnath und beherbergen auf kleinem Raum verschiedenste Waldgesellschaften, wie unter anderem Schlucht- und Hangmisch-

Kilometer: 10
Höhenmeter: 240
Stunden: 3
RUNDWEG

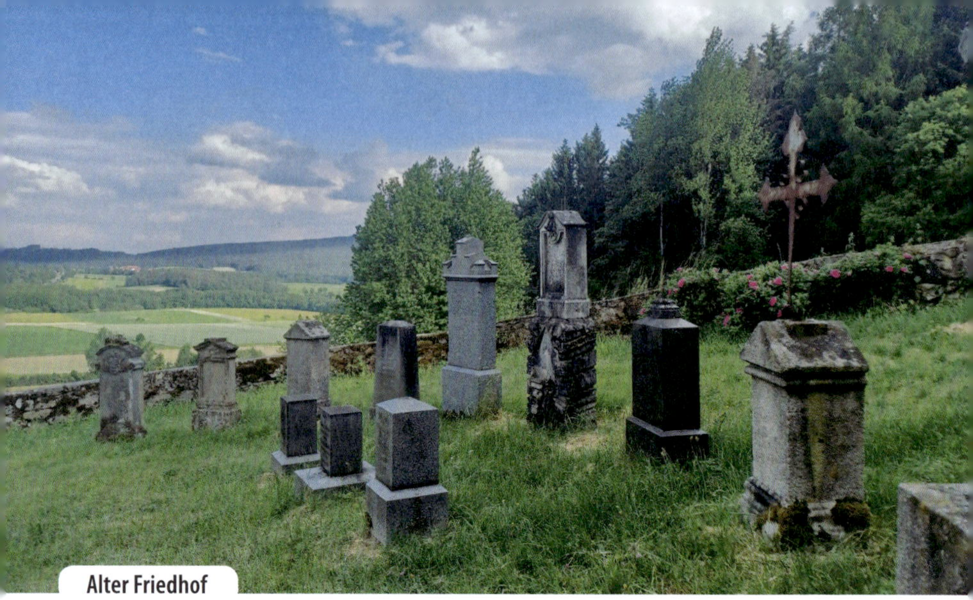

Alter Friedhof

wälder oder den Waldmeister-Buchenwald. Die blütenreiche Vegetation auf den waldfreien Trockenhängen kann mit den Magerwiesen der Fränkischen Schweiz verglichen werden. Wir genießen das abwechslungsreiche üppige Grün ausgiebig.

Rund um den Burgberg vermitteln Infotafeln der Initiative EWILPA (Essbarer-WildpflanzenPark), welche ***Wildpflanzen*** *kulinarisch oder heilkräftig genutzt werden können. Naschen ist ausdrücklich erlaubt!*

Links des Weges ist eine vergitterte Tür im Berg – wir haben einen der vielen Zugänge zur **3 Felsenkelleranlage** des Schlossberges entdeckt. Erst in jüngerer Zeit wurde das Gangsystem in seiner Gänze untersucht. Es durchzieht den ganzen Schlossberg und diente früher den Bewohnern von Alt-Waldeck auf der Südseite des Schlossberges als Lagerstätte und Kühlschrank. Die Siedlung Alt-Waldeck brannte Ende des 18. Jahrhunderts nieder und wurde auf der Nordseite des Berges wieder aufgebaut. Eingewachsene Ruinenreste sind mit etwas Übung am Südhang unterhalb der Burg erkennbar.

Aktuell findet man hier ganzjährig vor allem Fledermäuse verschiedenster Arten, die die Insektenvielfalt des Schlossberges angezogen hat. Gruselige Sagen ranken sich um das unterirdische Gewölbesystem: Es soll Geheimgänge bis nach Kemnath und zur Lettenmühle geben. Schwarze Messen wurden hier gefeiert und Opfer gebracht.

Der Grüne Punkt schwingt sich auf der Südseite auf die Bergkuppe und wir betreten das weitläufige Areal der 4 **Burgruine Waldeck.** Der Heimat- und Kulturverein Waldeck hat die Ruinen der Burg, die mit einer ersten urkundlichen Erwähnung im Jahr 1124 zu den ältesten Burgen der Oberpfalz gehört, in den letzten 30 Jahren liebevoll ausgebuddelt, saniert und zu einem lohnenswerten Ausflugsziel gemacht. Das Geschlecht der Leuchtenberger (Tour 14 „In Gottes Hand") hatte fast zwei Jahrhunderte in dem weitläufigen Komplex aus Kern-, Ober- und Vorburgen, Türmen und Toren seinen Zweitwohnsitz. Das mächtige Gemäuer überlebte mehrere Kriege und Belagerungen, bis es im Jahr 1794 zusammen mit Alt-Waldeck abbrannte und nicht wieder aufgebaut wurde. Erwähnenswert ist auch die modern gestaltete Freiluftkapelle St. Ägidius auf dem Standort der alten Burgkapelle.

Der Weitblick über den Oberpfälzer- und Steinwald ist umwerfend. In der Ferne sehen wir den Rauhen

Für die Seele

Wir stellen uns vor, wie hier vor Millionen Jahren die Vulkane Feuer spuckten und die Erde bebte.

Im Sommer wird das Gelände der Burgruine als ***Freilichttheater*** *vom Landestheater Oberpfalz genutzt. Deren Aufführungen können auch unter anderem in Tirschenreuth, Leuchtenberg, Weiden oder Vohenstrauß besucht werden.*

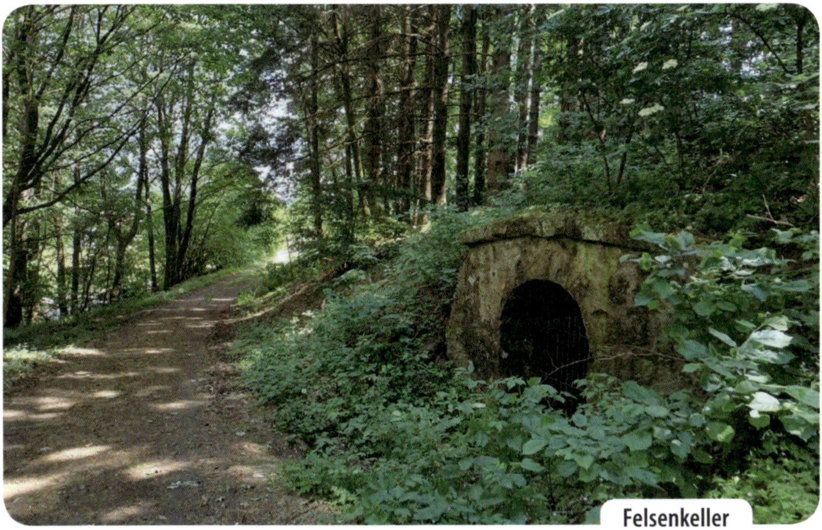

Felsenkeller

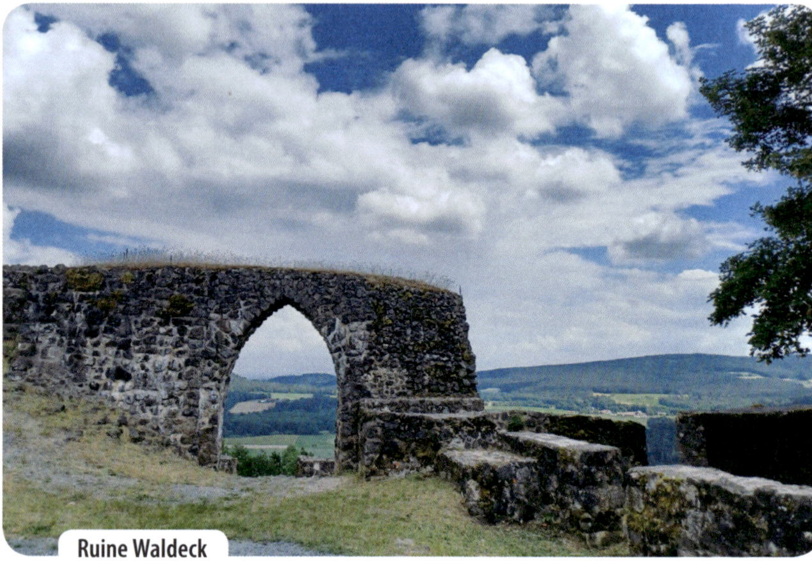

Ruine Waldeck

Kulm (Tour 7 „Leben im Basalt") und meinen auch unser Tagesziel, den Kuschberg, im Süden zu erkennen. Von der Burgruine bis zum Kleinen Kusch nehmen wir die Markierung „Blaue Serpentine" (eine Goldsteig-Variante). Jetzt kommt eine entspannte Wegetappe, ganz ohne Besonderheiten oder Herausforderungen für Füße, Augen und Gehirn. Es geht durch Wiesen und Felder auf breiten Wegen weiter. Wir durchlaufen den Weiler Pinzenhof, queren die Teerstraße nach Atzmannsberg, kommen an Karpfenteichen vorbei und laufen dann am Waldrand auf das Dorf Atzmannsberg zu. Dort geht es auf einer schmalen, wenig befahrenen Teerstraße weiter zum 5 **Kuschberg,** den wir spätestens jetzt fest im Visier haben. Ja, der kleine friedliche Hügel südlich des Dorfes ist ein erloschener Vulkanschlot, umgeben von einem Tuffring.

Wir umrunden die 585 Meter hohe Basaltkuppe und steigen über den Südhang auf. Auch hier begegnet uns eine üppige und vielfältige Flora, die sich auf trockene und wasserarme Standorte spezialisiert hat:

Ein ***Tuffring*** *ist ein flacher Ring aus pyroklastischen Ablagerungen, die bei vulkanischen Eruptionen entstehen. Tuff ist meistens sehr porös und leicht, weshalb er früher gerne als Baumaterial verwendet wurde.*

Wolfsmilchgewächse, Johanniskraut, das Kleine Habichtskraut und Färberginster, um nur ein paar aufzuzählen.

Auf dem „Gipfel" lädt eine Aussichtsbank neben dem Gipfelkreuz zum Pausieren und Genießen ein. Der Rundumblick auf das Mosaik aus Wäldern, Wiesen, Feldern, Dörfern und Bergkuppen ist herrlich beruhigend und idyllisch. Mehrere kleine Vulkankuppen sind in der Nähe auszumachen: der Waldecker Schlossberg, westlich davon noch ein Kusch, der Härtling von Anzenberg westlich von Waldeck, der Armesberg mit Wallfahrtskirche im Norden hinter Waldeck.

Mit der **Markierung „Rotes Andreaskreuz"** verlassen wir den beschaulichen Platz über den Osthang, stoßen wieder auf die Teerstraße und biegen bei der nächsten Kreuzung links auf den Fahrradweg Richtung Waldeck ein. Die Straße geht wieder durch Atzmannsberg, nur ein paar Meter östlicher, und auf der anderen Seite weiter. Nach dem Reuthiggraben mit Bächlein kommt die Gebäudeansammlung der Oberneumühle. Hier biegen

Kuschberg

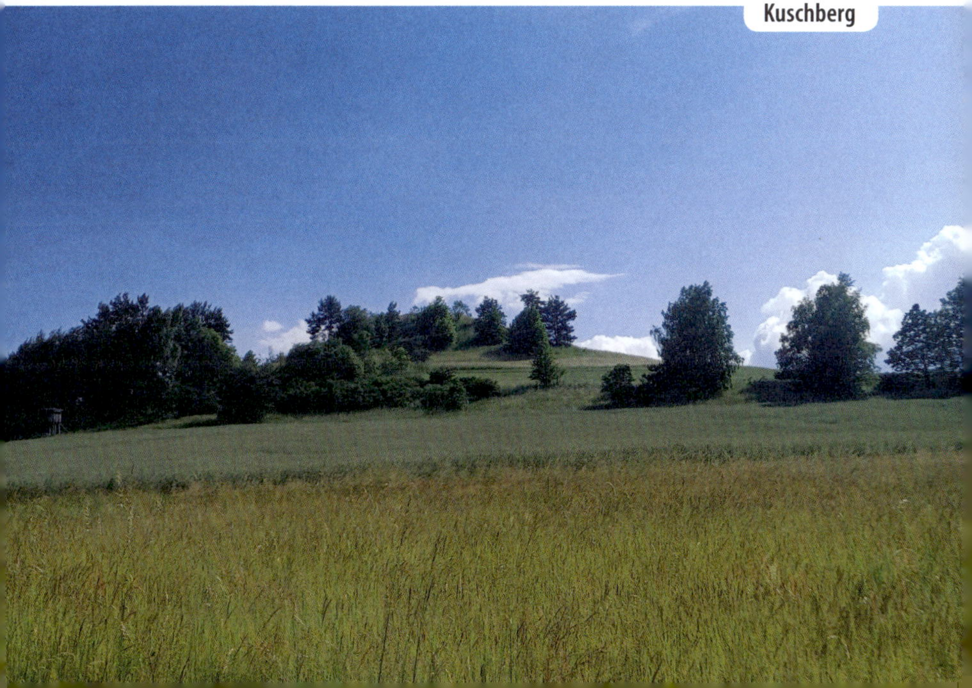

wir rechts auf einen unmarkierten, breiten Wiesenweg ab, der uns durch das Waldstück Auf dem Letten zur **Lettenmühle** bringt (Wir erinnern uns: Einer der Geheimgänge vom Schlossberg soll hier enden). Hinter der Lettenmühle biegen wir an einem Marterl links hinter den Weihern ab und nehmen Kurs auf den Schlossberg, jetzt begleitet von der Markierung „Blaues Rechteck", die uns östlich am Fuß des Berges zurück zum Parkplatz leitet.

Für den tiefenentspannten Weg durchs Vulkanland haben wir uns mehrere Stunden Zeit genommen und jetzt knurrt trotz Snack auf dem Kuschberg der Magen. Wir lassen den Tag im 6 **Gasthof Goldener Engel** ausklingen.

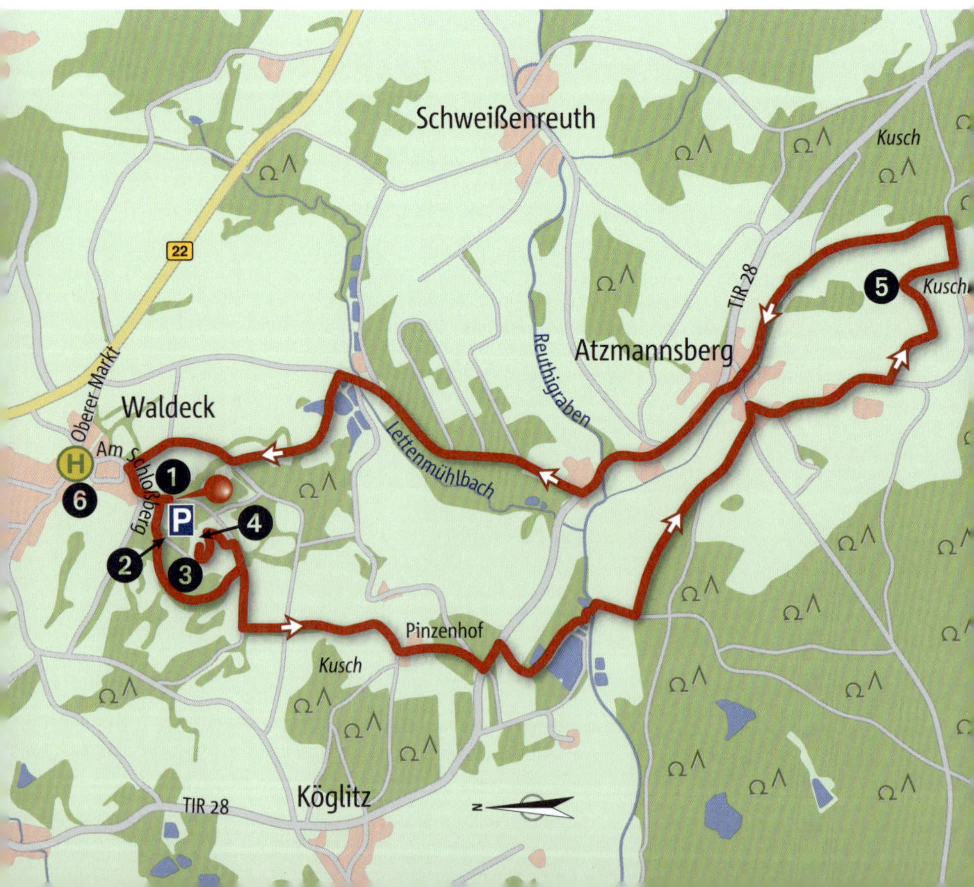

ALLES AUF EINEN BLICK

Entspannung 5/5
Abenteuer 2/5
Vielfalt 3/5

WIE & WANN

Gut ausgeschilderte, bequeme Feld- und Wiesenwege, wenig befahrene Landstraßen, wenig Wald. Ganzjährig begehbar. Vegetation besonders schön im Frühling.

HIN & WEG

Auto: Wanderparkplatz am Schlossberg (unterhalb Burgruine Waldeck), 95478 Waldeck
ÖPNV: Bus 2712 (Richtung Wiesau Bf.) bis Waldeck, Oberer Markt oder Bus 6277 bis Bahnhofsvorplatz Weiden

ESSEN & ENTSPANNEN

6 **Gasthof Goldener Engel,** Oberer Markt 4, 95478 Waldeck, Tel. (0 96 42) 12 86, www.goldener-engel.de

ENTDECKEN & ERLEBEN

1 **Alter Friedhof**
2 **Schlossberg**
3 **Felsenkelleranlage**
4 **Burgruine Waldeck**
5 **Kuschberg**

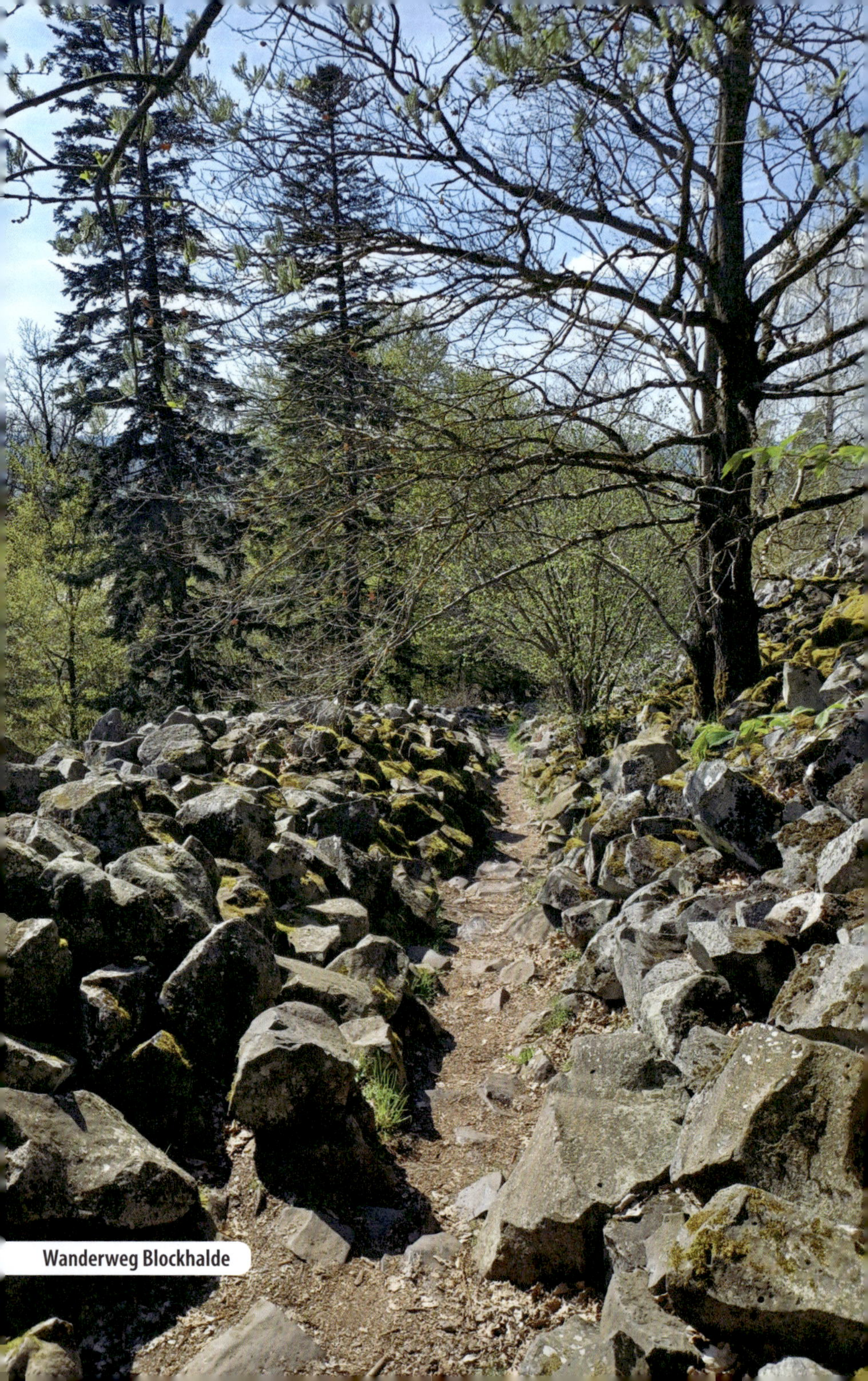

Wanderweg Blockhalde

Leben im Basalt

Der Rauhe Kulm bei Kemnath

Im Nordwesten des Oberpfälzer Waldes liegt die Stadt Neustadt am Kulm behaglich zwischen zwei Vulkanschloten, dem Rauhen und dem Kleinen Kulm. Der Rauhe Kulm beherrscht mit seinen 681 Metern über N.N. das Landschaftsbild und hat viel zu erzählen. Das wollen wir uns heute bei einer kleinen Wanderung anhören.

Wir parken in **Neustadt am Kulm** vor dem Feuerwehrhaus auf dem Wanderparkplatz. Hier halten wir uns zunächst rechts auf dem Grünlohweg und lassen uns von Wegweisern zu den **1 Felsenkellern** leiten, die in eine Steilstufe des Unteren Burgsandsteines gegraben wurden. Von den insgesamt 15 Kellern wurde einer für Besucher zugänglich gemacht und gibt einen Hauch Vergangenheit preis. Das Kellersystem diente den Einwohnern über Jahrhunderte als Kühlschrank für Gemüse wie Kartoffeln. Vor allem Bier erhielt hier die ideale kühle Trinktemperatur, was die Gastwirte bis in die 1950er-Jahre nutzten. Im Krieg noch als Luftschutzkeller genutzt, verfielen die Gewölbe nach und nach. Inzwischen werden sie wieder als altes Kulturgut geschätzt, vor allem von Fledermäusen zum Übertagen und Überwintern.

Viele Wege führen auf den Gipfel des Kulms, wir nehmen vom Parkplatz aus den **Blauen Querbalken.** Der führt über die Teerstraße leicht bergauf bis zum Ausflugslokal Kulmterrasse, das wir uns für den Rückweg aufheben. Hinter dem dazugehörigen Parkplatz beginnt der breite Forst- und Wander-

*„**Kulm**" kommt wahrscheinlich aus dem Slawischen und bedeutet „kleiner Berg". Es kulmt in der Oberpfalz gewaltig, wir kennen Kulmbach, Kulmain, Kulmdorf und Kulmstein, um nur einige zu nennen.*

Kilometer: 6,7
Höhenmeter: 180
Stunden: 2
RUNDWEG

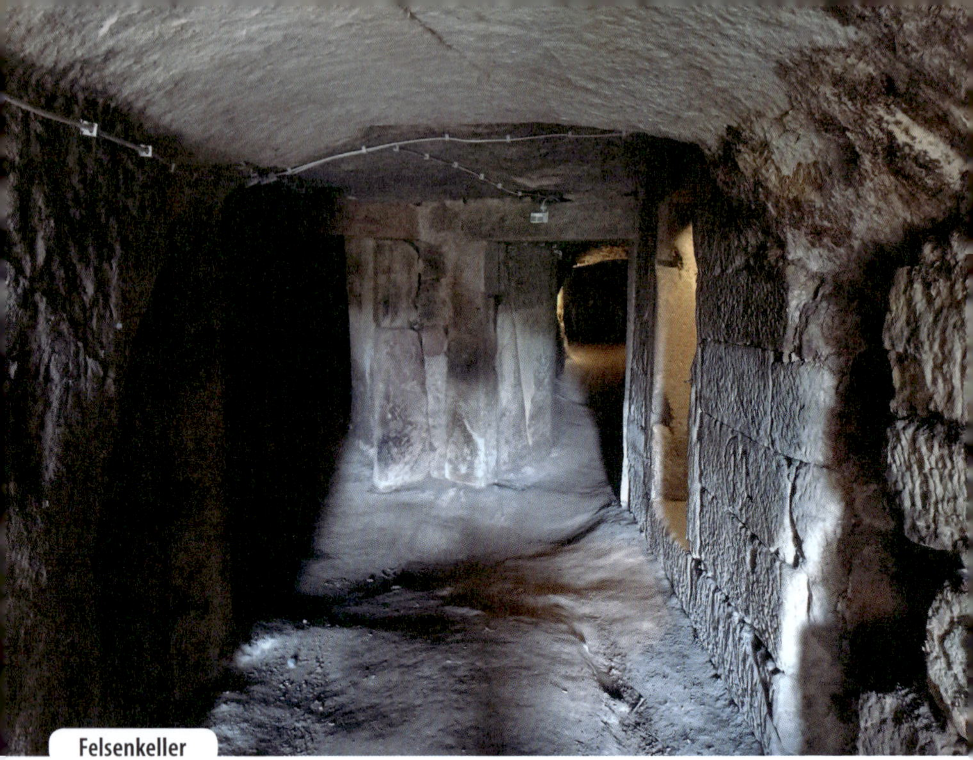

Felsenkeller

weg, der uns im weiten Linksbogen durchs untere Drittel des Berges führt. Der **2 Rauhe Kulm** entstand bei der Auffaltung der Alpen durch einen nicht beendeten Vulkanausbruch. Tuff verstopfte der Lava den Ausbruchstrichter. Erosion hat 20 Millionen Jahre lang die umliegenden Sedimente abgetragen und das härtere Gestein freigelegt. Der Berg mit seinen Flanken ist ein Fauna-Flora-Habitat, in dessen Waldgesellschaften – viel Rotbuche – sich verschiedene seltene Fledermausarten und der im Bestand bedrohte Feuersalamander wohlfühlen. Das gesamte Gebiet gilt als Naturdenkmal und es wird gebeten, auf den Wegen zu bleiben.

In der Jungsteinzeit fühlten sich die ersten Menschen von ihm angezogen und nutzten ihn als Kultstätte, wie Funde beweisen. Die Kelten mit ihrem Gespür für besondere Kraftorte siedelten sich an seinem Fuß ab etwa 500 vor Christus an. Die Slawen, denen er den Namen und die noch heute sichtbaren Überreste eines Ringwalls zu verdanken hat, kamen erst im 8. Jahrhundert. Im 10. Jahrhundert wurde eine Burganlage auf dem Gipfel oberhalb der Blockhalde erbaut, die gute 500 Jahre überlebte, bis sie von Nürnberger Truppen zerstört wurde. Von ihr sind keine Ruinen mehr vorhanden.

Wir genießen den breiten Weg durch Buchenwald mit Vogelgezwitscher von allen Seiten, passieren rechter Hand einen kleinen naturnahen Teich und verlassen nach etwa 2 Kilometern (vom Parkplatz aus) den Blauen Querbalken, um nach rechts aufs **Rote Andreaskreuz** bergauf abzubiegen. Der breite, grasbewachsene Weg führt durch einen lichten Mischwald stetig bergauf. Bemooste Rotbuchenriesen tauchen auf. Links und rechts des Wegs modern Baumriesen vor sich hin. Waldmeister und Waldsauerklee bedecken den Boden.

Teile des FFH-Gebietes Rauher Kulm sind auch als Naturwald ausgewiesen, unter anderem wegen der

Für die Seele

Vor 20 Millionen Jahren war hier, wo wir stehen, die Erdoberfläche. Nichts ist, wie es bleibt.

*Der **Waldsauerklee** ist ein willkommener Frischekick auf Wanderungen. Die hellgrünen Blättchen schmecken nach Zitrone und Essig und machen fit für die nächsten Kilometer.*

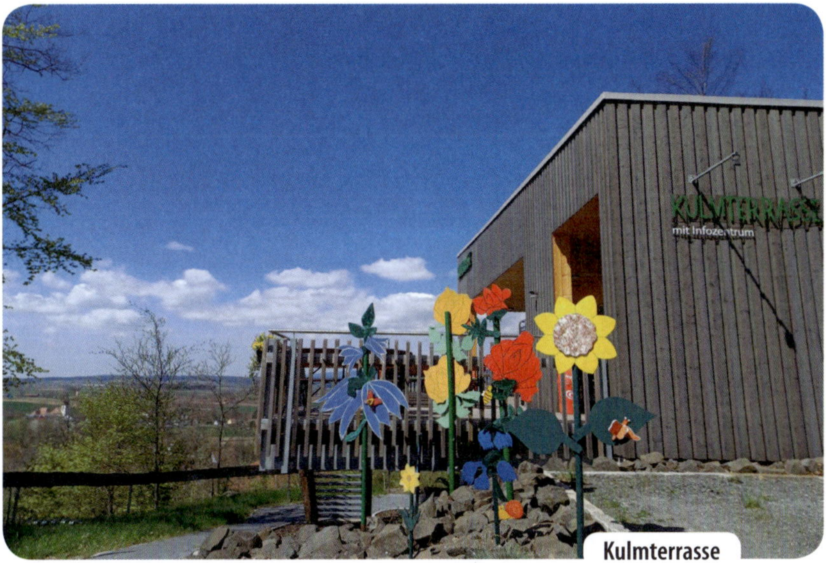

Kulmterrasse

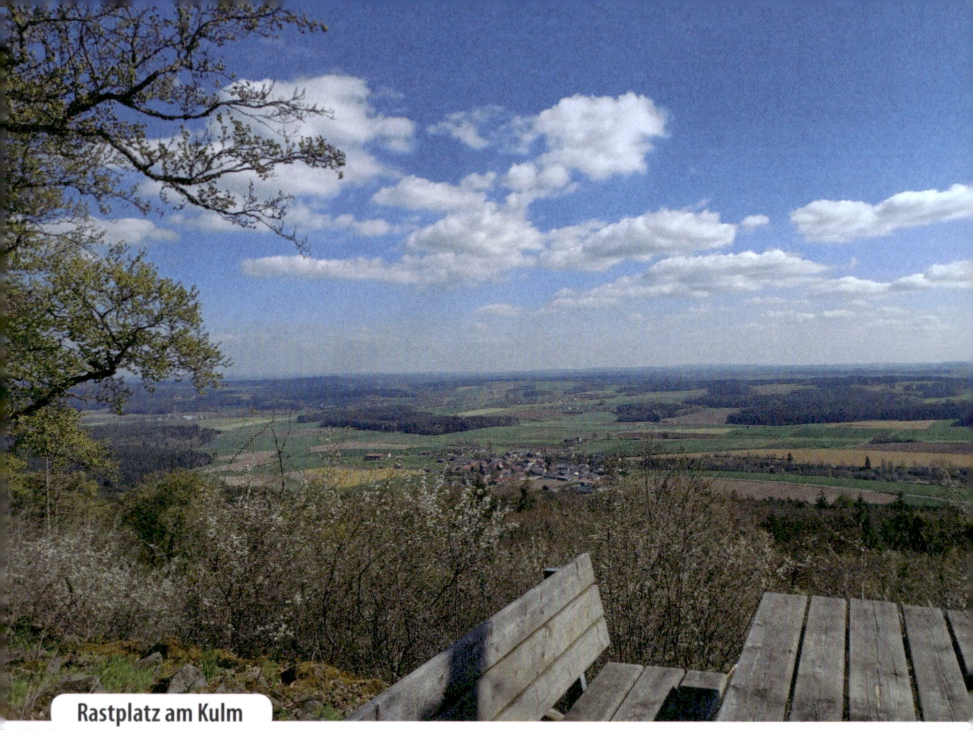

Rastplatz am Kulm

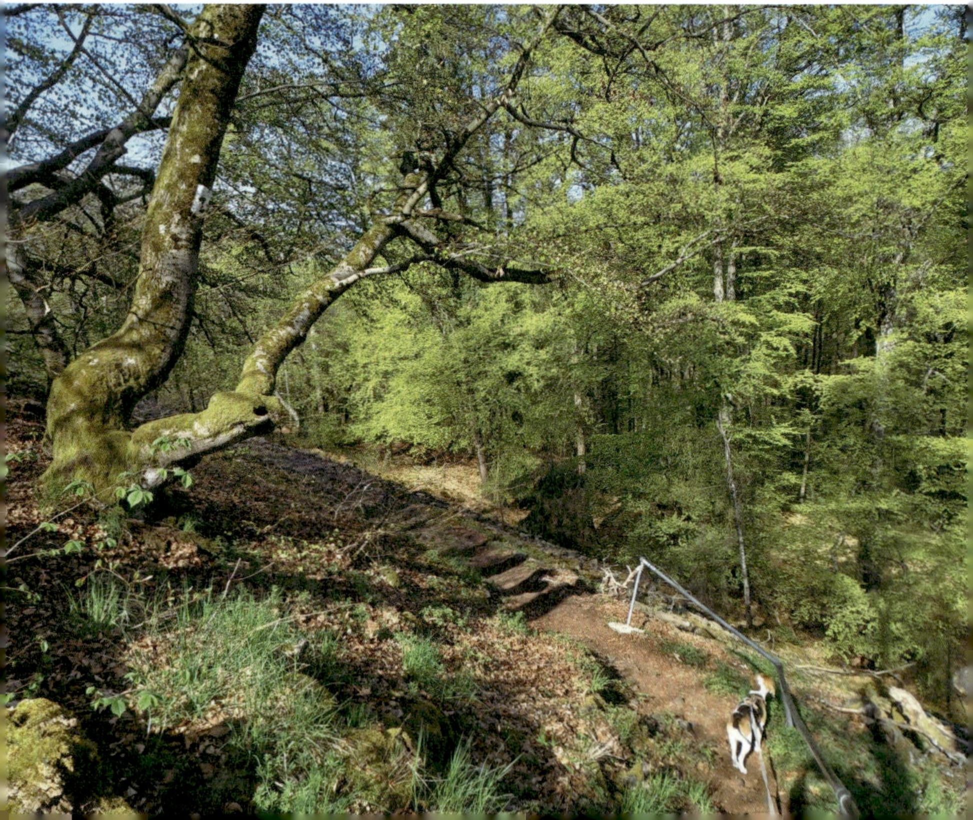

vielen Biotopbäume, die uns staunen und träumen lassen. Ob Blitzeinschlag, Windbruch oder einfach das Alter – man lässt hier die Baumstämme einfach vor sich hin rotten. „Totholz bringt Leben" ist ein Leitspruch der zeitgemäßen Waldwirtschaft.

Biotop- oder Habitatbäume *sind Bäume, die für andere Lebewesen wie Vögel, Käfer, Pilze und Mikroorganismen Lebensraum und Nahrungsquelle sind. Oft sind Biotopbäume sehr alt, absterbend oder tot.*

Nach etwa 600 Metern Aufstieg erreichen wir eine Ebene direkt unterhalb der Blockschutthalde, die schon grau durch die Baumstämme schaut. Hier biegen wir links ab und umrunden den Gipfel auf der Südseite auf einem Pfad, vorbei an alten Rotbuchen. Im Westen treffen wir auf eine kleine Wetterschutzhütte direkt an der **3 Blockhalde.** Wir erklimmen den Weg rechts von ihr zwischen den dunkelgrauen Basalten bergauf. Dabei genießen wir einen fantastischen Weitblick gen Süden in den Oberpfälzer Wald. Diese Blockhalde aus Basalten macht den Rauhen Kulm so markant. Unten ist Wald, oben ist Wald und dazwischen Steine. Hier können keine höheren Pflanzen wie Sträucher oder Bäume wachsen, weil die Basalte ständig in Bewegung sind. Zwischen ihnen gibt es kein nährendes Substrat, im Sommer wird es sehr heiß und im Winter sehr kalt. Nur Überlebenskünstler unter den Moosen, Flechten und Farnen und einige wenige Kräuter halten es hier aus. Eidechsen und Spinnen lieben das warme Gestein, mit etwas Glück sehen wir vielleicht eine Wolfs- oder Zebraspinne. Diese Wegetappe ist sehr exotisch und reizvoll.

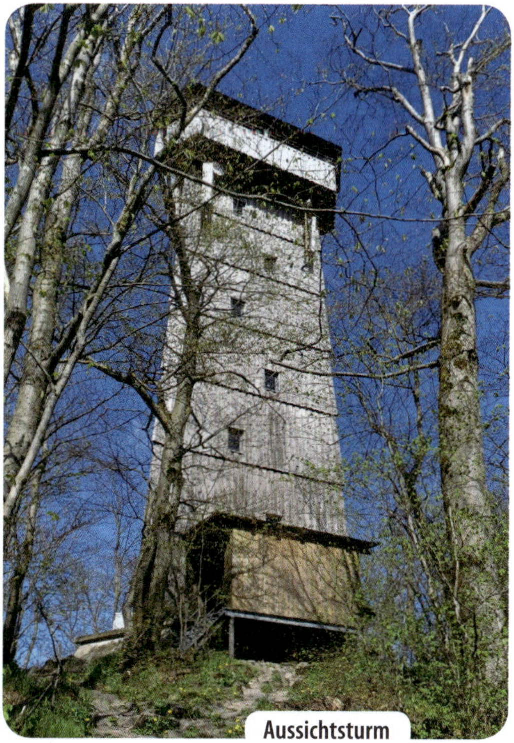
Aussichtsturm

Fast oben angekommen lädt eine Sitzgruppe zum Luft-

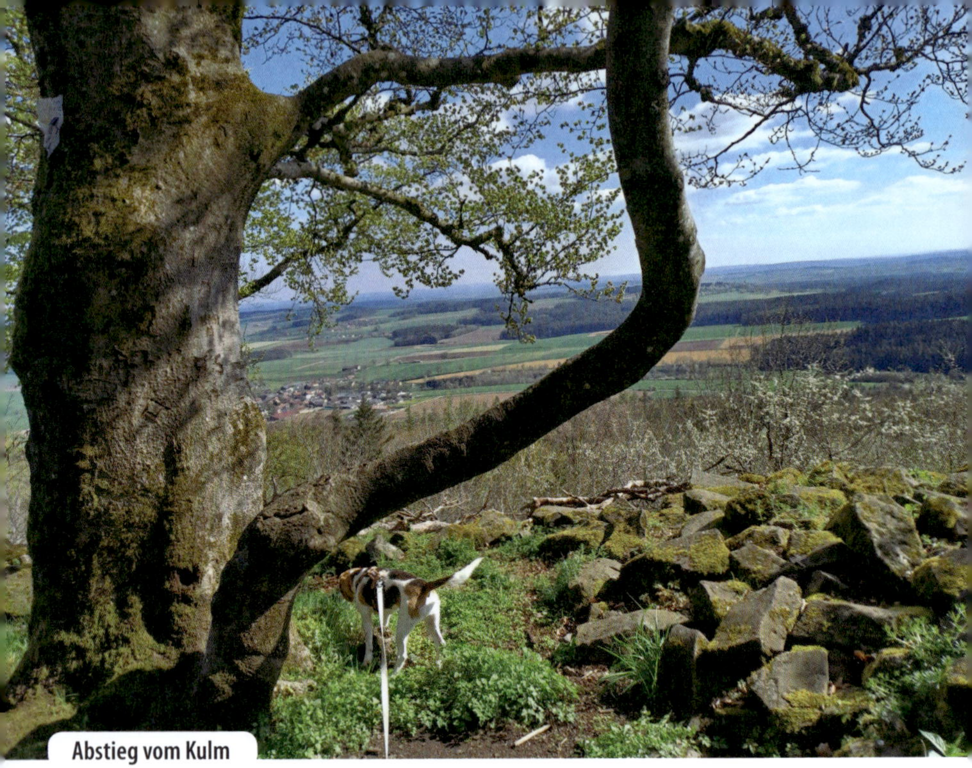

Abstieg vom Kulm

Unter dem halben Dutzend hier heimischer Farnarten ist der zweifach gefiederte Tüpfelfarn, auch ***Engelsüß*** *genannt. Der Inhaltsstoff Osladin verleiht den Wurzeln einen süßen Geschmack.*

holen und Weitblickgenießen ein. Wir laufen unseren Ring zu Ende und erreichen den 4 **Aussichtsturm,** der genau dort den Gipfelblick um 25 Meter erhöht, wo einst die Burg stand. Eine erhebende Rundumsicht belohnt die Ersteigung: zum Fichtelgebirge mit Ochsenkopf im Norden, nach Osten zum Oberpfälzer Wald mit dem Fahrenberg (Tour 16 „Goldmarie"), nach Westen in die Fränkische Schweiz mit der Hohenmirsberger Platte und dem Ossinger. Geschulte Geologenaugen erkennen weitere Vulkanschlote in der Umgebung wie den Anzenberg, Armesberg, den Parkstein und den Schlossberg (Tour 6 „Kleine Vulkane"). Es gibt in diesem Landstrich gut 150 (inaktive) Vulkane, die aber meist von Wald überwachsen und nicht als solche erkennbar sind.

Für den Abstieg nehmen wir die **Markierung „Blaue Diagonale",** die sich rechts herum über die Ostseite erst durch die Blockhalden und dann über den oberen Ringwall windet. Die Markierung mündet auf den unteren Forstweg mit dem Blauen Balken, den wir für den Aufstieg genutzt haben. Links herum und nach wenigen Metern sind wir am **5 Ausflugslokal Kulmterrasse,** wo wir uns bei dem sonnig-warmen Frühlingswetter auf der Terrasse niederlassen. Bei Kaffee und Kuchen mit Blick Richtung Kemnath fantasieren wir, welche Hügel vielleicht Vulkane sein könnten.

Natürlich ist die Tour nach der Einkehr nicht zu Ende – schließlich wartet am westlichen Ende von Neustadt der Kleine Kulm auf ein Hallo von uns. Da braucht es keine Wegmarkierung, von der Kulmterrasse laufen wir durch den Ort mit dem für diese Gegend typischen lang gezogenen Marktplatz und den bunt gestrichenen Häusern. Gegen Ende biegen wir rechts in die **Gasse Badthürl** ein, hinter dem letzten Haus biegen wir links ab und geraten auf einen Feldweg. Die

Kleiner Kulm

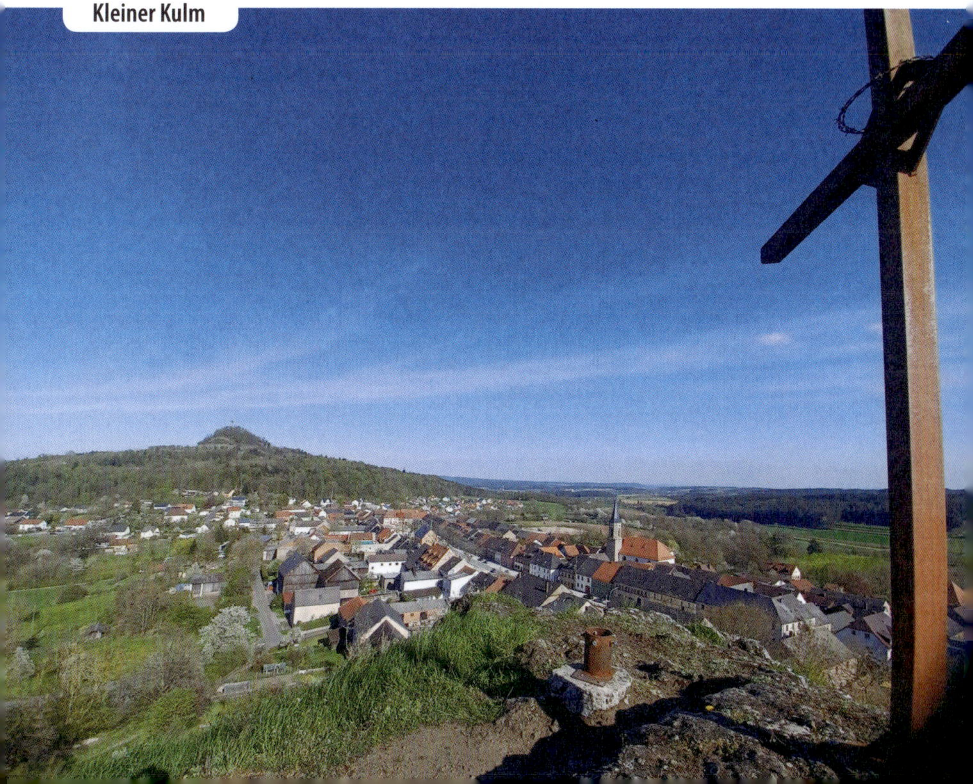

Markierung „Rotes Andreaskreuz“ sowie Wegweiser lotsen uns auf den Gipfel des **6 Kleinen Kulms.** Der Kleine Kulm oder Schlechte Kulm mit seinen 563 Metern über N.N. grüßt respektvoll seinen gleichaltrigen, aber prominenteren Bruder, mit dem zusammen er das Stadtwappen bildet. Auch er war mal imposanter, aber der tuffige Basalt wurde größtenteils als Baumaterial abgetragen. Und auch hier stand mal eine Burg, die den Neustädtern während eines Krieges im 15. Jahrhundert als Zuflucht diente. Heute ist er ein idyllisches Plätzchen, um die Ruhe und Natur zu genießen.

Nach diesem letzten Abstecher schlendern wir durch den Ort zum Parkplatz zurück.

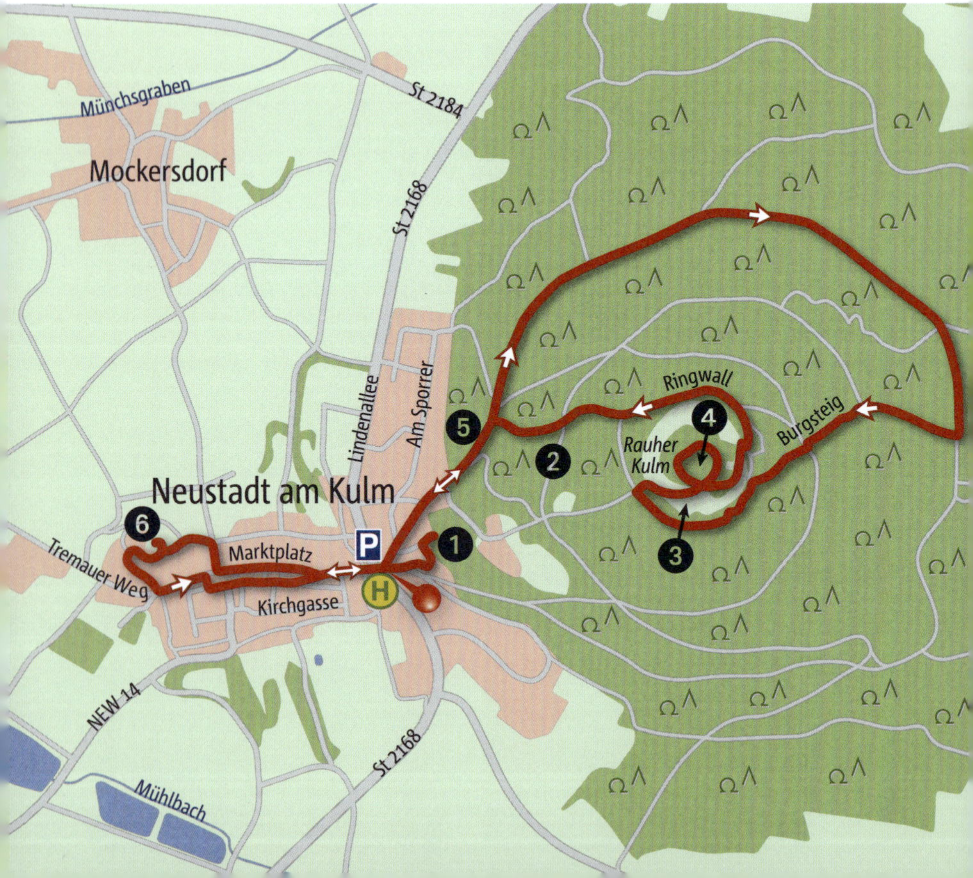

ALLES AUF EINEN BLICK

Entspannung

Abenteuer

Vielfalt

WIE & WANN

Gut ausgeschilderte, bequeme Wald- und Forstwege, durch den Ort Teerstraße. Ganzjährig begehbar. Besonders schön im Frühling und Herbst.

HIN & WEG

Auto: Parkplatz vor dem Feuerwehrhaus, Grünlohweg, 95514 Neustadt am Kulm
ÖPNV: Bus 6283 (Richtung Kemnath-Neustadt Bf.) bis Raiffeisenbank Neustadt am Kulm oder BAXI 8438, Tel. (0 96 02) 6 37 97 97

ESSEN & ENTSPANNEN

5 **Ausflugslokal Kulmterrasse,** Rauher-Kulm-Straße 9, 95514 Neustadt am Kulm, Tel. (0 96 48) 9 13 99 01, www.kulmterrasse-neustadt.de

ENTDECKEN & ERLEBEN

1 **Felsenkeller**
2 **Rauher Kulm**
3 **Blockhalde**
4 **Aussichtsturm**
6 **Kleiner Kulm**

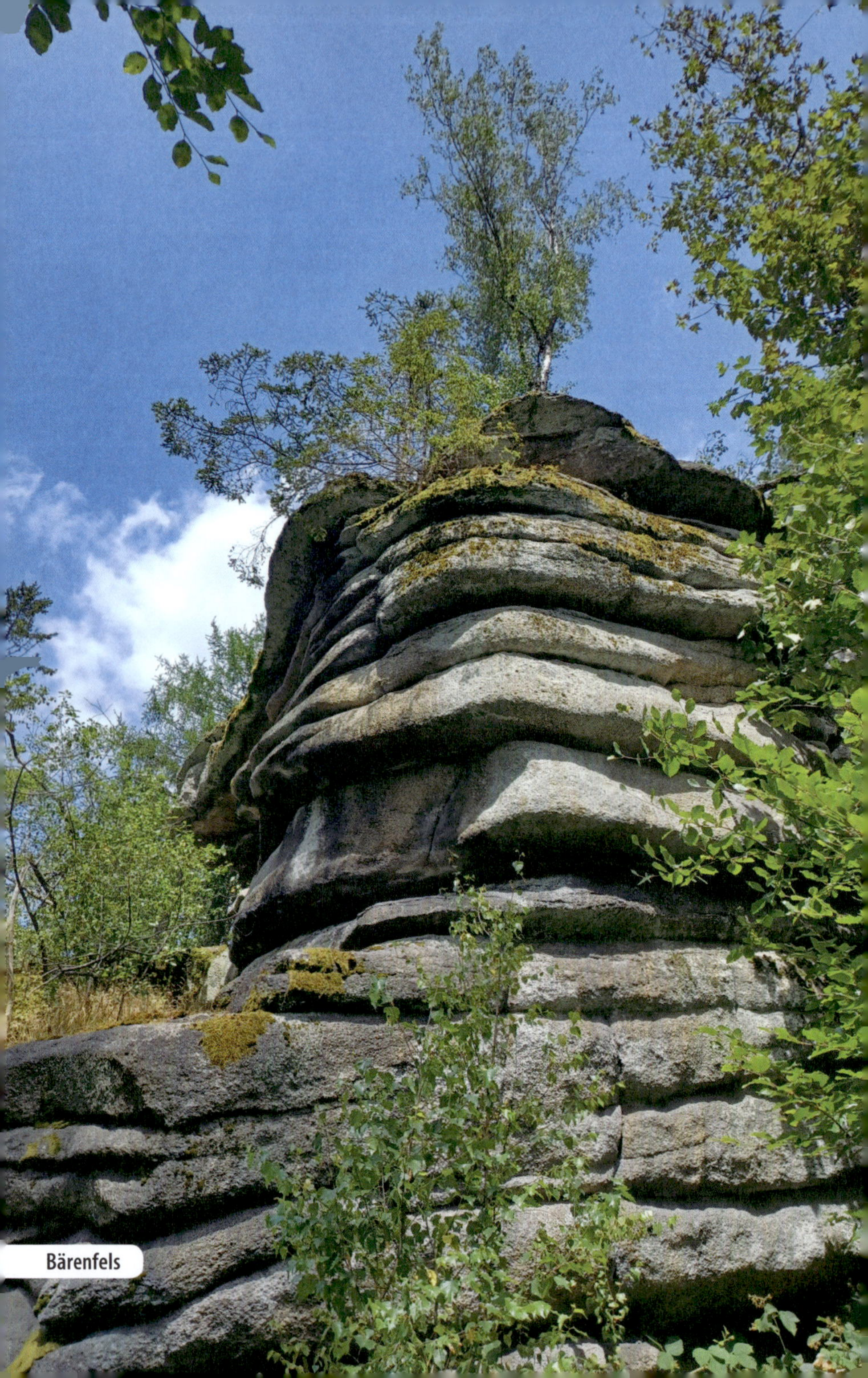

Bärenfels

Mit Rabenaugen

Im Flossenbürger Grenzwald

Eine volle Dosis Wald, gekrönt vom Rabenberg, wollen wir uns heute holen. Ziel ist der Grenzwald östlich von Flossenbürg. Da auf der Wanderstrecke keine Einkehrmöglichkeit liegt und es bis auf die Silberhütte auch keine Zivilisation gibt, haben wir unseren Rucksack wieder mit Bedacht gepackt: Brotzeit, ausreichend Getränke, Wanderkarte, aufgeladenes Handy. Wir parken auf dem Wanderparkplatz Planer Höhe kurz hinter **Waldkirch,** das zu Georgenberg gehört. Die Gemeinde schmiegt sich direkt an die tschechische Grenze.

Die Wanderwegausschilderung an der Schutzhütte lässt keine Fragen offen. Wir wollen mit der Markierung „2“ zur Ruine Schellenberg, vorher nehmen wir aber die geheimnisvolle Dolme am Bärenfels in Augenschein. Der Pfad zwischen Schutzhütte und „Bamhackl-Brunna“ (= Holzfäller-Brunnen) nimmt den Wanderer sofort mit in den Wald, sanft bergauf. Nach etwa 10 Minuten kommt linker Hand der Hinweis auf den Stichweg zur Dolme, die wir nach wenigen Minuten erreichen. Auffällig ist zuerst die Gesteinsformation Bärenfels aus Wollsäcken und -matratzen, wie wir sie im Oberpfälzer Wald oft bewundern. Klein und flach daneben entdecken wir die **❶ Dolme am Bärenfels,** die an einen brachialen Tisch erinnert. Tatsächlich heißt „Dolme“ auf Keltisch/Bretonisch „Steintisch“. Dolmen sind vorgeschichtliche Grabkammern für eine oder mehrere Personen. Ursprünglich wurde die Konstruktion mit Erde bedeckt, wodurch

Kilometer: 14,2
Höhenmeter: 260
Stunden: 4
RUNDWEG

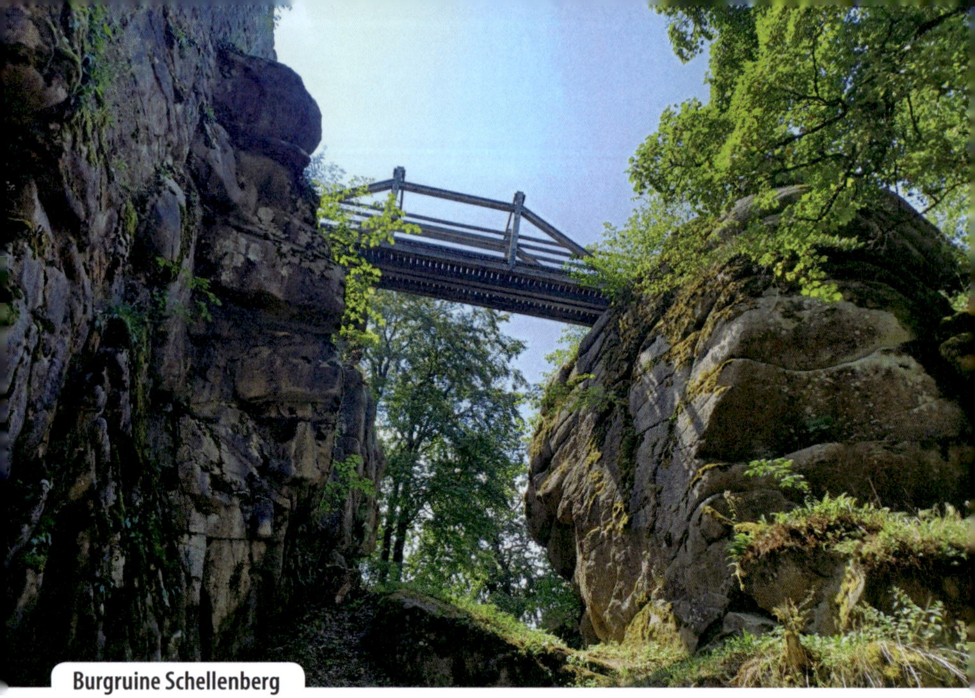

Burgruine Schellenberg

eine rundliche Kuppe entstand. Der Brauch der Dolmenbegräbnisse reichte bis nach Frankreich und Spanien, wo die Konstruktionen riesige Ausmaße annehmen konnten.

Nach diesem historischen Appetizer und zurück auf dem Wanderweg kommen wir nach wenigen Schritten an eine Wegspinne und orientieren uns an der Markierung „Roter Balken auf Gelb" bis zur **2 Burgruine Schellenberg.** Auch hier nutzten die Erbauer die bereits vorhandenen Felsburgen aus Flossenbürger Granit als Fundament ihrer Architektur. Die Adelsburg wurde Mitte des 14. Jahrhunderts auf dem 826 Meter über N.N. hohen Gipfel des Schellenberges erbaut und bereits Ende des 15. Jahrhunderts durch eine kriegerische Auseinandersetzung zerstört und nie wieder in ihre alte Form gebracht. Ein kleines Revival erlebte sie im 18. Jahrhundert als Jagdschloss, der letzte Bewohner verließ im 19. Jahrhundert das Gelände. Heute ist die Burg saniert, mit einem Steg mit dem Nachbarfelsen Hundsstein verbunden und bietet dem Wanderer vom hölzernen Aussichtsturm

*Das hübsche pinke **Tausendgüldenkraut** zählt zu den bittersten Kräutern in der heimischen Natur und wurde als wirksames Magentonikum verwendet. Es ist so wertvoll wie 1000 Gulden. Die Pflanze ist geschützt.*

aus einen herrlichen Blick aufs wilde Grenzgebiet, die Ruine Flossenbürg und den Fahrenberg (Tour 16 „Goldmarie").

Keine Burgruine ohne Gespenst. Hier geht in finsteren Neumondnächten von Reue getrieben der „Schellenbergmannel" umher, die Seele eines gottlosen Burgvogtes. So viel Blutrünstiges spielte sich auf der Burg Schellenberg ab, dass die in der Nähe stehende „Schauertanne" heute noch vor Grausen zittert. Uns präsentiert sich die Ruine sonnendurchtränkt und friedlich, ebenso wie die anschließende Wiese. Wo einst Förster und Waldarbeiter Landwirtschaft betrieben, blühen jetzt Pflanzenraritäten wie die Arnika oder das Tausendgüldenkraut.

Für die Seele

Wir atmen tief ein auf dem Grünen Dach Europas und sind dankbar für Frieden und Wohlstand.

Knapp 400 Meter weiter stehen wir vor dem **3 Naturdenkmal Brotfelsen.** Der isoliert stehende Felsturm aus Wollsackverwitterung ist an der Basis etwa 2 Meter schmaler als oben. Nur die horizontale Schichtung der „Matratzen" verhindert, dass einzelne Blöcke abrutschen können. Die Form erinnert insgesamt an einen fluffigen Brotlaib.

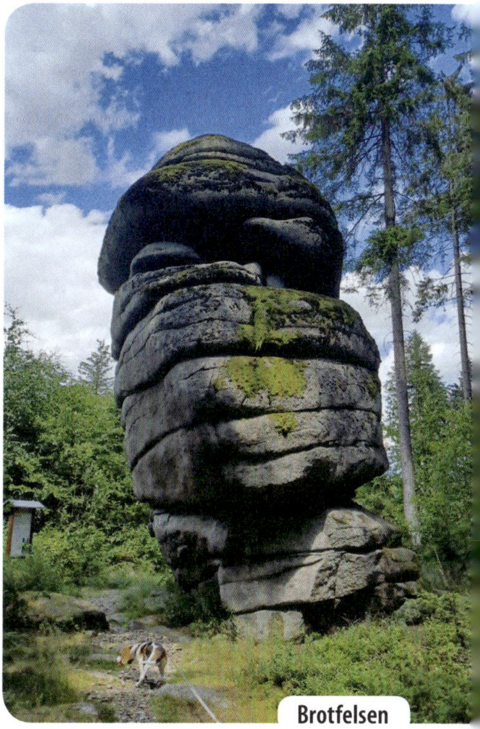

Brotfelsen

Im weiteren Wegverlauf, immer sanft bergauf, passieren wir eine Wetterschutz- und Informationshütte der Bayerischen Staatsforsten, queren einen geschotterten Forstweg und dann die Grenze zu Tschechien. Unsere **Markierung „Roter Balken auf Gelb"** biegt nach links ab, um auf der alten Grenze weiterzulaufen. Wir aber folgen dem Grünen Querstrich vielleicht 200 Meter nach rechts, um dann links über einen Windwurf-Hang

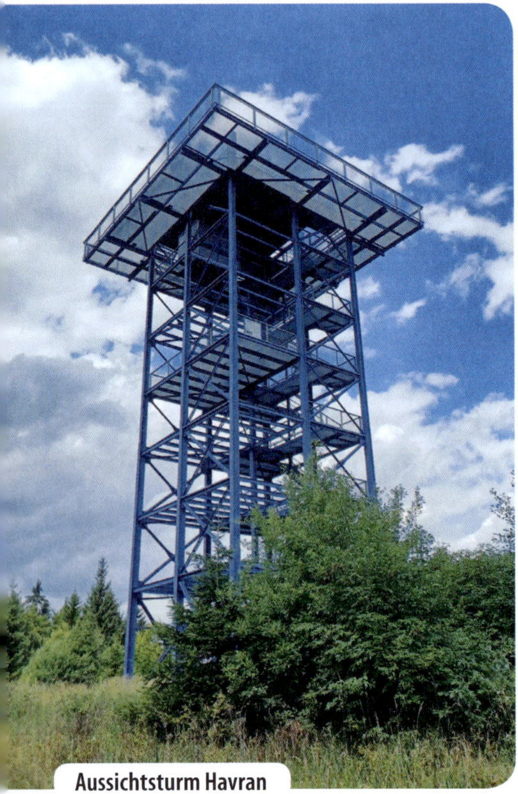

Aussichtsturm Havran

die letzten Meter auf den Gipfel des 894 Meter hohen Havran, zu Deutsch Großer Rabenberg, anzupacken. Er ist der vierthöchste Gipfel des Oberpfälzer Waldes auf der tschechischen Seite.

Auf dem Plateau steht der etwa 25 Meter hohe **4 Aussichtsturm Rabenberg/Havran** mit kriegerischer Geschichte. Bis zum Fall des Eisernen Vorhangs war hier eine militärische Einrichtung der tschechoslowakischen Volksarmee untergebracht, deren Späh- und Abhöranlagen eine Reichweite von bis zu 500 Kilometern in das Gebiet der BRD hatten. Auf der unteren Eisenkonstruktion erhoben sich noch mehrere Stockwerke aus Holz mit Arbeitsplätzen und Unterkünften. Nach dem Wegzug der Soldaten verfiel der Turm und wurde erst 2011 vom Klub für Militärgeschichte und Sport aufgefangen und renoviert. Infotafeln erinnern mahnend an die grausamen und blutigen Geschichten, die sich hier noch vor wenigen Jahrzehnten abgespielt haben. Vom Aussichtsplateau erstreckt sich eine fantastische Aussicht über den Böhmer-, Bayerischen und Oberpfälzer Wald. Wir freuen uns, dass dieser Ort nur noch der Erholung dient.

Zurück auf festem Boden folgen wir von der Wetterschutzhütte an der Markierung „Grüner Balken auf Weiß“ Richtung Kreuzstein und Silberhütte. Es geht den Großen Rabenberg auf seiner Nordflanke hinunter, bis wir unten wieder auf unsere alte Markierung „Roter Balken auf Gelb“ treffen und dieser Richtung

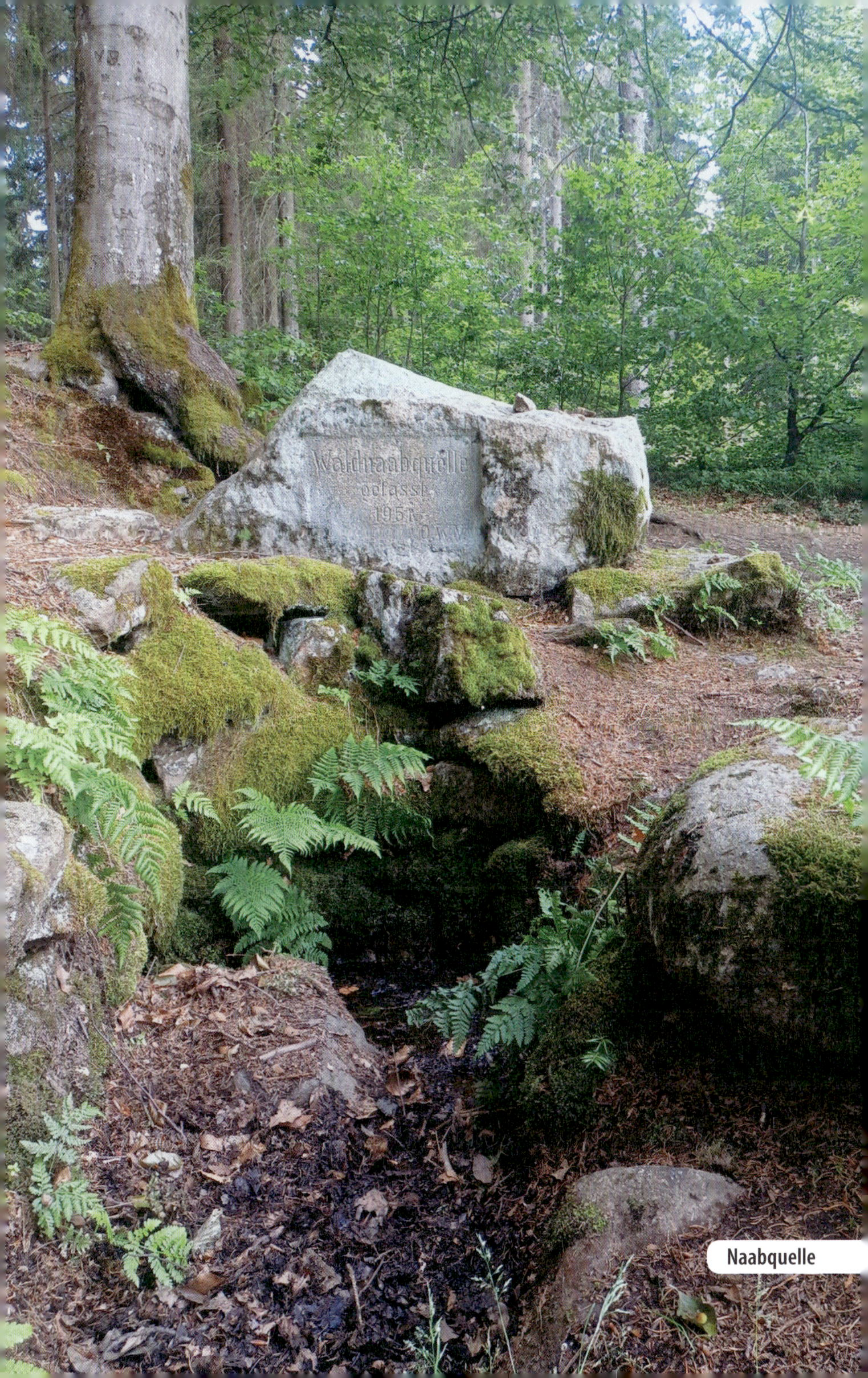

Naabquelle

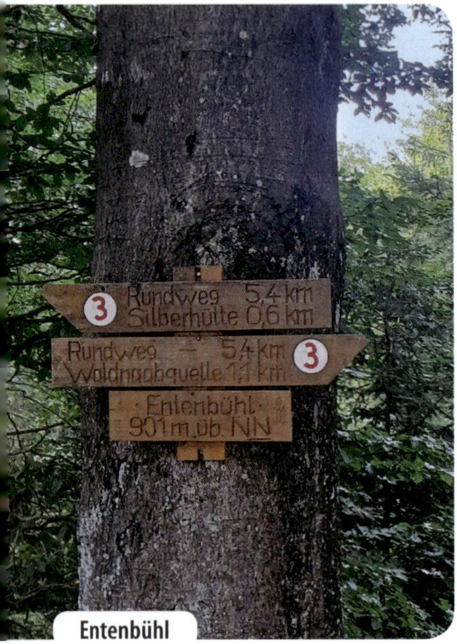

Entenbühl

Norden folgen. Wir laufen exakt auf der Grenze, also dort, wo vor noch 35 Jahren Stacheldraht drohte … Profitiert hat von der menschenfeindlichen Grenze auf jeden Fall der Wald, der Jahrzehnte ungestört wachsen und verwildern durfte. Mit Moos und Zunderschwämmen bewachsene Buchenriesen tauchen links und rechts des Weges auf. Wir passieren den Kreuzstein, einen Granitblock, der seit der letzten Grenzsetzung 1843 die Richtungen anzeigt. Im Süden das Kreuz, im Osten das Wort „Böhmen" und im Westen „Bayern".

Im weiteren Wegverlauf widerstehen wir allen Abzweigungen Richtung Silberhütte und bleiben auf unserem rotgelben Grenzweg bis zur **5 Waldnaabquelle,** auch Kreuzbrunnen genannt. Da uns die Waldnaab auf einigen Touren durch den Oberpfälzer Wald noch begegnen wird (Tour 11 „Schmugglerwege", Tour 12 „Hopfenhimmel", Tour 18 „Nixengeflüster"), wollten wir ihrer Quelle unbedingt einen Besuch abstatten. Auf der Steinbank mit den Wappen der Gemeinden Bärnau, Tirschenreuth, Weiden und Neustadt an der Waldnaab lassen wir uns zu einer gemütlichen Brotzeitpause nieder und lassen uns ihre Geschichte erzählen. Zu unseren Füßen plätschert zwischen Granit und Farnen die noch winzige zukünftige Tirschenreuther Waldnaab. Nur 3 Meter verbringt sie in Deutschland, bevor sie erst mal eine Kurve durch Tschechien dreht und dann bei Bärnau wieder zurückkehrt, bis sie sich bei Windischeschenbach mit der Fichtelnaab zur endgültigen Waldnaab vereinigt. Wir kommen an diesem stillen Platz ins Träumen und folgen im Geiste dem Lauf des Baches.

Auf dem Grenzweg laufen wir wieder knapp 1 Kilometer zurück, bis rechts ein Wanderweg mit der

Markierung „3“ Richtung Silberhütte abzweigt. Es geht geradewegs auf den **6 Entenbühl,** mit 901 Metern über N.N. der zweithöchste Berg auf der deutschen Seite des Oberpfälzer Waldes ohne Fernsicht irgendwohin, dafür mit dichtem Baumbewuchs. Ein kleiner Granitstein, ein Trigonometrischer Punkt, zeigt uns den Höhepunkt des Gipfels an.

Knapp unterhalb des Gipfels stoßen wir auf die **Hubertuskapelle** mit ungewöhnlichen Wurzeln. Bis der Oberpfälzer Waldverein sie 1998 zum heiligen Ort umgestaltete, war sie ein Kriegsbunker.

Die „3“ bringt uns auf einem weichen Pfad weiter abwärts bis zum **7 Skilanglaufzentrum Silberhütte,** das jetzt im Sommer inklusive Kiosk geschlossen hat. Im Winter gibt’s einen Getränkeautomaten im Eingangsbereich und die Öffnungszeiten des Kiosks können vorab über die Webcam 3 recherchiert werden.

Wir passieren das Gelände, lachen über das Schild „Schneespuren“ und passen am südlichen Ende auf, die Markierung „Roter Querbalken auf Weiß“ nicht zu verpassen, die sich links hoch in den Wald schwingt

*Der **heilige Hubertus** gilt als Schutzpatron der Jagd, der Schützen und Hunde. Die Legende besagt, dass er auf der Jagd einen Hirsch verschonte, in dessen Geweih ein leuchtendes Kreuz erschien.*

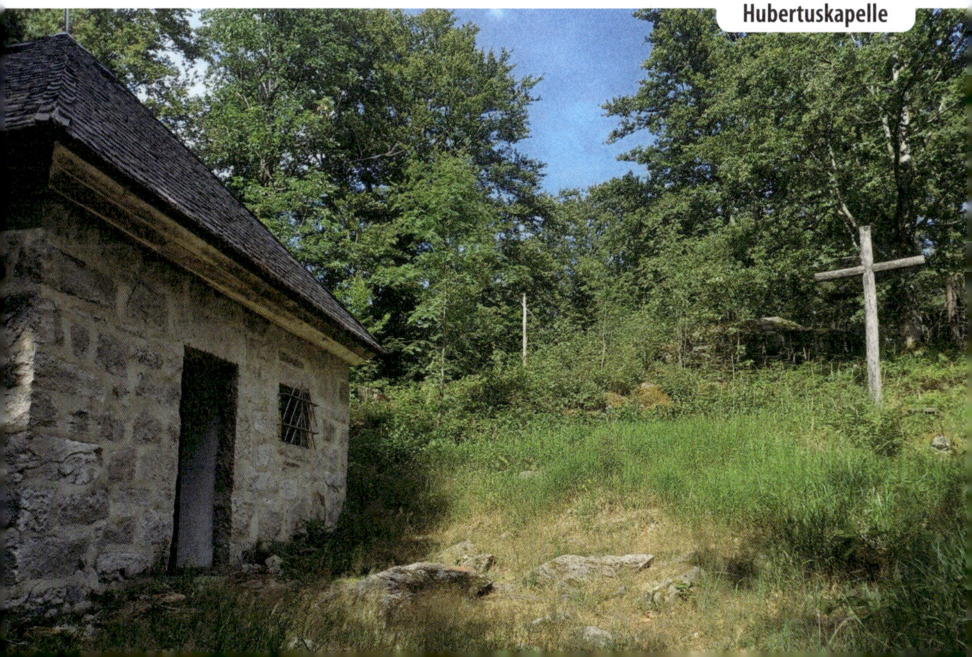

Hubertuskapelle

und uns bis zu einer Bunkerruine begleitet. Der Flossenbürger Wald hat uns bereits einen ganzen Blumenstrauß herrlicher und nachdenklich stimmender Eindrücke beschert, der Rest des Weges verläuft einfach nur entspannend durch stillen grünen Wald, meist auf weichen Pfaden.

Am **Kopfstein** gelangen wir an eine Wegkreuzung, rechts steht eine Bunkerruine. Ab hier folgen wir der Markierung „2" Richtung Süden auf einem breiten Forstweg immer leicht bergab. Kurz vor dem Parkplatz fällt uns noch ein Bildstock auf, der an einen Förster erinnert, der in diesem Wald gearbeitet hat und hier gestorben ist. Ein etwas wehmütiger, aber passender Abschluss für den Tag.

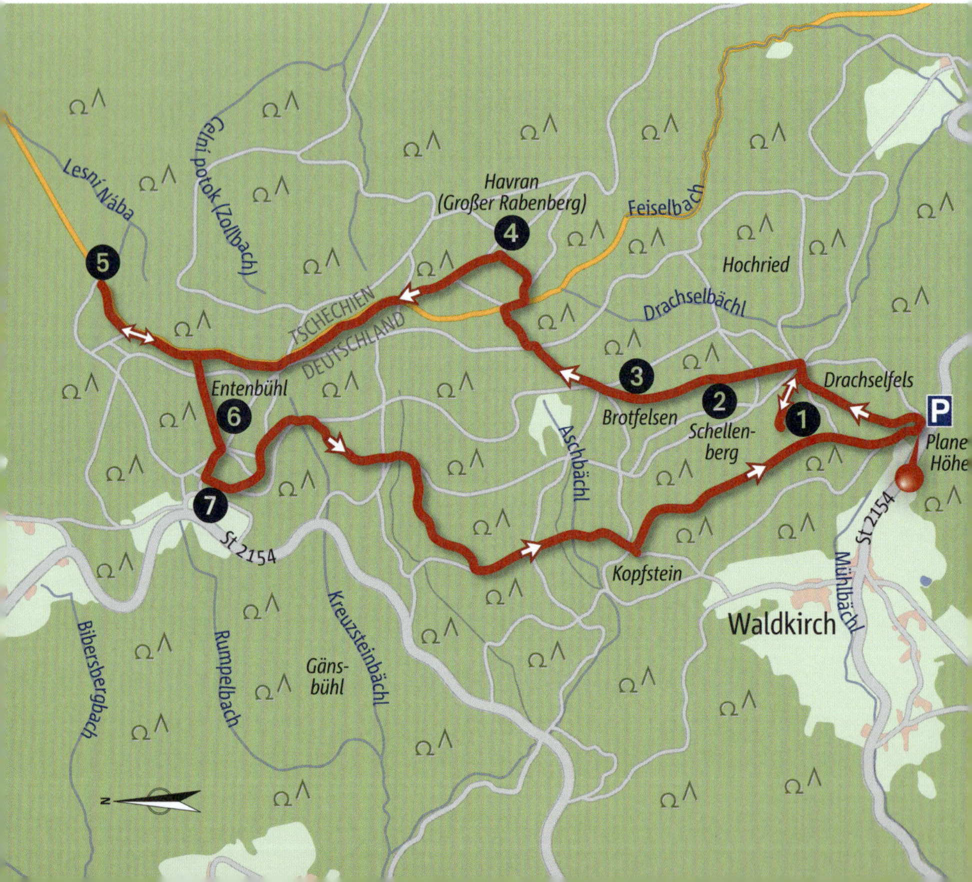

ALLES AUF EINEN BLICK

Entspannung 5/5
Abenteuer 5/5
Vielfalt 3/5

WIE & WANN

Gute Ausschilderung, wechselnde Markierungen auf der Tour, Waldpfade und Forstwege. Wege können im Winter vereist sein. Besonders schön im Herbst.

HIN & WEG

Auto: Wanderparkplatz Planer Höhe an der St2154 zwischen Flossenbürg und Georgenberg
ÖPNV: keine Anbindung an den öffentlichen Nahverkehr

ESSEN & ENTSPANNEN

Rucksackverpflegung einpacken.

ENTDECKEN & ERLEBEN

1. **Dolme am Bärenfels**
2. **Burgruine Schellenberg**
3. **Naturdenkmal Brotfelsen**
4. **Aussichtsturm Rabenberg/Havran**
5. **Waldnaabquelle**
6. **Entenbühl**
7. **Skilanglaufzentrum Silberhütte,** Silberhütte 5, 95671 Bärnau, Tel. (0 96 35) 13 44

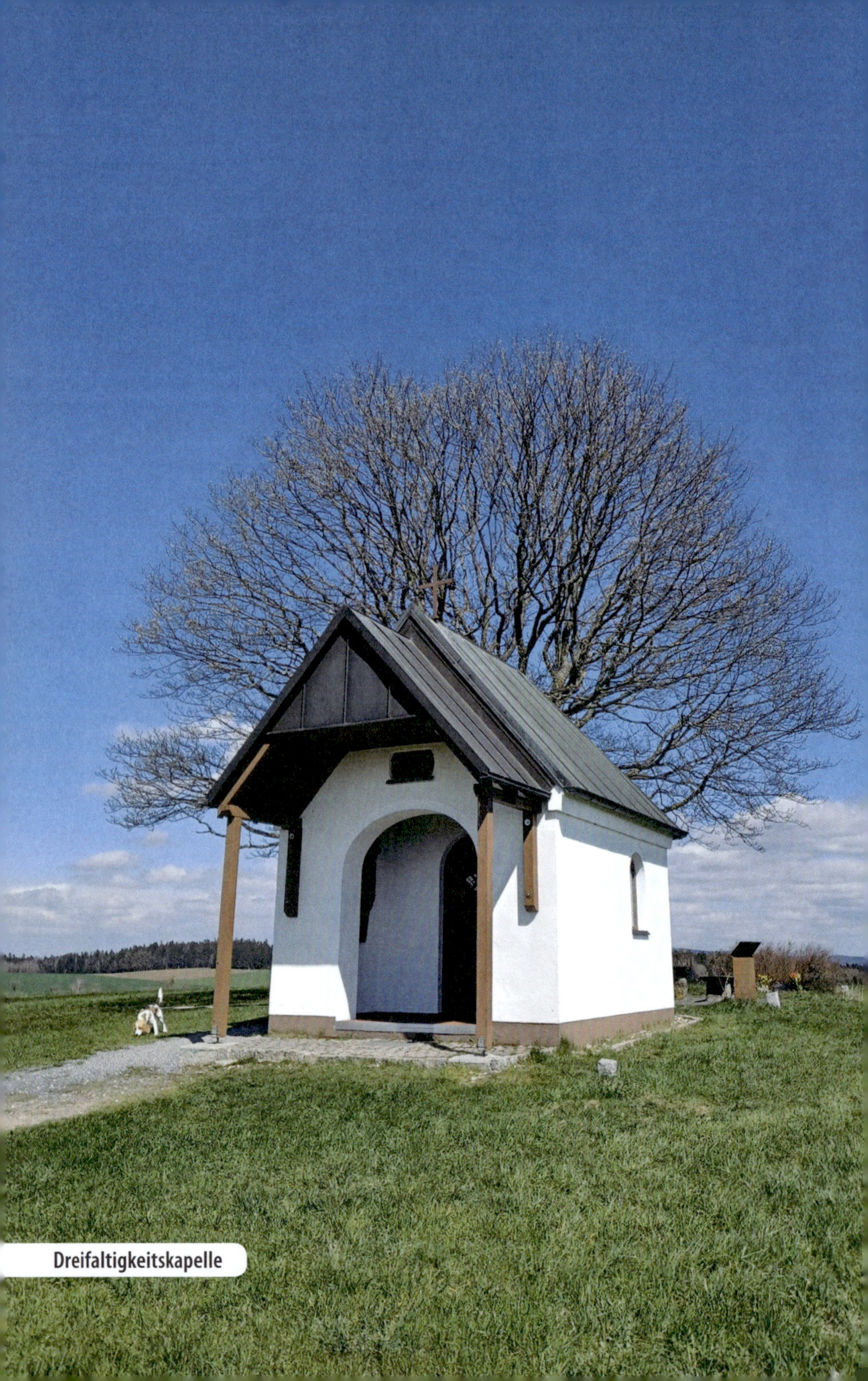

Dreifaltigkeitskapelle

Höllisch gut

Karpfenküche bei Weiden

Bei der Erkundung des Oberpfälzer Waldes gehört mindestens eine Einkehr in eine traditionsreiche und auf Karpfen spezialisierte Gastwirtschaft dazu. Uns wurde unter anderem der Hölltaler Hof kurz hinter Weiden empfohlen. Dem vielversprechenden Namen konnten wir nicht widerstehen.

Oberhöll ist ein Ortsteil von Theisseil und gehört zum Landkreis Neustadt an der Waldnaab. Der Name stammt von dem alten Waldflurstück Die Höll. Geparkt wird auf dem Parkplatz des Hölltaler Hofes im oberen Tal des Hölltales mit idyllischem Blick auf die familieneigenen Karpfenteiche. Bevor wir uns die Oberpfälzer Spezialität einverleiben, müssen aber erst einige Kilometer und Höhenmeter abgewandert werden.

Jenseits der Teiche, auf der gleichen Straßenseite, führt die Markierung „Goldsteig" (Gelbe Schlangenlinie) an den Weihern vorbei, leicht bergan, Richtung Wald. Dem Goldsteig bleiben wir 2 Kilometer lang bis zur Dreifaltigkeitskapelle treu. Am Waldrand werden wir deutlich aufgefordert, im Gänsemarsch rechts abzubiegen. Der anschließende Waldweg windet sich leicht begehbar am Nordhang des Letzauer Bühls und Pflanzbühls durch Rotbuchen- und Fichtenwald.

Nach einigen Hundert Metern blubbert rechts des Weges der **1 Hollerbrunnen,** eine mit Brunnenkresse bewachsene Sickerquelle, die den Gleitsbach im Hölltal mit Wasser speist. Sagen- und märchenaffin, wie wir sind, spekulieren wir über die Herkunft des

Kilometer: 8,7
Höhenmeter: 240
Stunden: 2,5
RUNDWEG

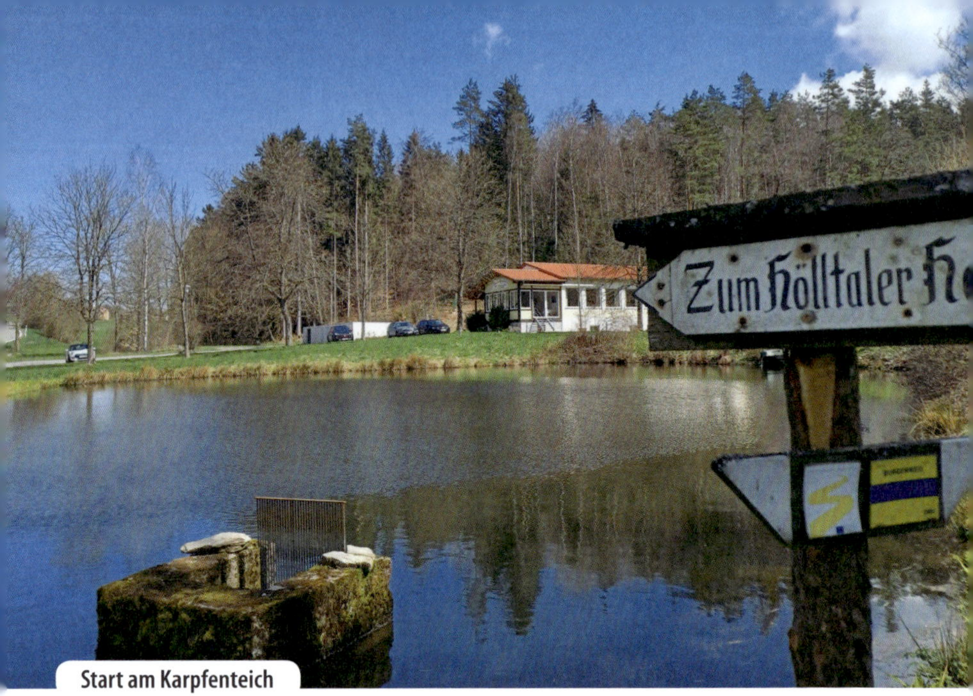

Start am Karpfenteich

*Der **Bergahorn** wird in der Bibel nicht erwähnt. Bei den Ägyptern symbolisierte er die Verbindung zwischen den Lebenden und den Toten. Ob der Muglhofer bei der Pflanzung daran dachte?*

Namens Hollerbrunnen. Normalerweise ein Hinweis auf eine alte Kultstätte der Frau Holle als vorchristlicher Vegetationsgöttin. Vielleicht wurden auch an dieser Quelle Fruchtbarkeitsrituale vollzogen? Möglicherweise sind auch die Namen Hölltal und Oberhöll nur ein sprachlicher Abschliff des Namens.

Weiter geht's den Berg hinauf bis zum Waldrand. Es öffnet sich ein weiter Blick über die Felder auf der Hochfläche des Letzauer Bühls. Der Goldsteig führt an den Ortschaften Matzlesrieth und Müglhof vorbei. Uns ist die Häufung der Ortsbezeichnung „Mugl“ in dieser Gegend aufgefallen. Auf Nachfrage erfuhren wir, Mugl heißt so viel wie kleiner Hügel.

Wir erreichen die **2 Dreifaltigkeitskapelle** auf 631 Metern über N.N. Mit einem Bergahorn bildet sie ein fotogenes Duo auf der Hochfläche im Weidener Land. Die Aussicht ist beeindruckend und erfasst weite Teile des Oberpfälzer Waldes: im Süden die Burg Leuchtenberg (Tour 14 „In Gottes Hand“), im Osten erkennen wir bei guter Sicht die Wallfahrtskirche auf dem Fahrenberg (Tour 16 „Goldmarie“), im Westen sind die Kuppenalb der Fränkischen Schweiz und das Nürnberger Land erkennbar.

Normalerweise flankieren Linden als Symbol für Maria und Nächstenliebe unsere Kapellen. Hier beschützt seit etwa 100 Jahren ein Bergahorn das kleine Gotteshäuschen. Gepflanzt wurde er von einem Einwohner aus Muglhof als Dank für seine unversehrte Rückkehr aus dem Ersten Weltkrieg und der französischen Kriegsgefangenschaft.

Für die Seele

Der weite Blick ins deutsch-böhmische Grenzgebiet macht Lust auf noch mehr Natur und Abenteuer.

Wir folgen der blauen Goldsteig-Markierung (Blaue Serpentine) den Hang hinab, biegen kurz links auf die kleine Verbindungsstraße nach **Muglhof** ab, dann geht es wieder über Wiesen bergab auf ein Wäldchen zu. Hier bitte aufpassen: Der ausgeschilderte Wanderweg macht einen kurzen Linksknick am Waldrand, um dann nach ein paar Metern westwärts im Wald zu verschwinden. Im Tal nehmen wir die schmale Teerstraße nach rechts und genießen die harmonische Wiesenlandschaft linker Hand. Am Ende kreuzt die Höller Straße, wir überqueren den Gleitsbach und folgen der Wegmarkierung „Blauer Ring“ am linken Bachufer durchs Hölltal bis nach Unterhöll.

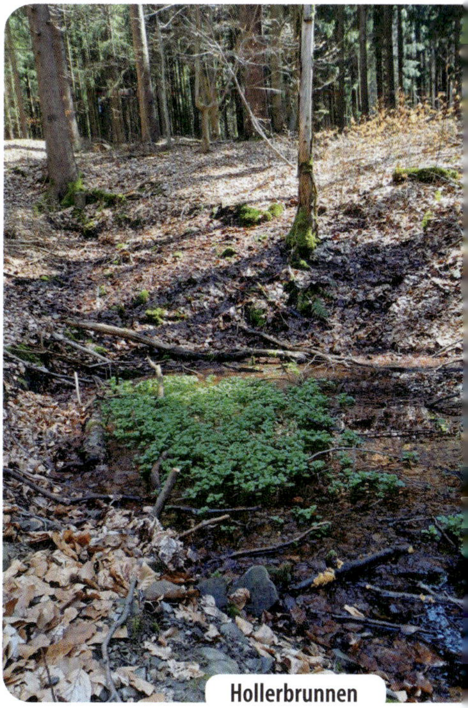

Hollerbrunnen

Der Gleitsbach, früher auch Kleine Luhe genannt, entspringt oberhalb von Oberhöll in der Hutbachquelle, hat mit viel Zeit und Geduld das tief eingeschnittene Hölltal geschaffen und mündet nach knapp 12 Kilometern in der Luhe. Heute mäandert er entspannt durch einen Auwaldstreifen, den im Frühling Buschwindröschen, Scharbockskraut und Leberblümchen verschönern.

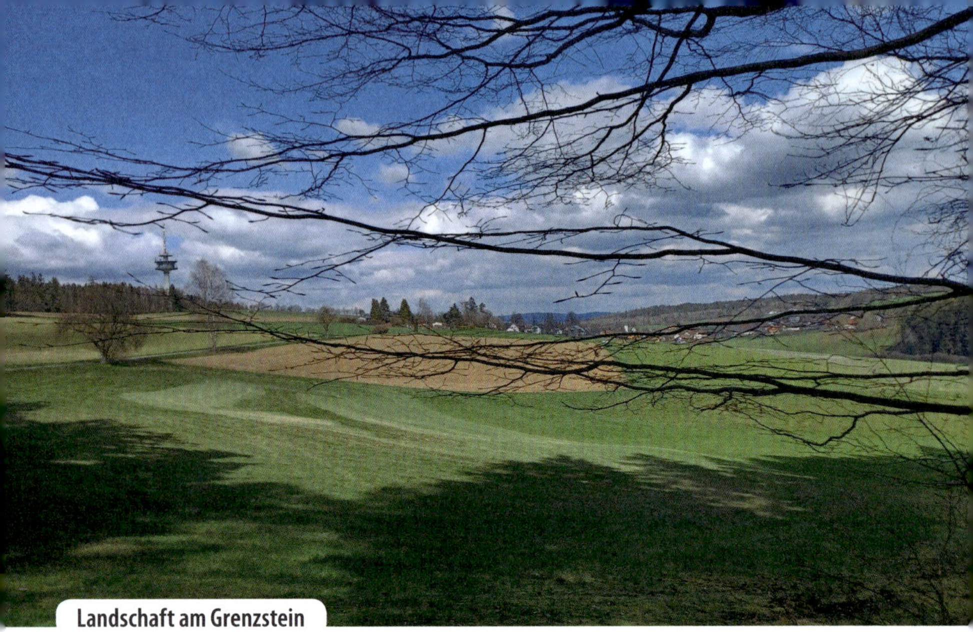

Landschaft am Grenzstein

*Das **Scharbockskraut** ist mit seinen glänzenden Blättchen ein erster Vitamin-C-Lieferant im zeitigen Frühling. Nur verzehren, bevor es blüht, denn dann entwickelt es Giftstoffe.*

Wir überqueren den Gleitsbach ein zweites Mal, laufen durch Unterhöll mit seinen Karpfenteichen, nehmen den scharfen Linksbogen auf der Verbindungsstraße nach Mitterhöll, ein drittes Mal haben wir den Gleitsbach unter uns und knicken scharf rechts wieder in Wald ein. Der Pfad verläuft zunächst in Bachnähe durchs Tal, bis er allmählich an Höhe gewinnt. Wir nehmen Kurs auf den Vierlingsturm auf dem Fischerberg. Am Wegrand fällt uns ein alter, fast quadratischer ❸ **Grenzstein** auf. Er markiert eine alte Grenze zwischen Weiden und der Herrschaft Waldau. Eine Sage erzählt, ein Bauer habe sich den Grenzstein aufgrund der praktischen Form für seine Küche geholt. Es begann im Bauernhof zu spuken, seltsame Dinge geschahen. Das hörte erst auf, als er den Stein auf Bitten seiner Frau wieder an seinen ursprünglichen Platz zurückbrachte.

Hier biegen wir links/bergauf ab, der Blaue Ring verschwindet nach wenigen Schritten nach rechts, wir bleiben aber auf der Zielgraden zum ❹ **Vierlingsturm,** der als beliebtes Wanderziel der Weidener gut ausgeschildert ist. Er erhöht den 633 Meter hohen Fischerberg noch mal um 25 Meter. Der Zutritt ist kostenlos und die steilen Stufen zu erklimmen, ist auf jeden Fall ein sportliches i-Tüpfelchen für die Tour. Seit knapp 100 Jahren verspricht der Turm eine verheißungsvolle Aussicht, in den letzten Jahren hat der Baumbewuchs rundum gesiegt. Daneben lockt die **Strobelhütte** mit Kuchen und Brotzeiten. Ein anderes Mal, denn heute stehen Karpfen auf dem Speisezettel.

Wir schlendern den Fischerberg wieder hinab bis zur Wegekreuzung mit dem Grenzstein, nehmen die Markierung „Grüner Ring" und folgen der Ausschilderung ins Tal bis zum **5 Hölltaler Hof.** Hier hatten wir sicherheitshalber reserviert, denn der Familienbetrieb ist bekannt für seine außergewöhnlich leckeren Karpfen. Die gibt es in der Oberpfalz (und Mittelfranken) traditionell nur in Monaten mit einem „R", also von September bis April. Serviert wird er mit Kopf und Flossen, der Länge nach in zwei Hälften geteilt, in Mehl gewendet und in Fett ausgebacken. Dazu werden grüner Salat und lauwarmer Kartoffelsalat gereicht

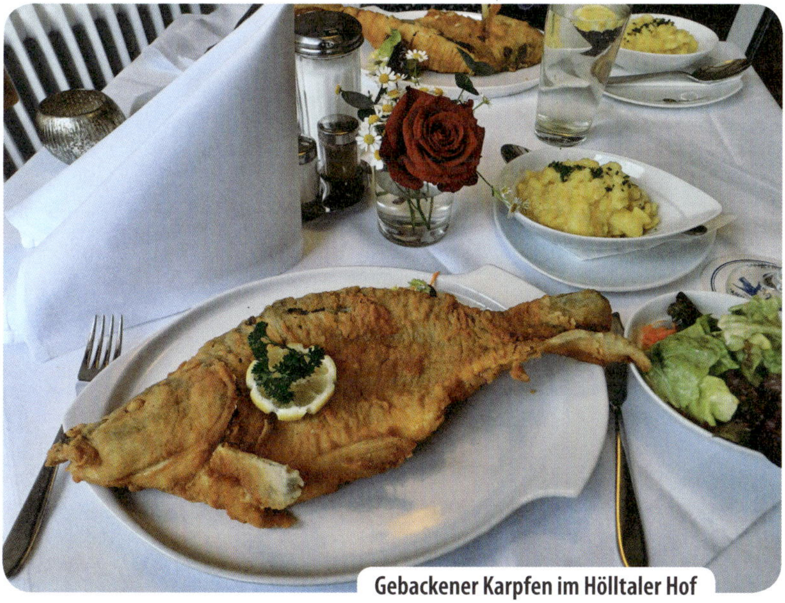

Gebackener Karpfen im Hölltaler Hof

Der ***„Oberpfälzer Karpfen"*** *ist ein von der Europäischen Union verliehenes Siegel: garantiert frisch und nachhaltig.*

und natürlich ein gutes Oberpfälzer Bier. Karpfen sind grätenreich, was viele vom beschriebenen Verzehr abschreckt. Der Hölltaler Hof entgrätet seine Karpfen netterweise. Dadurch biegt er sich nicht mehr so malerisch auf dem Teller, ist aber einfacher zu essen. Wasserqualität und Futter beeinflussen den oft kritisierten Karpfengeschmack sehr – hier vor Ort schmeckt er auf jeden Fall nach Wiederholung. Ein echter kulinarischer Tipp für Karpfenfreunde und Einsteiger. Wer es wilder mag, findet auf der Karte auch Wildgerichte mit Wild aus der heimischen Jagd.

Mit einem Apfelstrudel und Espresso schließen wir diesen wunderschön entspannten Tag im Oberpfälzer Wald ab.

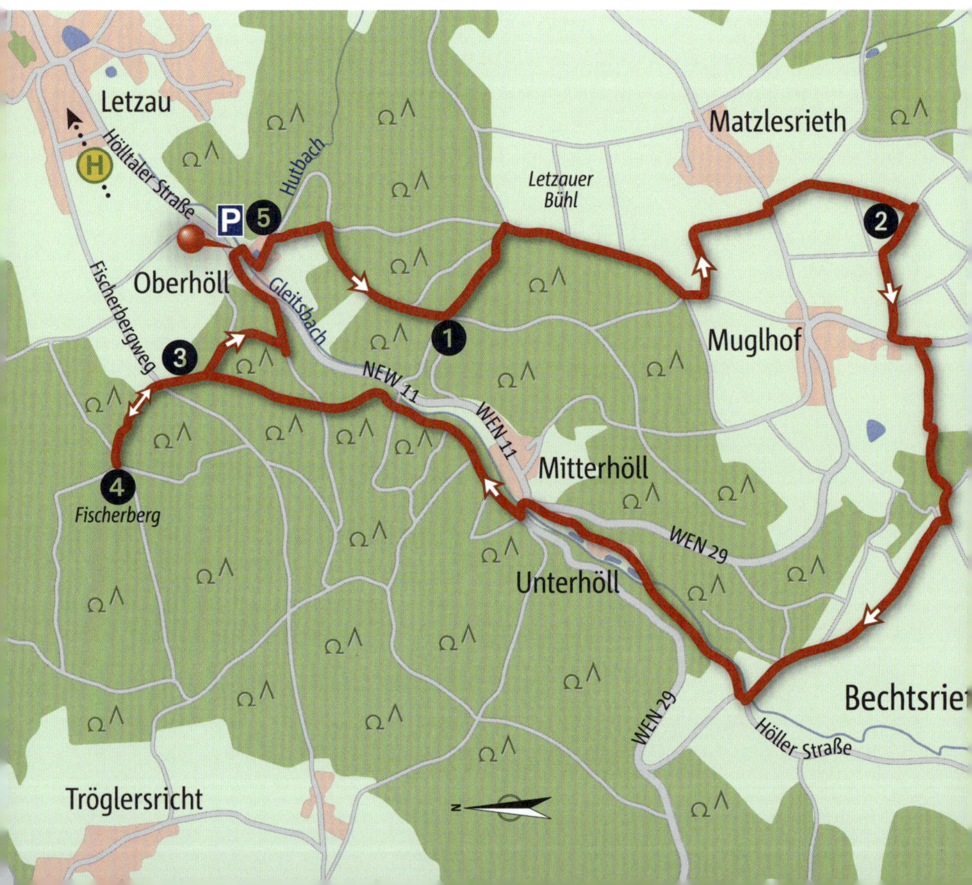

ALLES AUF EINEN BLICK

Entspannung 4/5
Abenteuer 1/5
Vielfalt 3/5

WIE & WANN

Gut ausgeschilderte, bequeme Feld-, Wald- und Wiesenwege. Ganzjährig gut begehbar. Empfehlenswert vor allem während der Karpfensaison (Sept.– Apr.).

HIN & WEG

Auto: Parkplatz Hölltaler Hof, 92637 Theisseil-Oberhöll
ÖPNV: Bus 6291 oder Bus 9285 bis Theisseil-Letzau, dann 1,4 Kilometer Fußweg/ 18 Minuten bis Oberhöll

ESSEN & ENTSPANNEN

5 **Hölltaler Hof,** Familie Vierling, Oberhöll 2, 92637 Theisseil-Oberhöll, Tel. (09 61) 4 70 39 40, www.hoelltaler-hof.de

ENTDECKEN & ERLEBEN

1 **Hollerbrunnen**
2 **Dreifaltigkeitskapelle,** WEN 29, 92637 Weiden i. d. Oberpfalz
3 **Grenzstein**
4 **Vierlingsturm**

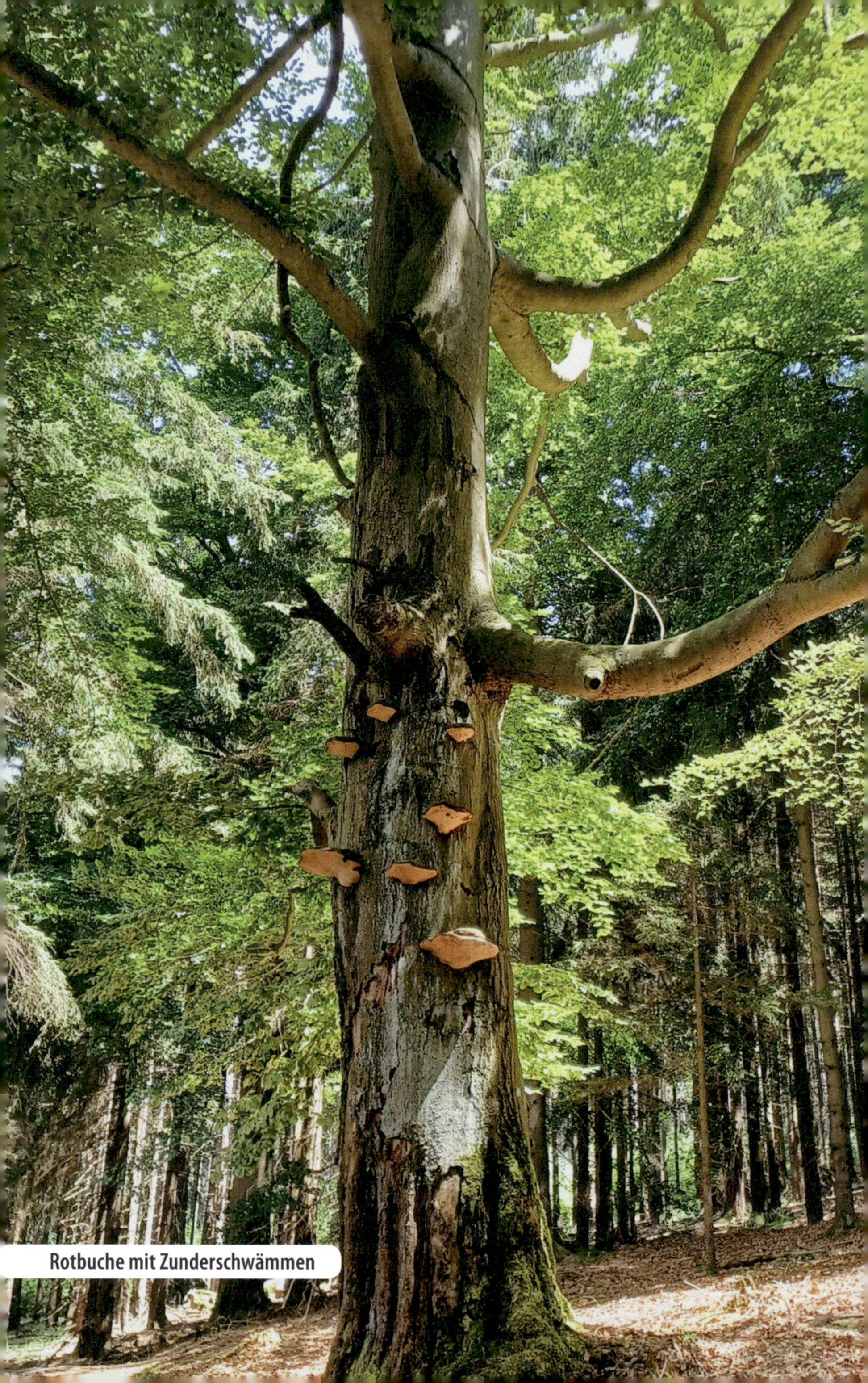

Rotbuche mit Zunderschwämmen

Europas Mitte

Grenzland bei Bad Neualbenreuth

Der Weiler **Altmugl** liegt einen Steinwurf südlich von Bad Neualbenreuth, wo der Ortsteil Sibyllenbad durch seine mineralischen Quellen als Heilbad Bekanntheit erreicht hat. Die Grenze zu Tschechien ist quasi in Hörweite. Wir wollen Europas Mittelpunkt erklimmen und das später mit feinster Kulinarik feiern, deshalb parken wir unser Auto auf dem Parkplatz des Gasthofes Altmugler Sonne.

Gegenüber dem Parkplatz helfen Bushaltestelle und Wegweiser weiter. Wir folgen zunächst der Ausschilderung „Geotop Muglbach/Wasserfall" einer schmalen Teerstraße zur Muglmühle. Nach rechts bietet sich ein weiter Blick über Feuchtwiesen und Felder Richtung Bad Neualbenreuth.

Die zweigeschossige, nicht mehr aktive **1 Muglmühle** ist eine echte Einöde und weckt Assoziationen zu Lost Places. Sie wurde einst vom Muglbach betrieben und gehörte zum sogenannten Fraisch- oder Frais-Gebiet, das rechtlich sowohl dem Stift Waldsassen in Deutschland als auch der Stadt Eger in Tschechien unterstand.

*Der **Große Wiesenknopf** sprenkelt mit seinen dunkelvioletten kopfigen Blütenständen die selten gewordenen Feuchtwiesen. Als Heilpflanze wirkt er entzündungshemmend und blutstillend.*

Am Waldrand folgen wir der Ausschilderung nach links in den Fichtenwald. Eine durch Moose, Farne und Fingerhüte verwunschen wirkende Hohlgasse führt am Nordhang des Muglberges durch einen Naturwald.

Altmugl, Muglmühle, Muglrangen und Muglberg – es mugelt namentlich ganz gewaltig. Dafür verantwortlich ist der kleine Muglbach, der bei der Wüstung Neumugl an der Grenze entspringt und in die Wondreb

Kilometer: 13,4
Höhenmeter: 370
Stunden: 4
RUNDWEG

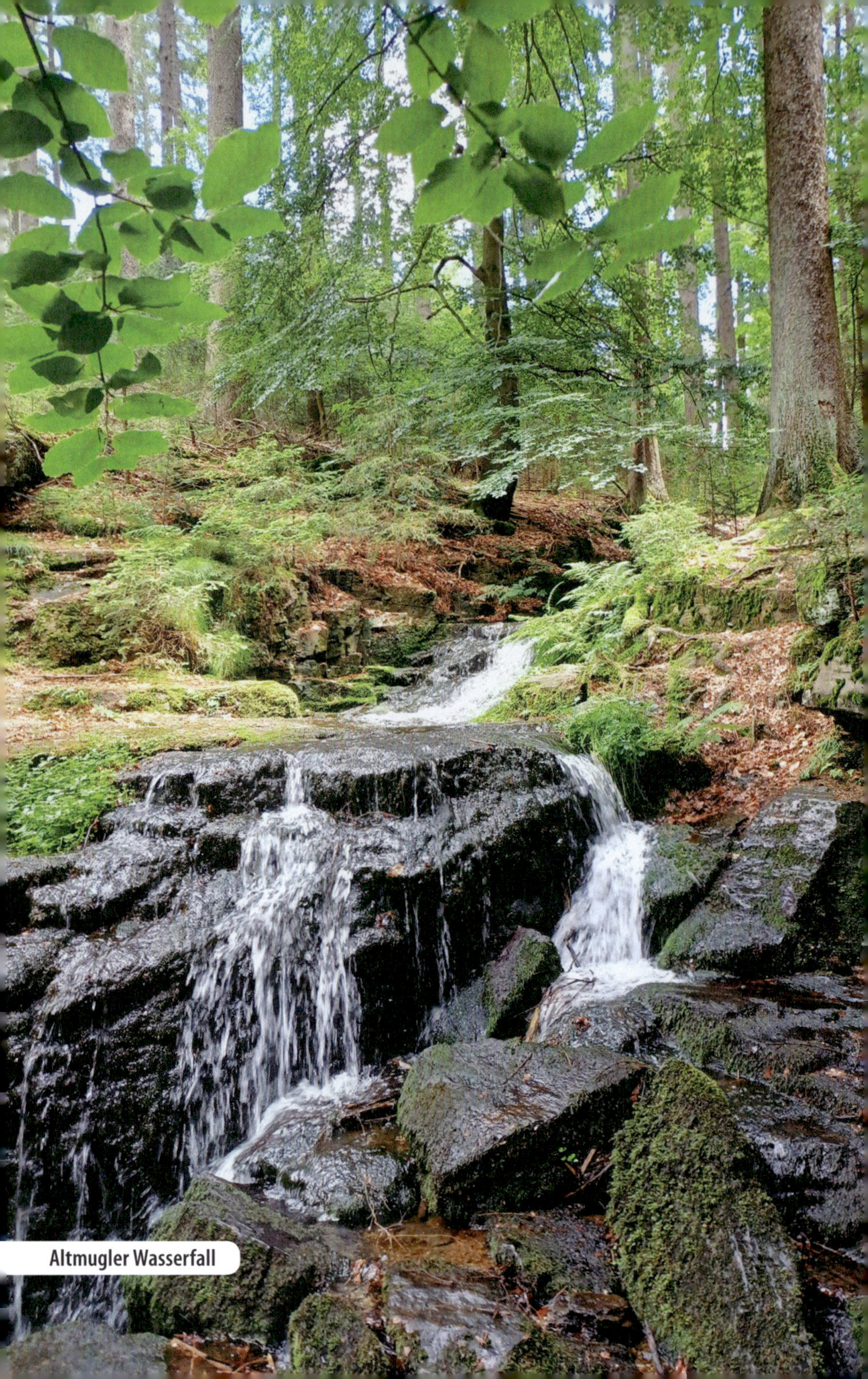

Altmugler Wasserfall

entwässert. Auf etwa 15 wild gewundenen Kilometern trieb er früher sechs Wassermühlen an. Das Wort „Mugl“ lässt sich vom germanischen „Hügel“ herleiten.

Der **2 Altmugler Wasserfall** liegt nur wenige Gehminuten hinter der Mühle. Über insgesamt 4 Meter Höhe springt das Wasser sprudelnd und rauschend über breite Stufen und Blöcke aus Glimmerschiefer und Quarziten. Dabei gräbt es sich Strudellöcher und frisst sich weiter ins Gestein. Es ist ein verwunschener, ruhiger Ort, der zum Verweilen und Genießen einlädt. Warum nicht mal Schuhe und Socken ausziehen und die Füße ins klare Nass hängen?

Für die Seele

Wir atmen tief durch und genießen die absolute Einsamkeit und Stille – mitten in Europa.

Knapp hinter dem Wasserfall Augen auf: Wir biegen scharf links ab mit der Markierung „Roter Querbalken“, durchlaufen ein kleines Waldstück in nordöstlicher Richtung bis zu einer schmalen Landstraße, der wir ein paar Meter nördlich Richtung Altmugl folgen, und biegen an einer zugewachsenen Ruhebank rechts auf den Wanderweg „Gelber Punkt“ wieder ins Gelände ein. Der Gelbe Punkt wird uns bis zum Granatbrunnen begleiten. Er verläuft eine Weile fast parallel zur Landstraße, knickt dann scharf links ab und hält bergauf auf die Landesgrenze zu.

Ein Schild erinnert uns dran, dass hier bis vor etwa 30 Jahren noch der Eiserne Vorhang eine hermetisch abgeriegelte Grenze bildete. Hier – einige Meter weiter im Wald – entspringt der Muglbach und stand bis 1946 die böhmische Ortschaft Neumugl, die aber komplett dem Erdboden gleichgemacht wurde. Vielleicht entdeckt man im Winter noch ein paar Mauerreste, jetzt im Sommer ist alles zugewuchert.

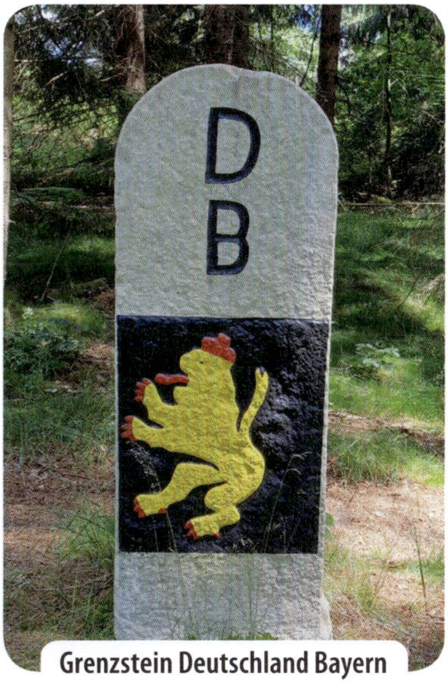

Grenzstein Deutschland Bayern

*Die Tour unterm schattig-kühlen **Blätterdach** läuft sich besonders schön im Sommer. Im Winter müssen wir mit Schnee und Eis rechnen – Vorsicht bei den Abstiegen!*

Der Gelbe Punkt schwenkt nach links (Norden). Wir laufen genau auf der Grenze, rechts die tschechischen Grenzsteine mit dem böhmischen Löwen auf rotem Grund, links die deutschen Steine mit dem gelben böhmischen Löwen auf Schwarz. Jahrzehntelang hat bis auf die Grenzsoldaten (und Schmuggler und Wilderer) niemand diese Wälder betreten, uralte wilde Baumbestände sind das Resultat. Außerdem Buchenriesen, übersät mit Zunderschwämmen, und mächtige Fichten.

Wir passieren den Bader- und Kalmreuther Brunnen, zwei unscheinbare Quellen, und erreichen den Gedenkstein zum **3 Mittelpunkt Europas.** Genau gesagt ist es einer der potenziellen Mittelpunkte Europas, je nachdem, wer wann mit welchen Berechnungsgrundlagen und gerade gültigen Grenzen am Werk war. Unser Mittelpunkt wurde von österreichisch-ungarischen Geografen auf dem Tillenberg selbst festgelegt. Da dieser sich aber auf tschechischem Gelände befindet, wurde der Grenzstein fremdenverkehrsfreundlicher an die Grenze verlegt.

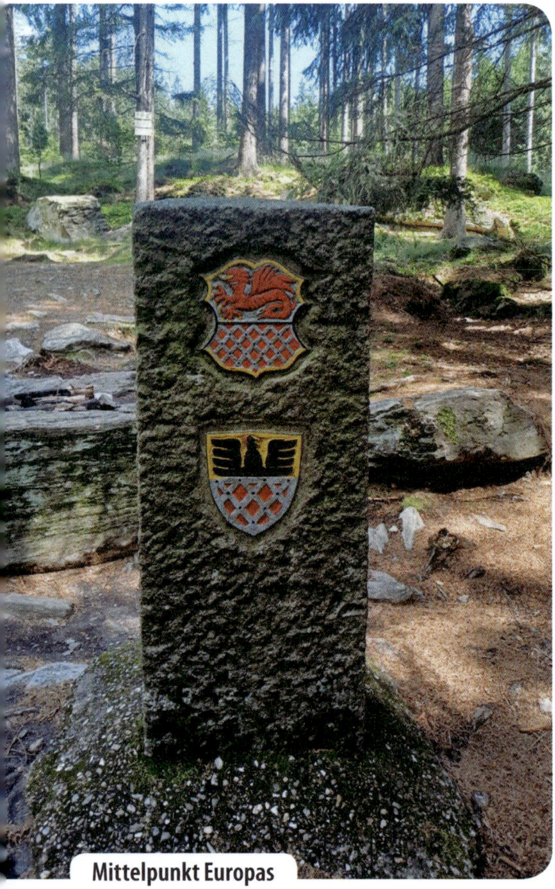

Mittelpunkt Europas

Einen Steinwurf weiter erreichen wir den **4 Granatbrunnen,** eine Quelle am Fuß des Tillenberges. Hier geht die Sage, dass an ihrem Grund einst die roten Halbedelsteine in so großen Mengen lagen, dass ein Steinmetz sie mit Fuhrwerken im großen Stil

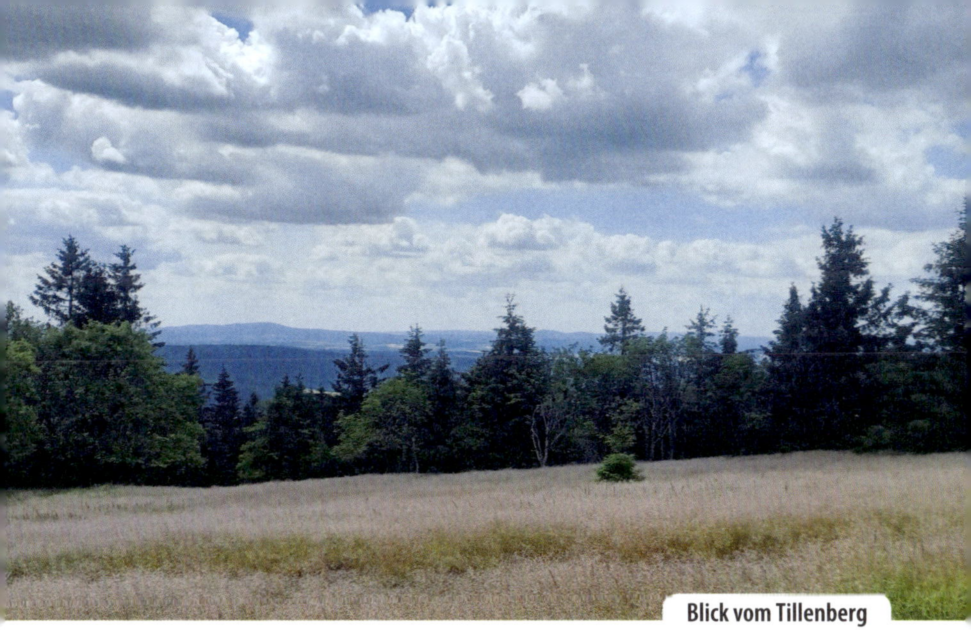

Blick vom Tillenberg

abtransportieren wollte. Die Geister des Tillenberges verhinderten das, indem sie ein schweres Unwetter herbeiriefen, das Mann, Fuhrwerk und Granate für immer verschüttete. Tatsächlich kommt Granat hier in Form winzig kleiner Körnchen im Glimmerschiefer vor und wurde früher zu Schmuck verarbeitet.

Am Granatbrunnen verlassen wir den Gelben Punkt und biegen nach rechts ab, der tschechischen Markierung „Roter Querstrich" folgend. Es geht eine Weile durch lichten Nadelwald bergauf, dann links weiter bergauf, bis wir das großflächige Gipfelplateau des 5 **Tillenberges (Dylen)** erreicht haben. Der Tillenberg ist mit 939 Metern über N.N. die zweithöchste Erhebung des Oberpfälzer Waldes, aber kein Aussichtspunkt mit Turm & Co. im klassischen Sinne. Auf seiner Kuppe befindet sich aktuell eine mit Stacheldraht eingezäunte und unzugängliche tschechische Rundfunkstation, die bis nach Regensburg sendet. Die martialische Architektur gründet in ihrer Funktion als militärische Aufklärungs- und Abhörstation in den 1960er-Jahren.

Glaubt man alten Sagen und Legenden, herrscht zu besonderen Zeiten munteres „Anderswelttreiben" auf

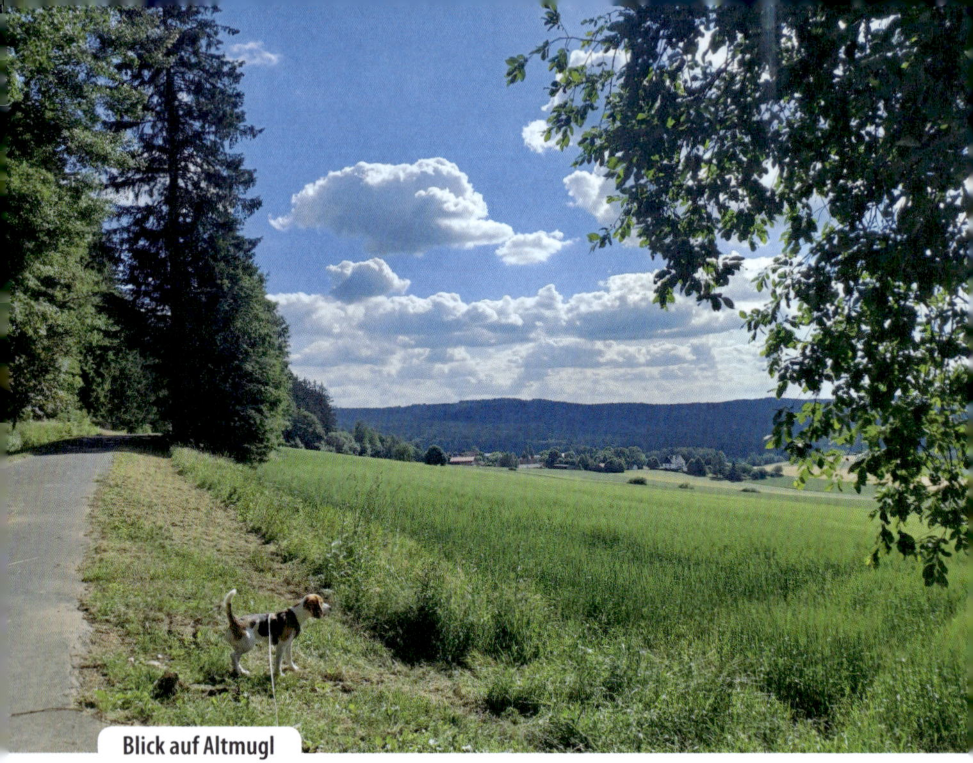

Blick auf Altmugl

dem Tillenberg: Ein Berggeist ist hier zu Hause, eine Frau ohne Kopf, nach Granaten schürfende Zwerge, verfluchte Bewohner einer verfallenen Stadt und eine Seherin mit dem Namen Sibylle Weis. Schon mancher hat hier Glockenläuten und schepperndes Metall aus dem Berginneren vernommen. Gott sei Dank ist es mitten am Tag und die Sonne scheint. So umrunden wir unbehelligt das Gelände bis zu einer Schutzhütte. Hier bitte aufpassen: an der Schutzhütte vorbeigehen, am Zaun entlang Richtung Westen. Wir treffen auf einen schmalen, aber gut erkennbaren Pfad, der bergab führt und auf eine breite Forstschneise mit Stromleitung stößt. Hier biegen wir rechts ab, immer an der Stromleitung entlang, und genießen den fantastischen Blick auf den schier unendlichen Böhmerwald. Schließlich treffen wir wieder auf den Grenzlandweg und biegen mit der **Markierung „Gelber Querstreifen"** scharf links ab. Auf diesem Weg bleiben wir bis zum Granatbrunnen.

Rechts des Weges weist eine Infotafel aufs alte Tillenbergschutzhaus hin, von dem unter Brombeeren, Holunder und Farnen nur noch Mauerreste erkennbar sind. Bis zur Errichtung der Grenzzone war die Hütte des Österreichischen Alpenvereines ein beliebtes Wanderziel mit Gastronomie und Übernachtungsmöglichkeit.

Ein wenig weiter fällt rechts am Weg der 6 **Königsstein** ins Auge. Der 300 Millionen alte Glimmerschiefer markiert seit 500 Jahren an dieser Stelle die Grenze der böhmischen Herrschaft Königswarth zu Tschechien. Er liegt am Sauweg, einer alten Schmugglerroute, die nach Bad Neualbenreuth führt. Grenzsteine dieser Art gelten als unverrückbar – wer solches versucht, wird verflucht und von Dämonen heimgesucht.

Wir treffen wieder auf den **Granatbrunnen** und biegen kurz dahinter nach rechts ab, mit der Markierung „Gelber Punkt". Es geht kräftig Richtung Westen bergab über zwei Forststraßen, bis auf einer Höhe von etwa 730 Metern ein breiter Forstweg/Wanderweg mit Markierung kreuzt, auf den wir links einbiegen. Die letzten Kilometer lassen sich auf dem breiten Waldweg ohne Steigungen entspannt laufen. Kurz vor

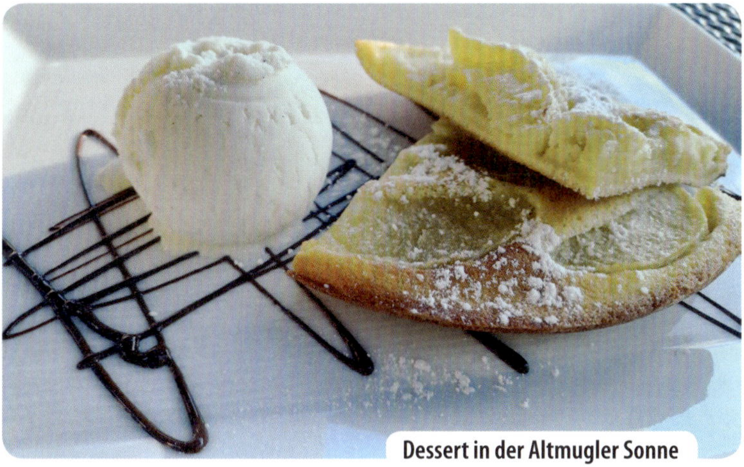

Dessert in der Altmugler Sonne

Der **Gasthof Altmugler Sonne** bietet übers Jahr an festen Genießertagen wie Valentinstag, Karfreitag, Muttertag und Silvester ausgefeilte Feinschmecker-menüs an. Reservierung notwendig!

Altmugl entlässt uns der Wald in eine sonnige Wiesenlandschaft.

Müde, hungrig und glücklich betreten wir den nach außen eher unscheinbaren **7 Gasthof Altmugler Sonne,** wo wir einen Tisch am späten Nachmittag/frühen Abend auf der Terrasse reserviert haben. Die Küche verwendet für ihr Slow-Food-Konzept ausschließlich regionale Zutaten. Die Speisekarte ist klein, aber fein. Wir lassen uns als Vorspeise den gratinierten Ziegenkäse mit Feigen-Senf-Sauce schmecken, schwelgen dann mit Saiblingsfilet auf Lauchnudeln und schließen mit Apfeltaschen und Vanilleeis ab. Ein herrlicher Tag im Grenzland, an den wir uns immer gerne erinnern werden.

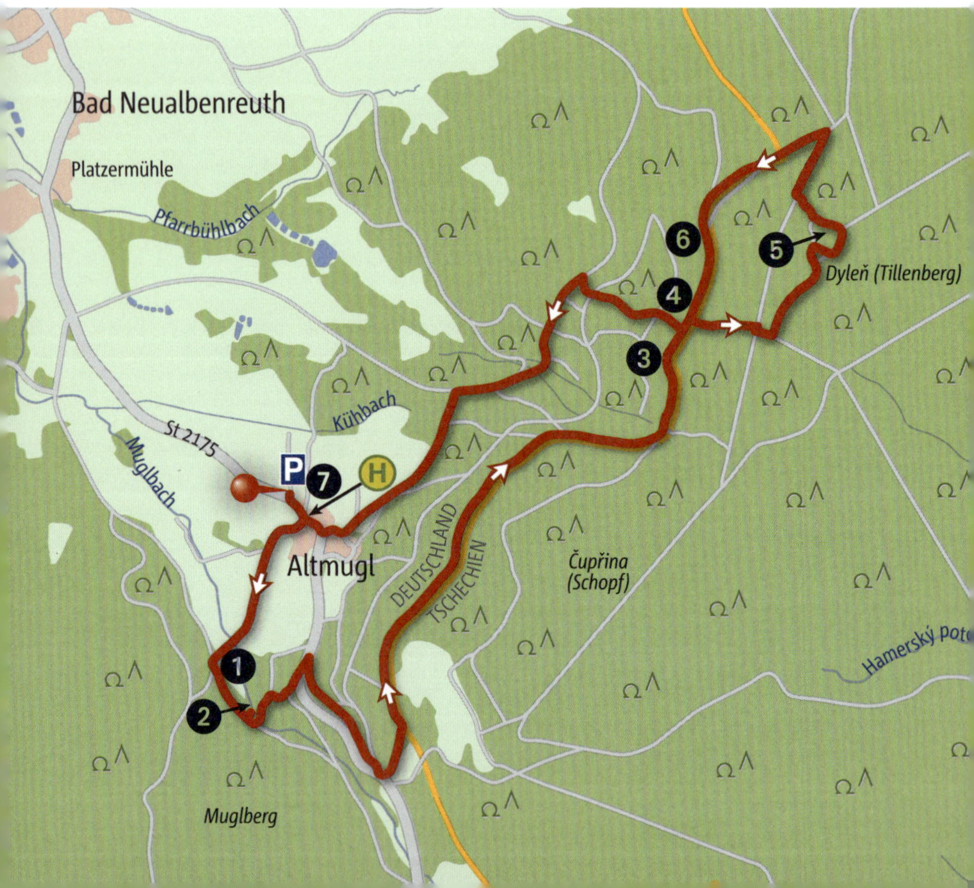

ALLES AUF EINEN BLICK

Entspannung 4/5
Abenteuer 4/5
Vielfalt 3/5

WIE & WANN

Wechsel verschiedener, aber leicht zu findender Wegmarkierungen. Fast 100 Prozent Waldanteil, gut begehbare Forst- und Wanderwege bis in die Tschechei. Besonders schön im Sommer und Herbst.

HIN & WEG

Auto: Wanderparkplatz hinter Gasthof Altmugler Sonne, Altmugl 20, 95698 Neualbenreuth-Altmugl
ÖPNV: Bus 2704 (Richtung Bärnau) oder Bus 2760 (Grenzlandexpress von Tirschenreuth auf der deutschen bis Bf. Cheb/Eger auf der tschechischen Seite) bis Altmugl

ESSEN & ENTSPANNEN

7 **Gasthof Altmugler Sonne,** Altmugl 20, 95698 Neualbenreuth-Altmugl, Tel. (0 96 38) 2 48, www.altmuglersonne.de (Reservierung empfohlen)

ENTDECKEN & ERLEBEN

1 **Muglmühle**
2 **Altmugler Wasserfall**
3 **Mittelpunkt Europas**
4 **Granatbrunnen**
5 **Tillenberg**
6 **Königsstein**

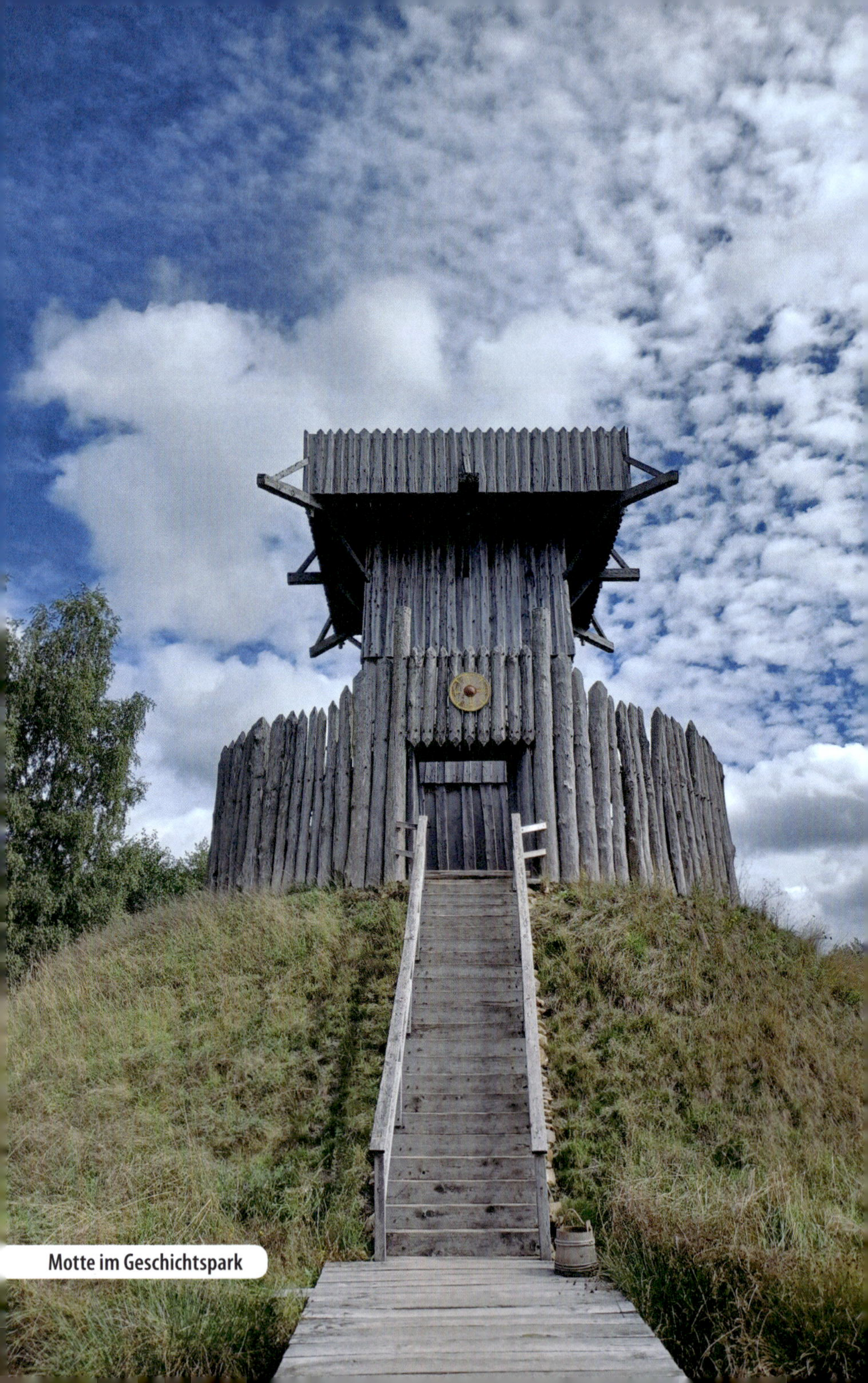

Motte im Geschichtspark

Schmugglerwege

Durchs Grenzland bei Bärnau

Furchtlos wollen wir heute wieder die deutsch-tschechischen Grenzwälder auf Schmugglerwegen erkunden. Wir parken auf dem Parkplatz des Geschichtsparks Bärnau-Tachov, dessen Besuch wir uns für den Tagesabschluss vornehmen. Am Parkplatz machen uns wandererfreundlich ausgearbeitete Tafeln die Orientierung leicht. Wir werden zu fast 100 Prozent der Markierung „1“ (Weiße Eins auf blauem Kreis) folgen, dem **Grenz- und Pascherweg.** „Paschen“ heißt „schmuggeln“ und geschmuggelt wurde hier fast alles, vor allem Salz, Tabak, Sacharin und Nutztiere. Ein mehrfach abenteuerliches Unterfangen, denn in den Wäldern zogen dazumal auch Wölfe, Bären und Wildschweine ihre Kreise. Da sind wir auch schon bei der Namensherkunft von **Bärnau,** die höchstwahrscheinlich nicht von Meister Petz hergeleitet ist, sondern von einem Berno, der einst die Siedlung gründete = Au des Berno. Auf jeden Fall ist Bärnau eine der ältesten Städte Bayerns.

Die Weiße Eins auf blauem Kreis geht vom Parkplatz direkt über einen Holzsteg in das **1 Umweltareal „Grünes Band“.** Der Verein Via Carolina – Goldene Straße e.V. hat unter anderem eine künstliche Industriebrache geschaffen, einen Damm und einen Erlebnissteg mit Hängebrücke und Sitzecke, um Besucher über die Biodiversität aufzuklären, die sich im Grenzgebiet in den letzten Jahrzehnten entwickeln konnte. Bilder von Orchideen, Schmetterlingen und Luchsen machen neugierig auf das, was uns heute noch erwarten kann.

Kilometer: 11,2
Höhenmeter: 270
Stunden: 3,5
RUNDWEG

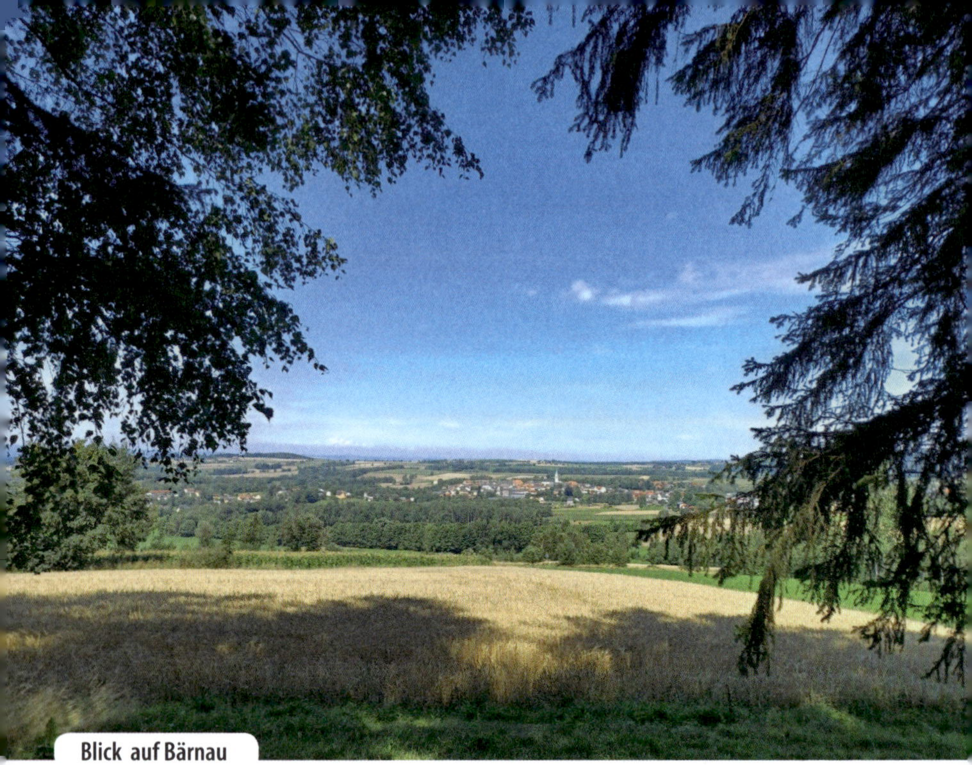

Blick auf Bärnau

Wir folgen der Markierung südwärts aus Bärnau hinaus, einer Eschen- und Birkenallee entlang bis zu einem Badeweiher, dann dem Göttlitzbächlein entlang. Auf einem breiten Feldweg biegen wir rechts ab und bringen eine leichte Steigung bis zum Waldrand hinter uns. Die **Schutzhütte Naaber Berg** auf einer Höhe von 675 Metern über N.N. lädt zu einer kleinen Verschnaufpause und einem schönen Blick über das „Bärnauer Ländchen" ein. Wir erkennen den Rauhen Kulm (Tour 7 „Leben im Basalt"), den Steinwald mit seiner Platte (Tour 5 „Mutter Erde") und einige Gipfel des Fichtelgebirges.

Weiter geht's durch schattigen Fichtenwald sanft bergauf. An einer Weggabelung halten wir uns rechts und folgen dem „Eichhörnchen". Weiter oben haben Windbruch und Käferfraß einige Fichten flachgelegt und die Orientierung ist nicht ganz einfach. Was ist noch Weg, was Rückegasse vom Forst? Der Weg biegt nordwärts (links) ab und streift das **2 Naturschutz-**

gebiet Moorgebiet bei Bärnau, das direkt an Tschechien grenzt. Auf 37 Hektar finden hier Vögel, Reptilien und Schmetterlinge in verschiedensten Feuchtlebensräumen einen sicheren Lebensraum. Vom Wanderweg aus sehen die Moorwälder mit ihren Nass- und Streuwiesen recht unspektakulär aus, aber uns reicht, was direkt am Wegesrand summt und blüht.

Für die Seele

Wenn die Landschaft erzählen könnte: Handelskarawanen und Schmuggler brachten Leben in Wald und Flur.

Ein Stück des Weges verläuft nun exakt auf der Grenze, dem ehemaligen Eisernen Vorhang. Nach rechts/Osten erstreckt sich der endlos scheinende Böhmerwald. Grenzsteine erinnern an die militärische Vergangenheit. Ab etwa 1950 wurde eine streng bewachte Sperr- und Grenzzone zwischen der westlich-demokratischen Welt und der östlich-kommunistischen errichtet, die ab der Grenze 10 Kilometer nach Tschechien reichte. Außer den Grenzwachen durfte niemand das Gebiet betreten. Bewohner wurden aus der Zone ausgesiedelt, Ortschaften aufge-

Naturschutzgebiet Moorgebiet

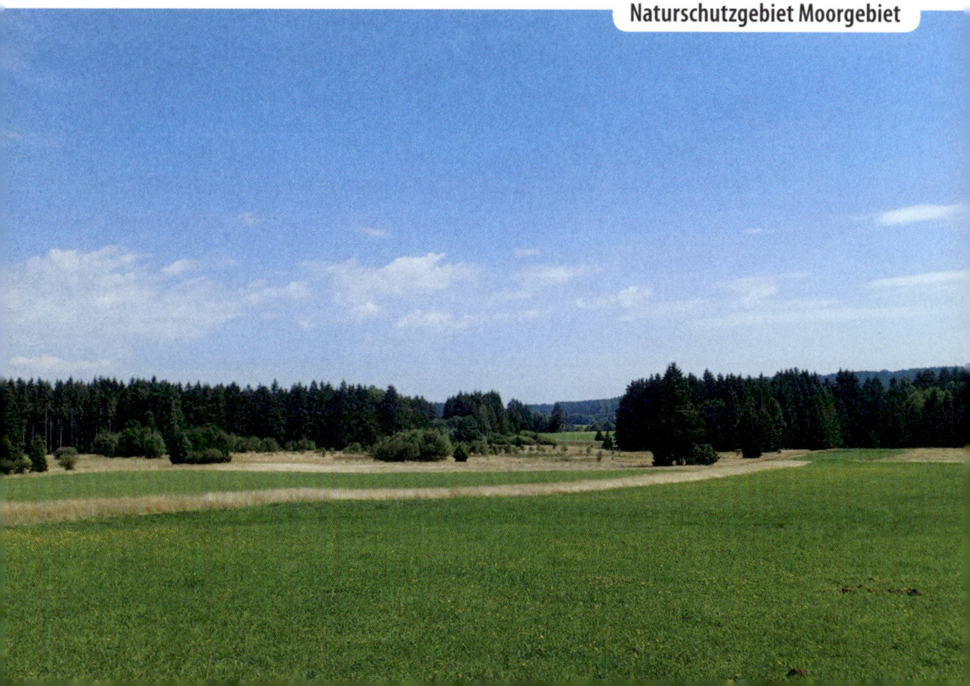

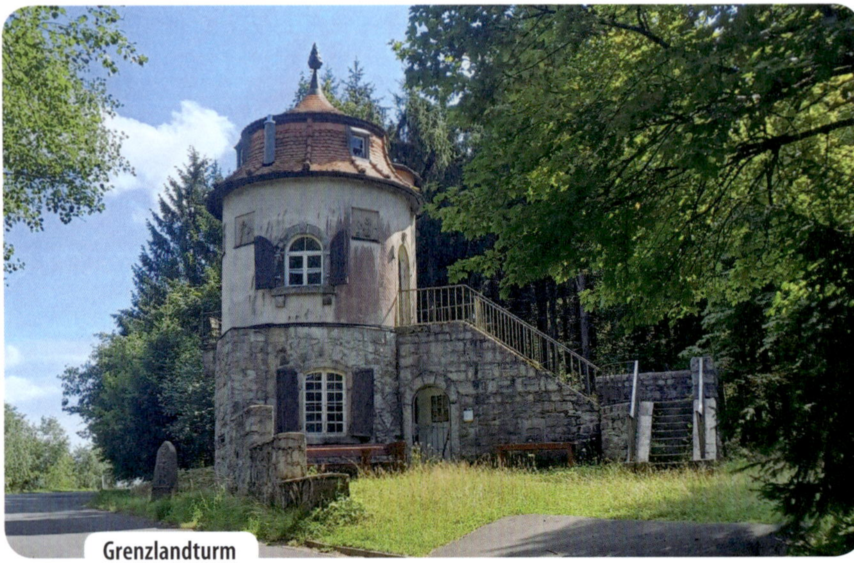

Grenzlandturm

geben. Auch auf der bayerischen Seite herrschte Ruhe, viele Einwohner wanderten ab. Die verlassenen Gebiete verwilderten und entwickelten sich zu wertvollen Lebensräumen weiter.

Flurumgänge sind im Christentum Bittprozessionen, mit denen Gottes Segen oder die Abwendung von Gefahren und Notsituationen erbeten wird.

Wir machen einen kleinen Abstecher zur ③ **Hans-Nigl-Kapelle,** die gelb am Wiesenrand über dem Böhmerwald leuchtet. Hier wurde von der aufgelassenen Ortschaft Paulusbrunn über Jahrhunderte am 26. Juni ein Hochamt vollzogen: Unter bestimmten Ritualen wurden Flurumgänge durchgeführt, um Unwetter fernzuhalten.

Durch die Ruhe und Einsamkeit dieser Grenzlandschaft kommen wir an den Weihern von **Schmuckerhof** vorbei. Hier weichen wir von der Weißen Eins auf blauem Kreis ab, die geradeaus weiterführen würde, und biegen nach rechts ab, dem Wegweiser „Zum Begegnungsort Grenzstein Norimberg – 6° – Praha“ folgend. Genau auf der Grenze erwartet uns ein steinernes Ensemble mit Steele und Sitzgruppe, malerisch eingewachsen und verlassen. Die ④ **Skulptur Norimberg–**

Praha erinnert an die Goldene Straße, den legendären Handelsweg zwischen Nürnberg und Prag. Auf einer leider von Vandalismus zerstörten Tafel – sogar an diesem entlegenen Ort! – wird die Auflösung und Umsiedlung der Ortschaft Paulusbrunn beschrieben. Wir nutzen den einsamen Ort für eine entspannte Brotzeit in malerischer Kulisse.

Ein Stück weiter auf der Grenze, dann treffen wir wieder auf die Weiße Eins auf blauem Kreis und kurz darauf auf die **5 Schützhütte Steinberg.** 800 Meter über N.N. haben wir erwandert und blicken gen Osten auf – leere Wiese und Wald. Bis 1945 herrschte hier in den Dörfern Paulusbrunn und Wittichsthal reges Leben rund um die Kirche, bis sie für den Eisernen Vorhang geschliffen wurden. Wir werden nachdenklich.

Nur ein paar Meter weiter stoßen wir auf den **6 Grenzlandturm.** Das barock anmutende Bauwerk wurde erst 1913 von einem Bärnauer erbaut, war ursprünglich zum Privatgenuss mit einem botanischen Garten und Skulpturen umgeben, ist aber später

Skulptur Norimberg-Praha

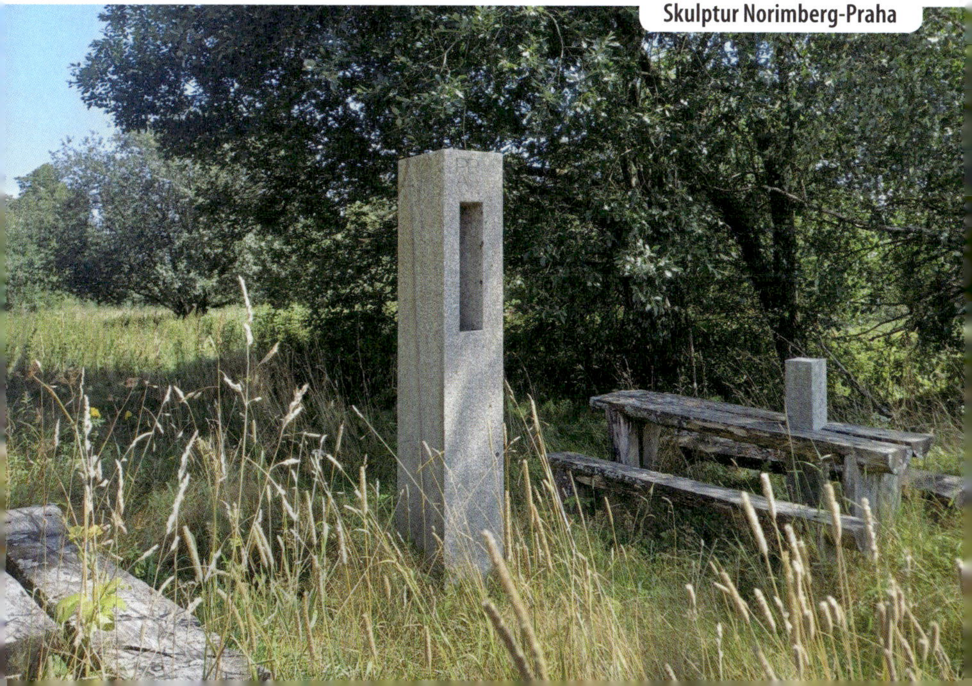

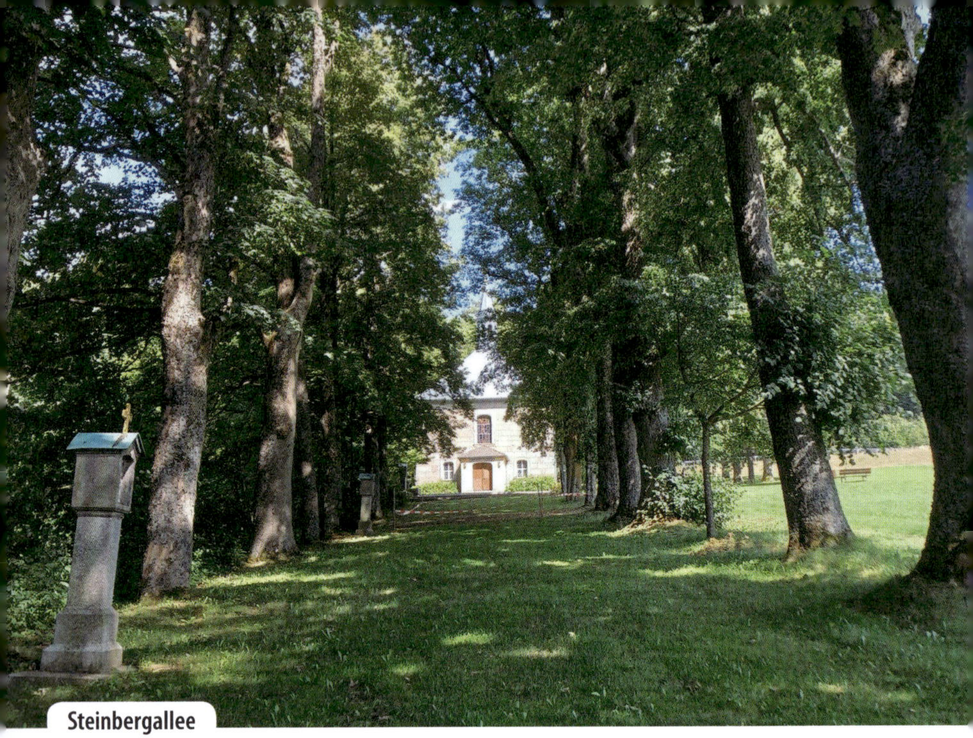

Steinbergallee

überwiegend kulturell genutzt worden, zum Beispiel als Theaterkulisse. Aktuell wird er durch den Bärnauer Festspielverein betreut und gilt als markante Sehenswürdigkeit der Region. Das Gebäude ist verschlossen, aber von den höchsten Stufen genießen wir einen herrlichen Blick nach Tschechien.

Nur etwa 300 Meter weiter, rechts im Wald, weist ein Schild auf das Bodendenkmal 7 **Tilly-Schanze** hin. Hier sind noch beeindruckende Erdwälle aus dem Dreißigjährigen Krieg erkennbar, die zur Verteidigung angelegt wurden. Es geht bergab durch den Bergwald, wir überqueren die Landstraße nach Bärnau und erreichen die Wallfahrtskirche des Gegeißelten Heilandes, kurz genannt Steinberg-Kirche, deren Erbauung auf eine Brandkatastrophe zurückgeht. Für uns Naturfreunde aber ist vor allem der Kreuzweg unter der 200 Jahre alten 8 **Steinbergallee** aus Ulmen, Linden und Ahorn beeindruckend. Seit fast 100 Jahren sind die mächtigen Bäume ein geschützter Landschaftsbestandteil.

*In der religiösen Symbolik steht die **Ulme** für Gerechtigkeit und Macht, aber auch den Tod. Viele Särge werden bis heute aus Ulmenholz hergestellt.*

Nach der Allee lassen wir uns von der Markierung auf asphaltierten Wegen durch eine Unterführung ins Zentrum von Bärnau leiten. Immer wieder begegnen uns Bärenskulpturen. Wir passieren das Deutsche Knopfmuseum, in dem Millionen von Knöpfen gut vier Jahrhunderte Knopfgeschichte präsentieren, und erreichen den lang gestreckten Marktplatz mit Bärenbrunnen und Bärenskulptur. Hier lassen wir uns auf der Terrasse vom 9 **Gasthof Zur Post** nieder, um die vielen Eindrücke bei böhmischen Spezialitäten zu verdauen. Wir beginnen mit dreierlei geräuchertem Fisch aus regionaler Teichwirtschaft (Karpfen natürlich, Saibling, Forelle). Es folgen Böhmischer Sauerbraten mit böhmischen Knödeln und Böhmisches Zwiebelfleisch mit Dotsch (= Reibepfannkuchen). Dazu ein Zoigl von der örtlichen Zoiglstube und zum Abschluss gebackene Apfelringe mit Vanilleeis und Sahne. Das würde auch den Schmugglern schmecken.

__Böhmische Knödel__ wurden zum Aufdippen von Soßen erfunden. Sie bestehen hauptsächlich aus Mehl, Eiern und Milch, sind länglich und werden aufgeschnitten wie Brot. Lecker!

Wir laufen zurück zum Parkplatz vom 10 **Geschichtspark Bärnau-Tachov** und beschließen den Tag mit

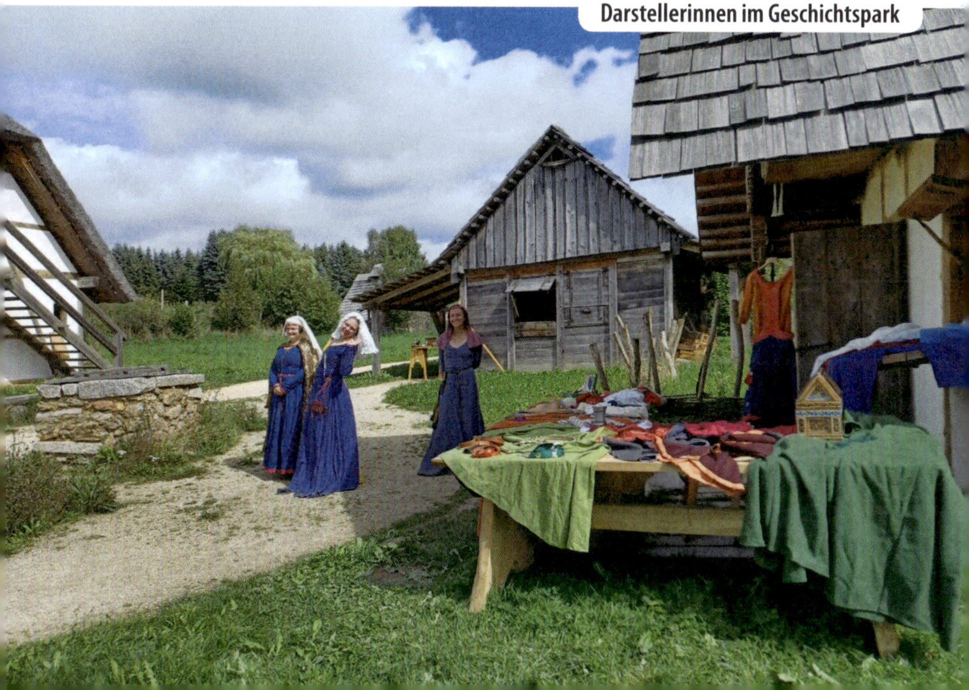

Darstellerinnen im Geschichtspark

Der ***Geschichtspark*** *bietet übers Jahr auch Kräuterwanderungen und Mittelalterkochkurse an, bei denen wir originalgetreu am offenen Feuer mit Lebensmitteln aus der Region kochen und braten.*

einem Spaziergang durchs Mittelalter. Ob frühmittelalterliches slawisches Dorf mit frühchristlicher Kirche, eine Motte (= Turmhügelburg aus dem 11. Jahrhundert), Grubenhäuser aus dem 9. Jahrhundert oder eine hochmittelalterliche Taverne, alles ist originalgetreu mit authentischen Werkzeugen gebaut und eingerichtet worden, bis hin zu Alltagsgegenständen. Bei unserem Spaziergang bewohnen Gruppen aus der Zeit Karl des Großen die Häuser – vom Scheitel bis zur Sohle authentisch gewandet, versteht sich. In der Taverne wartet ein historisches Festmahl auf den Herrscher, wir unbedeutendes Fußvolk dürfen nur gucken, nicht zugreifen. Im 11 **Museumslokal Brot und Zeit** kann man abschließend einkehren und Kleinigkeiten essen.

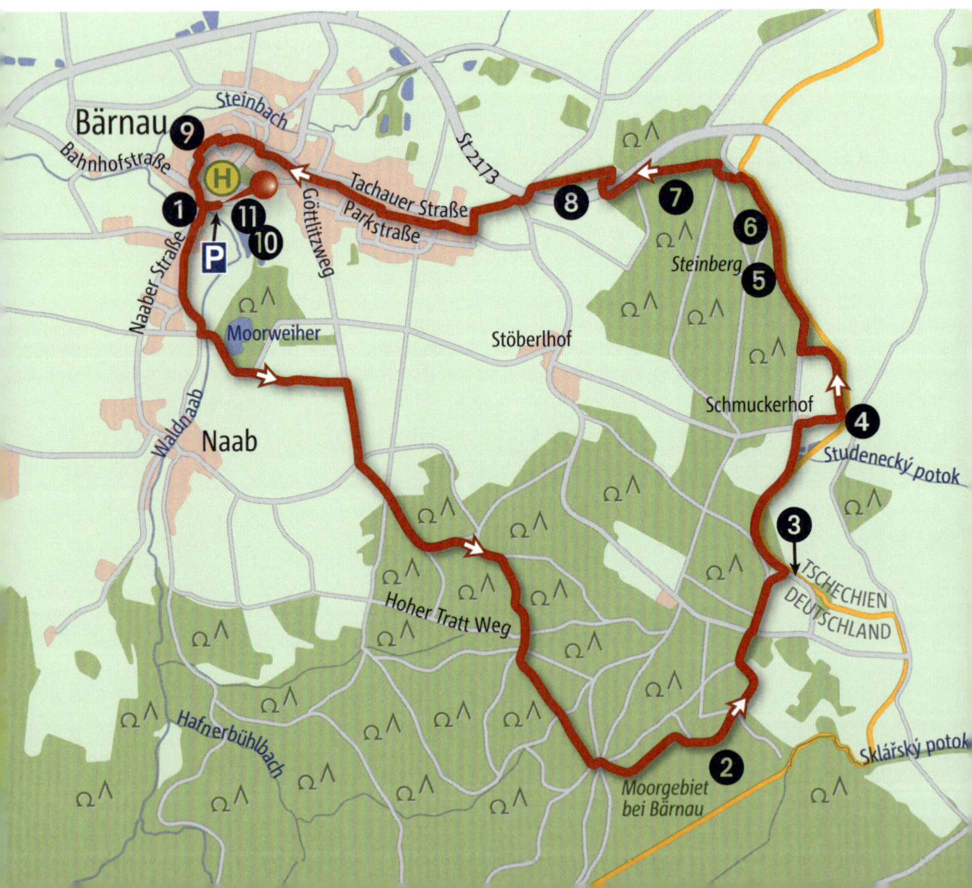

ALLES AUF EINEN BLICK

Entspannung

Abenteuer

Vielfalt

WIE & WANN

Gut ausgeschilderte, bequeme Feld-, Wald- und Wiesenwege.
Ganzjährig gut begehbar. Am lohnendsten von März bis Anfang November, wenn der Geschichtspark geöffnet hat.

HIN & WEG

Auto: Parkplatz Geschichtspark Bärnau-Tachov, Naaber Straße 5, 95671 Bärnau
ÖPNV: Bus 6267 (Richtung Wiesau Bf.) oder Bus 2704 (Richtung Waldsassen) bis Post

ESSEN & ENTSPANNEN

9 **Gasthof Zur Post,** Marktplatz 8, 95671 Bärnau, Tel. (0 96 35) 9 24 96 30, www.ghzp.de

11 **Museumslokal Brot und Zeit,** Naaber Straße 5, 95671 Bärnau, Tel. (0 96 35) 59 24 36 10, www.geschichtspark.de/museumslokal

ENTDECKEN & ERLEBEN

1 **Umweltareal „Grünes Band"**

2 **Naturschutzgebiet Moorgebiet bei Bärnau**

3 **Hans-Nigl-Kapelle,** St 2173 5, 95671 Bärnau

4 **Skulptur Norimberg–Praha**

5 **Schutzhütte Steinberg**

6 **Grenzlandturm**

7 **Tilly-Schanze**

8 **Steinbergallee**

10 **Geschichtspark Bärnau-Tachov,** Naaber Straße 5, 95671 Bärnau, www.geschichtspark.de

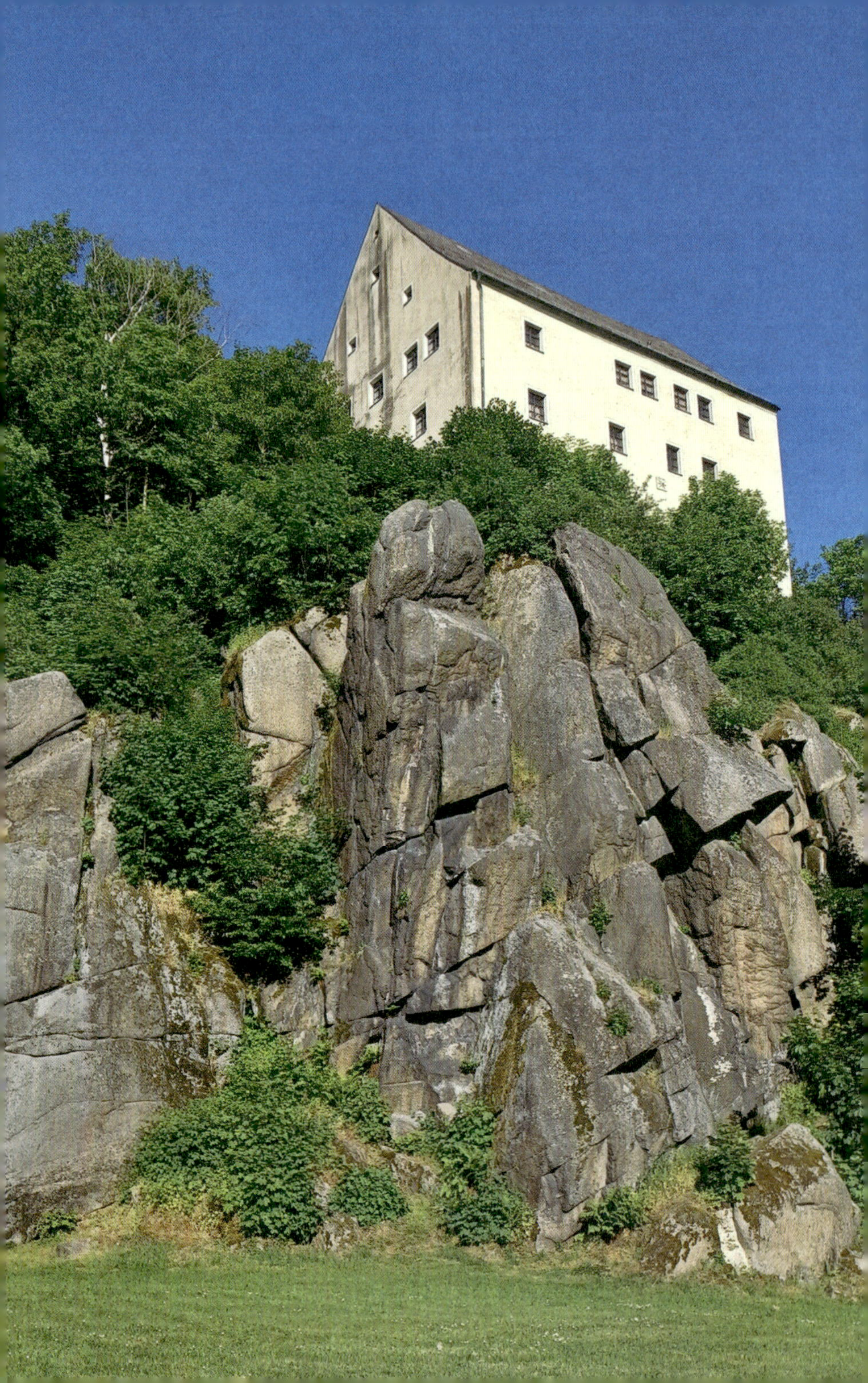

Hopfenhimmel

Zoigl in Windischeschenbach

Eine sonnige Wanderung mit viel Nahrung für Körper, Geist und Seele erwartet uns in jenem Eschenbach, das in der Nähe des Wendlandes liegt (= **Windischeschenbach**). Hier führte die Porzellanstraße hindurch und die Fichtel- und Tirschenreuther Waldnaab vereinen sich, um als Waldnaab die Oberpfalz weiter Richtung Süden zu durchfließen.

Wir parken am großen und gut ausgeschilderten Parkplatz und Wohnmobilstellplatz unterhalb der Burg Neuhaus. Dabei fahren wir schon an der ersten Sehenswürdigkeit des Ortes vorbei, dem **❶ Geotop Granitfelswand in Neuhaus.** 15 Meter hoch ragt der dunkelgraue schartige Granit am Ostufer der Waldnaab in die Höhe und machte dazumal Eroberern das Stürmen der Burg schwer. Zuerst erklimmen wir einige Stufen und eine steilere kleine Straße, die uns zur **❷ Burg Neuhaus mit dem Butterfassturm** führen. Im 13. Jahrhundert wurde sie als Jagdschlösschen für den heimischen Adel erbaut, dann immer mal wieder an die Kirche verpfändet. Sie diente als Verwaltung und Schule und birgt aktuell das Waldnaabtal-Museum für alle, die sich für die Wirtschaftsgeschichte und Natur des Waldnaabtales interessieren. Der Butterfassturm aus der Burgengründungszeit – der Name ist der zweigeteilten Form geschuldet – bietet auf knapp 35 Meter Höhe eine fantastische Aussicht bis zu unserem Etappenziel, dem Bohrturm der KTB. Allerdings nur an Sonn- und Feiertagen, und heute ist leider Freitag.

Also tappen wir über die Steinstufen auf der anderen Burgseite wieder hinunter und

Kilometer: 12
Höhenmeter: 170
Stunden: 4
RUNDWEG

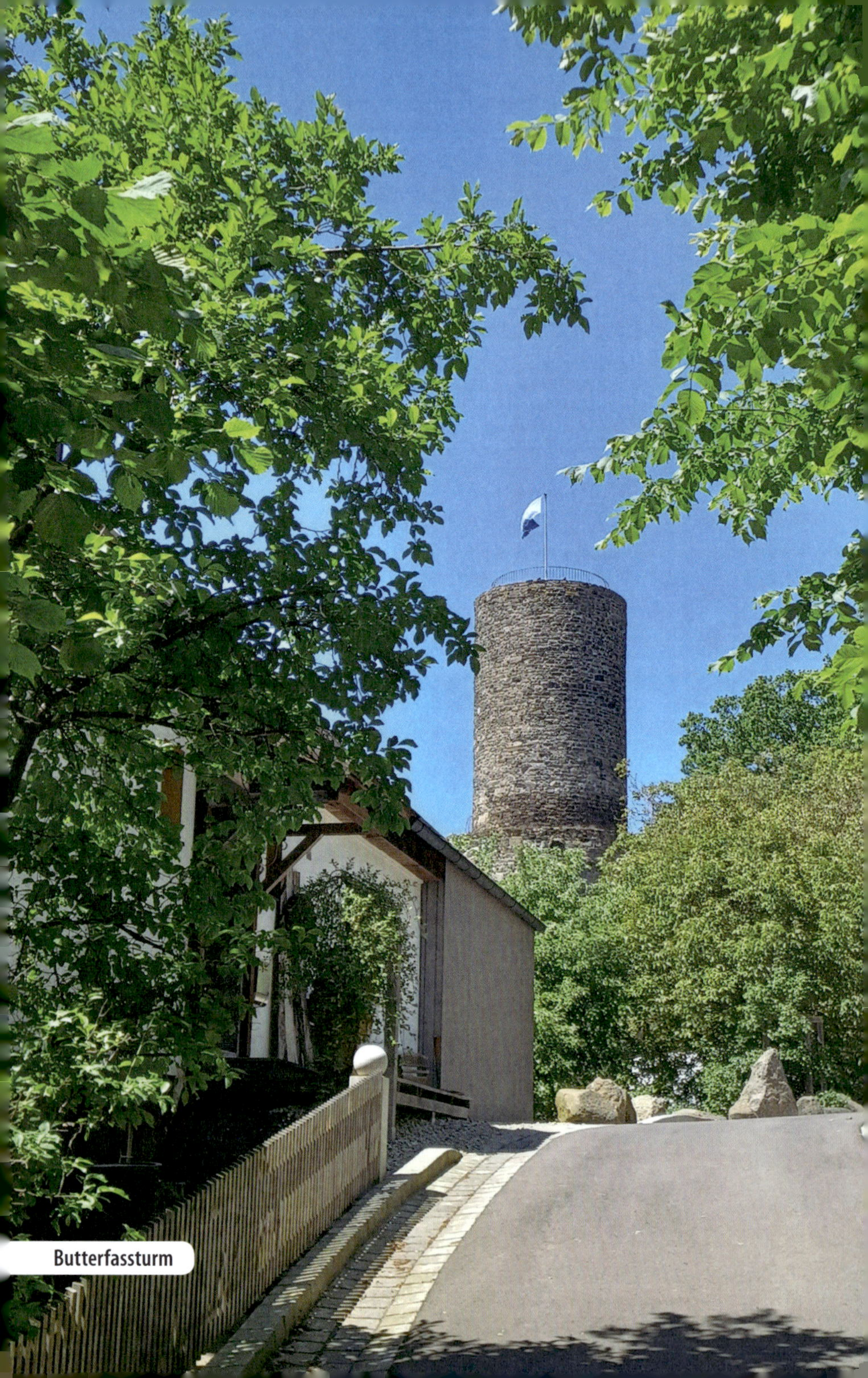

Butterfassturm

fädeln auf den **Wanderweg Nr. 11** ein, der uns zügig Richtung Waldnaabtal lotst. Sofort umschließt uns üppige grüne Auwaldvegetation mit Erlen, Pappeln und Weiden. An einer Weggabelung verschwindet die Nr. 11 leicht rechts, wir wechseln bis zum Naturdenkmal Naabfelsen auf den **Wanderweg Nr. 10,** der links abzweigt, einen scharfen Knick zum Fluss macht, unter einer Bahnunterführung durchführt, dann über die Waldnaab und am anderen Ufer durch ein steinernes Portal im Nordteil von Windischeschenbach herauskommt.

Für die Seele
Wir begegnen geologischen Wundern und genießen das sattgrüne Leben zwischen Baumkronen und Wasseroberfläche.

Die Straße führt auf den **Stadtbrunnen** zu, der dreidimensional das Stadtwappen darstellt: Über einer Granitschale windet sich ein Fisch um eine Säule mit drei Sternen. Hier finden wir auch einen Wegweiser mit der Nr. 10 (Ringweg), die uns die Bernsteiner Straße Richtung Norden schickt. Wir gehen durch ein Wohngebiet, durch eine Unterführung, wechseln die Straßenseite, lassen die letzten Wohn-

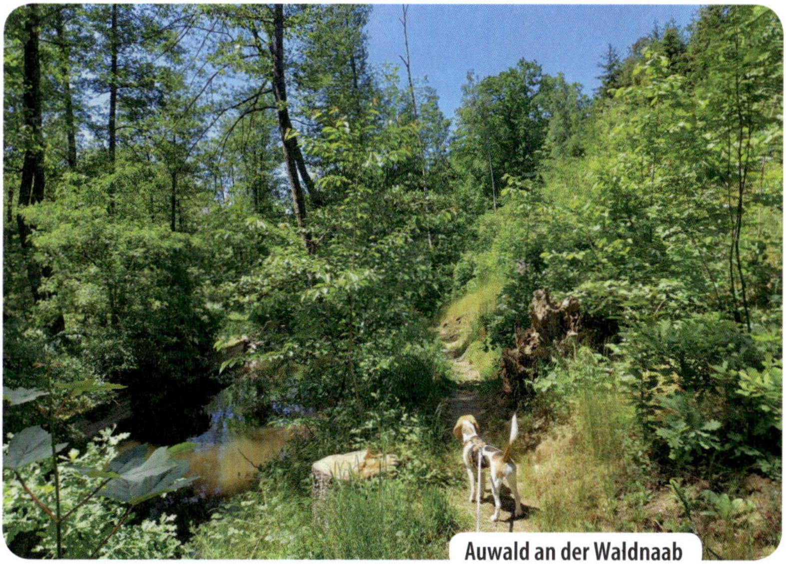

Auwald an der Waldnaab

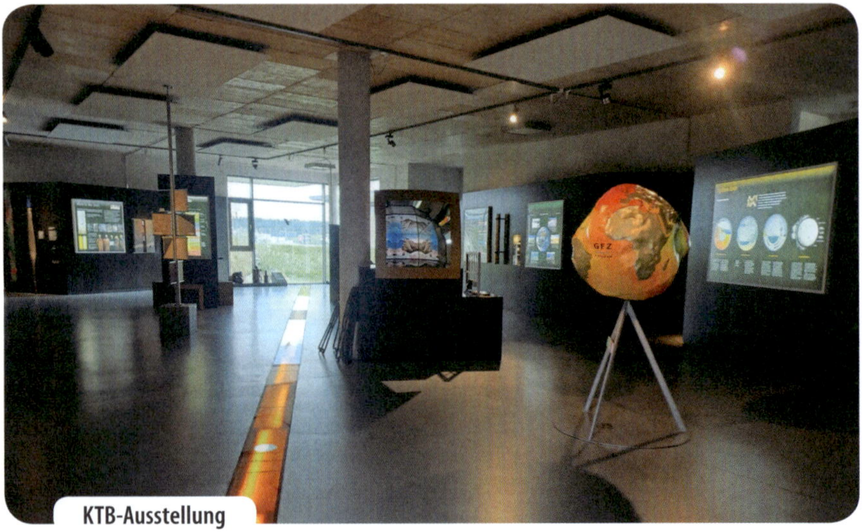

KTB-Ausstellung

Der Name **„Naab"** hat indogermanische Wurzeln und bedeutet Wasser, feucht, nebelig werdend.

häuser hinter uns, überqueren die **Fichtelnaab** (das erste Mal) und wandern an ihrem Ufer weiter. Die ruhig mäandernde Fichtelnaab hat an dieser Stelle schon 40 Kilometer hinter sich, entsprungen ist sie auf der Ostflanke des Ochsenkopfes. Wegen ihrer ausgeprägten Windungen wird sie auch Krumme Naab genannt.

Zwei Bahnunterführungen und zwei Fichtelnaab-Brücken weiter springt am anderen Ufer eine dunkle, steile Felswand ins Auge. Wir haben das **3 Naturdenkmal Naabfelsen** erreicht. Begonnen hat die Wand vor langer Zeit, mehr als 300 Millionen Jahren, als vulkanischer Basalt. Unglaublicher Druck und Hitze verwandelten das Gestein in Amphibolit und die zähe kleine Fichtelnaab schliff ihr Tal ins Gestein. Hinter dem Naabfelsen befindet sich ein aktiver Granitsteinbruch und nur die Ernennung der Felswand zum Naturdenkmal und Geotop hat sie davor gerettet, auch abgebaut zu werden.

Der Wanderweg Nr. 10 verabschiedet sich nach rechts, wir bleiben der Fichtelnaab auf dem Fichtelnaab-Wanderweg treu. Farne, Moose und Flechten haben sich im Granit festgekrallt. Mit etwas Glück lassen sich Wasseramseln und Gebirgsstelzen beobachten. Wir passieren den Campingplatz Schweinsmühle mit Kiosk und gelangen auf eine kleine, wenig befahrene Teerstraße. In der Ferne sehen wir schon den Bohrturm des Geozentrums aufragen, unser Tagesziel. Das Teersträßchen schwenkt nach links über die Fichtelnaab – die vierte und letzte Überquerung – und hält auf das Örtchen Naabdemenreuth zu. Leider hat die Wirtschaft Zum Schwarzen Raben geschlossen, der Name klingt nach einer interessanten Speisekarte und Geschichte.

Wir erreichen oben auf der Hochfläche das Gelände des **4 Geo-Zentrums an der KTB.** Bevor wir das Gebäude betreten, lassen wir einen ausgiebigen Blick Richtung Norden schweifen: Wir sehen das soeben durchwanderte Tal der Fichtelnaab, im Hintergrund den Steinwald (Tour 5 „Mutter Erde“), im Nordosten

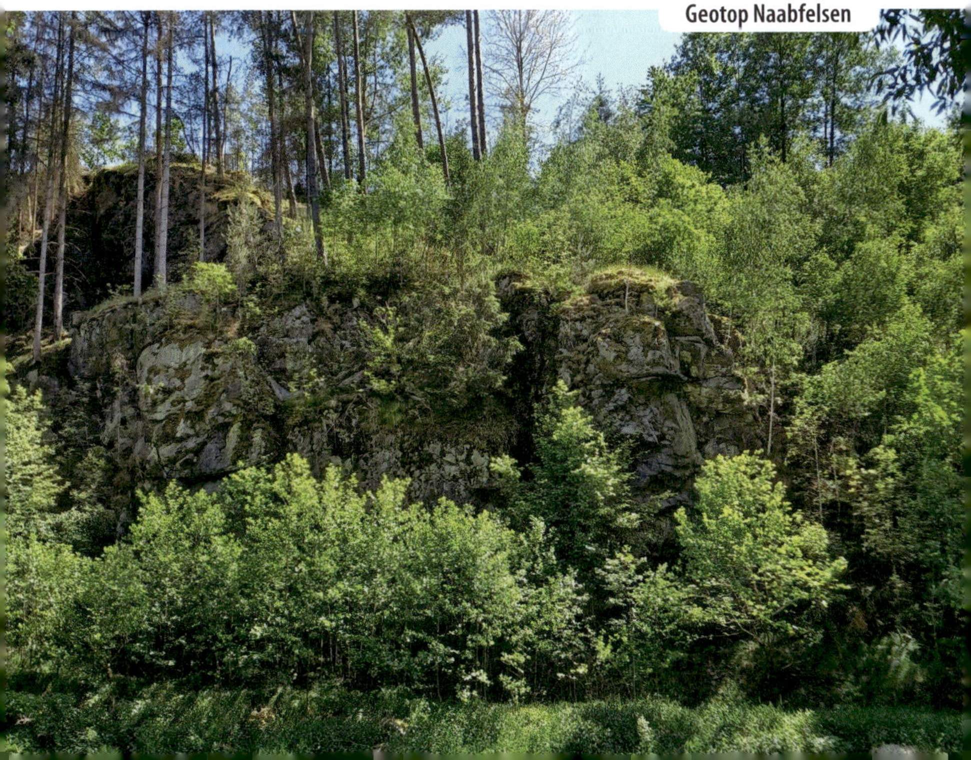

Geotop Naabfelsen

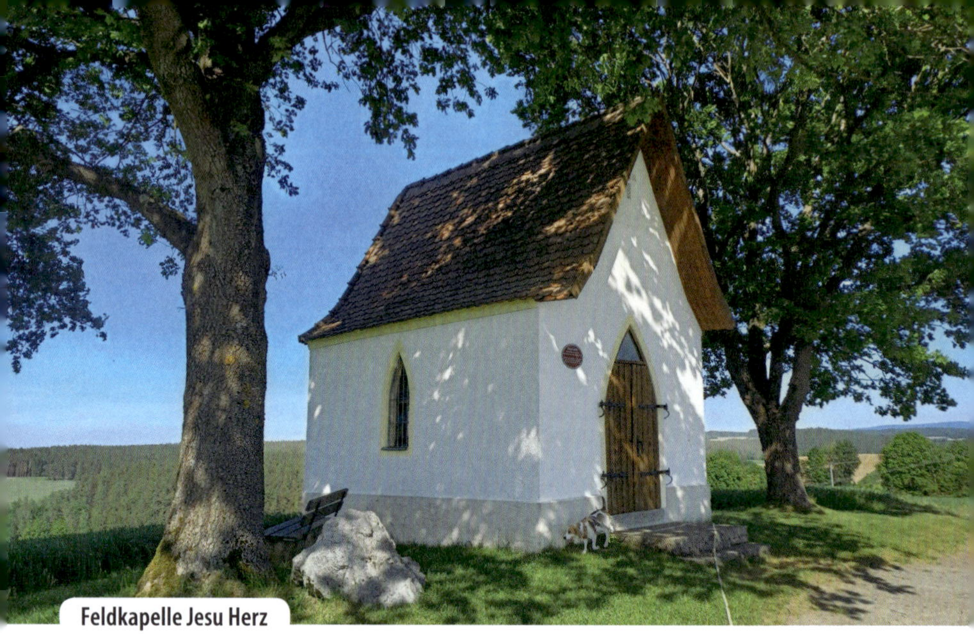

Feldkapelle Jesu Herz

*Die **Kiefer** ist ein Lichtbaum. Kienspäne aus dem harzigen Holz nutzte das einfache Volk früher als Beleuchtungsmittel. Auch heute noch eignen sie sich hervorragend zum Feuerentzünden.*

den Tillenberg an der tschechischen Grenze, im Osten die Kuppen des Oberpfälzer Waldes mit der Burgruine Flossenbürg und dem Fahrenberg (Tour 16 „Goldmarie“). Hier in der beschaulichen Oberpfalz befinden wir uns mitten auf einem wissenschaftlichen Hotspot. Hier überschneiden sich die europäische und afrikanische Kontinentalplatte, was zu Reibungen und regelmäßigen Erdbeben führt, wie der Seismograf in der Ausstellung belegt. Geowissenschaftler bohrten mit über 9 Kilometer Tiefe das tiefste Loch der Welt ins Gestein, dann mussten sie aufgeben, weil der Stein zu zähflüssig wurde. Die Bohrproben werden bis heute in Lagerhallen aufbewahrt. Nach der Beendigung der Forschungsarbeit wurden die Gebäude dankenswerterweise erhalten und in eine Umweltstation mit dem zentralen Thema Erde umgebaut. Moderne Labore, Schulungs- und Experimentierräume locken Schulen, Universitäten und interessierte Laien an. Noch ein Superlativ: Mit 85 Meter Höhe ist der Bohrturm der größte Landbohrturm der Welt. Eine Führung durch die Dauerausstellung „System Erde“ lassen wir uns natürlich nicht entgehen und lauschen gebannt den geologischen Wundern. Vergleichen wir die Erde mit einem Apfel, ist die Erdkruste gerade mal so dick wie dessen Schale. Dann kommt glühendes Gestein. Der Gedanke stimmt uns nachdenklich.

Wieder an der frischen Luft erscheint uns der Boden unter den Füßen irgendwie kostbarer und zerbrechlicher als vorher. Wir laufen zurück nach Naabdemenreuth und nehmen dort den Wanderweg Nr. 9/ Porzellan-Wanderweg nach rechts, der uns über die Hochfläche nach Windischeschenbach zurückbringen wird. Rechts des Weges spendet ein kleines Grüppchen, bestehend aus Bäumen, Marterl und Ruhebank, Schatten und lädt zum kurzen Verweilen ein. Vor allem die alte Kiefer mit ihrem ungewöhnlichen Wuchs beeindruckt: Normalweise wachsen diese Nadelbäume gerade in die Höhe, ohne sich zu verzweigen. Diese hier verzweigt sich kräftig sternförmig in geringer Höhe. Ist sie deshalb als Naturdenkmal ausgewiesen?

Kurz vor dem Weiler Berg erreichen wir eine kleine **5 Feldkapelle,** die Jesu Herz geweiht ist. Hier sind zwei Eichen die Schattenspender. Immer noch schmeichelt der Blick über die sanfte hügelige Landschaft der Seele.

Wir überqueren eine Landstraße, sind wieder in Windischeschenbach angekommen und folgen der Erbendorfer Straße bis zur Kreuzung. Hier biegen wir links ab, dann rechts in die Hauptstraße. Die nächste Seitenstraße links ist der Lehnerberg und hier finden wir die **6 Zoiglwirtschaft Beim Gloser.**

Der Zoiglstern hängt vor der Tür und im kühlen Innenhof erwarten uns ein süffiges Bier und eine herzhafte Brotzeit. Schöner kann ein Tag

Windischeschenbach gilt als DIE ***Hochburg des Zoiglbieres.*** *Dabei handelt es sich um ein untergäriges, unfiltriertes und kohlensäurearmes Bier nach traditionellen und individuellen Rezepturen.*

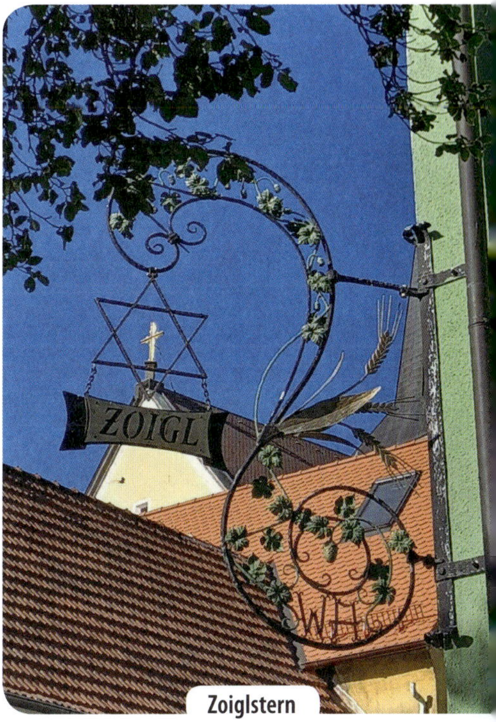

Zoiglstern

in dieser speziellen Gegend – hat da nicht das Bier im Krug vibriert?! – nicht abgeschlossen werden.

Hier müssen wir unbedingt darauf hinweisen, dass in der Region alle Zoiglwirtschaften empfehlenswert sind und unsere Wahl etwas mit dem Tag bzw. Datum unserer Tour zu tun hatte. Die Zoiglstuben sind abwechselnd von Freitag bis Montag geöffnet. Wir erkennen sie am sechsstrahligen Zoiglstern, der über die Tür gehängt wird. Gebraut wird in den beiden Kommunbrauhäusern Windischeschenbachs, jeder Brauer hat sein spezielles Rezept. Deshalb lohnt es sich, alle Zoiglstuben mal durchzutesten. Aktuelle Öffnungszeiten können im aktuellen Zoiglkalender online nachgeschaut werden.

*Das **Brauen des Zoiglbieres** gehört zum immateriellen Kulturerbe Bayerns und wurde von der UNESCO-Konvention anerkannt.*

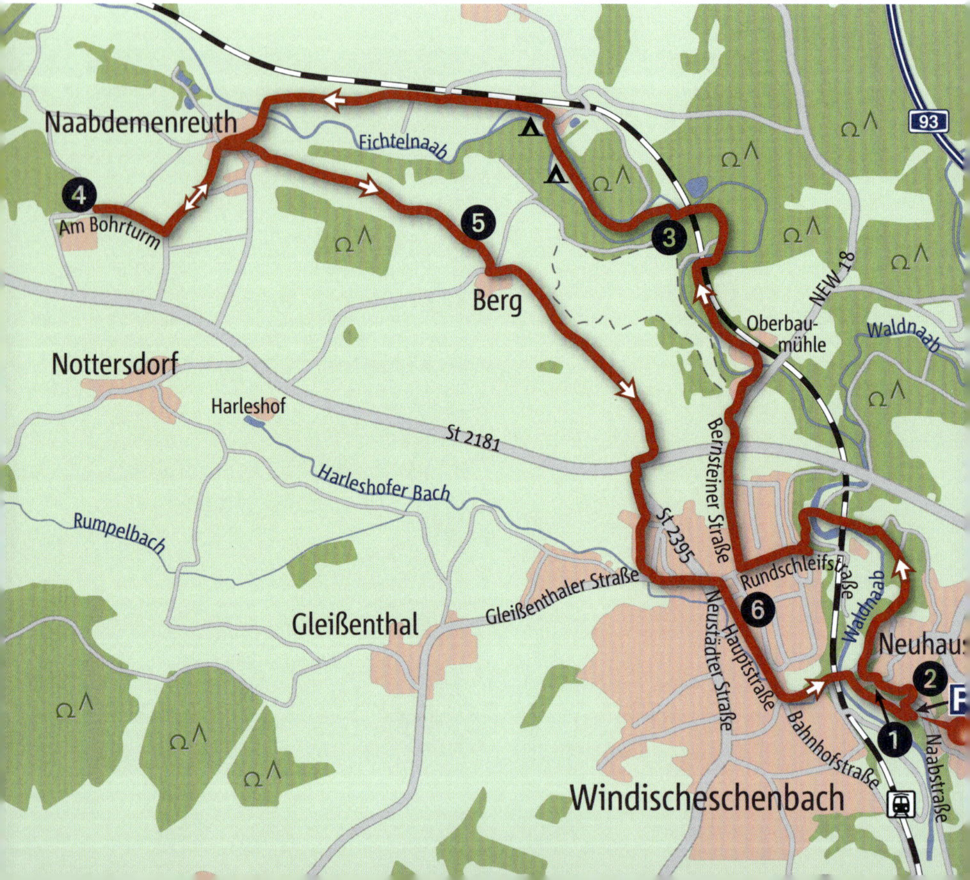

ALLES AUF EINEN BLICK

Entspannung
Abenteuer
Vielfalt

WIE & WANN

Gut ausgeschilderte, bequeme Feld- und Wiesenwege. Ganzjährig gut begehbar. Am schönsten im Frühling, Herbst und Winter (Fr.–Mo.: Zoiglausschank, So./Feiertage: Butterfassturm geöffnet).

HIN & WEG

Auto: öffentlicher Parkplatz und Wohnmobilstellplatz Naabstraße (Schafferhof-Parkplatz), 92670 Windischeschenbach

ÖPNV: RB23 (Strecke Weiden–Oberkotzau) bis Windischeschenbach Bf., dann etwa 1 Kilometer/15 Minuten Fußweg zum Startpunkt

ESSEN & ENTSPANNEN

6. **Zoiglwirtschaft Beim Gloser,** Lehnerberg 2, 92670 Windischeschenbach, Tel. (0 96 81) 31 70, und viele andere Zoiglwirtschaften (Zeichen: Stern an der Tür)

ENTDECKEN & ERLEBEN

1. **Geotop Granitfelswand in Neuhaus**
2. **Burg Neuhaus mit Butterfassturm,** Burgstraße 11, 92670 Windischeschenbach
3. **Naturdenkmal Naabfelsen**
4. **Geo-Zentrum an der KTB,** Am Bohrturm 2, 92670 Windischeschenbach, Tel. (0 96 81) 40 04 30, www.geozentrum-ktb.de
5. **Feldkapelle Berg,** 92670 Windischeschenbach

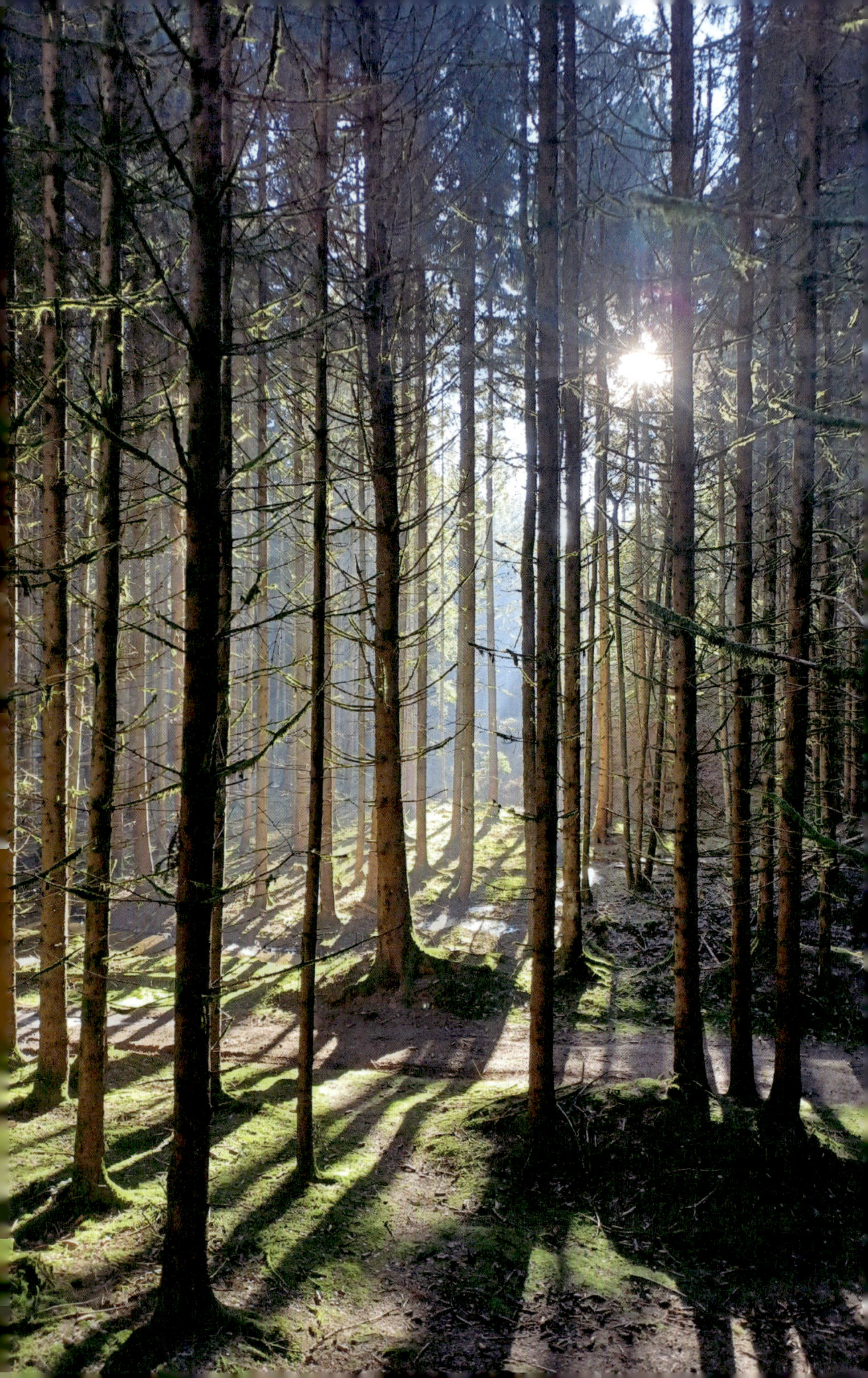

In Teufels Küche

Im Wald bei Tirschenreuth

Wenn der Teufel zum Essen einlädt, sagt man besser nicht Nein. Wir folgen seinem Ruf und machen uns auf den Weg zur Großen und Kleinen Teufelsküche in dem ausgedehnten Waldgebiet südlich von Tirschenreuth. Neben dem Wanderheim des Oberpfälzer Waldvereins im **Tirschenreuth** gibt es einen kostenfreien Parkplatz und eine Menge Infotafeln mit allen notwendigen Hinweisen. Wir haben in unseren Rucksack noch einen Badeanzug und Handtuch gepackt für einen Sprung in den Rothenbürger Badeweiher – Platz ist vorhanden, denn die Brotzeit haben wir beim Tirschenreuther Picknickkerwl-Service vorbestellt.

Die Markierungen „Roter Querstrich" und „1" (Tirschenreuth 1) leiten uns bis zur Großen Teufelsküche, etwas mehr als 4 Kilometer, also 1 Stunde Gehzeit zum Warmwerden. Als Erstes geht es auf einem breiten Forstweg an den Engelmannsteichen vorbei. In Anbetracht des Zieles ein nettes Wortspiel. Am Wegrand pflücken wir zur Dämonenabwehr etwas Johanniskraut. Alte Volkssagen schwören, dass die gelb blühende Gute-Laune-Sommerblume dem Teufel verhasst ist und er Menschen nicht anrührt, die sie bei sich tragen. Sicher ist sicher, denken wir.

Nach knapp 10 Minuten schwenken die Markierungen nach rechts bis zu einer Wegkreuzung mit zwei Marterln. Hier biegen wir links ab (nicht geradeaus), laufen zwischen den beiden Schoppenteichen durch und entspannt immer weiter durch den Nadelwald, queren eine Wiese und verschwinden auf der

Kilometer: 11
Höhenmeter: 130
Stunden: 4
RUNDWEG

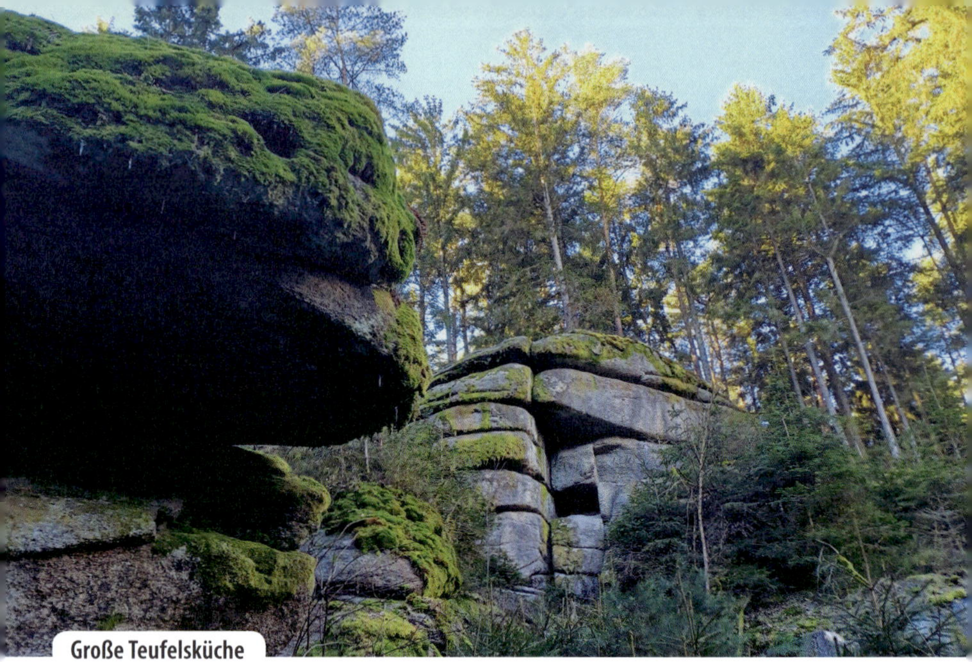

Große Teufelsküche

anderen Seite im Waldstück Klingenrangen. Nach einer weiteren Rechtsbiegung gelangen wir an eine Wegkreuzung mit ausführlicher Ausschilderung. Hierher werden wir auf dem Rückweg zurückkehren.

Zunächst folgen wir aber dem Pfad einem weiteren Weiher entlang, kurz im Wald bergauf, dann ein abrupter Linksschwenk und nach ein paar Metern sehen wir die 1 **Große Teufelsküche.** Geologisch betrachtet ist die Teufelsküche ein Bachtal, umgeben von mehreren imposanten, bis zu 15 Meter hohen Granittürmen, die durch die Wollsackverwitterung entstanden sind. In den horizontalen und vertikalen Klüften zwischen den „Säcken" haben sich teilweise Höhlen und Hohlräume gebildet. Korrosion hat zum Rutschen der Granite in Schieflagen geführt. Insgesamt kocht der Teufel auf mehreren Hundert Quadratmetern, sein Wasser bezieht er aus einem kleinen Waldbach, der wild zwischen den Granitblöcken sprudelt. Kaum zu glauben, aber dieses in den Rothenbürger Weiher fließende Bächlein hat zur Entstehung der beeindruckenden Felsformationen durch Abschliff maßgeblich beigetragen.

*Das **Echte Johanniskraut** blüht ab Ende Juni an sonnigen Wegrändern. Schon die heilige Hildegard von Bingen empfahl es gegen den Dämon der Traurigkeit und die moderne Schulmedizin bestätigt seine antidepressive Wirkung.*

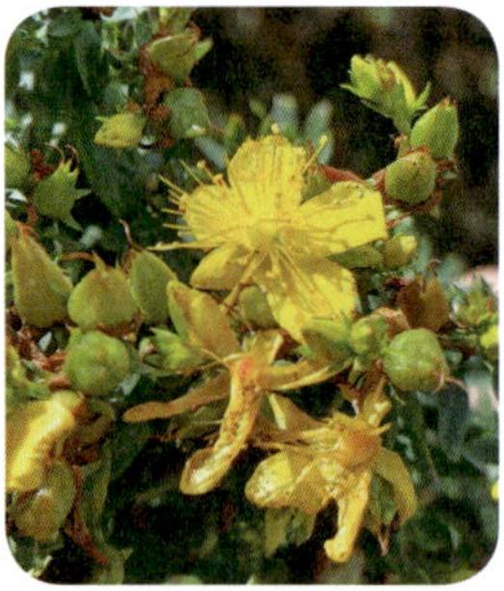

Wir dürfen Platz nehmen auf moosgepolsterten Granithockern. Der Ort ist einmalig schön: Schattig und kühl im Sommer, sonnig und einsam an klaren Wintertagen. Die Wollsacktürme lassen sich nebendran auf Waldboden leicht erklimmen. Wir schnuppern verstohlen, ob wir Schwefelgeruch wahrnehmen. Nein, es riecht nach Nadelwald und Moos, alles frisch und gut. „Was gibt's hier zu essen?", fragen wir in die Landschaft. „Für uns nichts", lautet die Antwort aus dem Nichts. Denn wir haben ja die Schutzpflanze Johanniskraut dabei und sind viel zu gut gelaunt für des Teufels Nahrung. Beeindruckt kehren wir zurück zum vielarmigen Wegweiser und folgen der Wegmarkierung „Roter Schrägstrich" und „1" links herum Richtung Kleiner Teufelsküche und Parkplatz Rothenbürger Weiher.

Für die Seele

Der Teufel präsentiert sich hier als Feinschmecker, der mit goldenem Licht und klarem Wasser kocht.

Nach nur 800 Metern am durch Fichtenwald mäandernden Bach entlang erreichen wir das Geotop **2 Kleine Teufelsküche mit dem Wackelstein.** Dabei

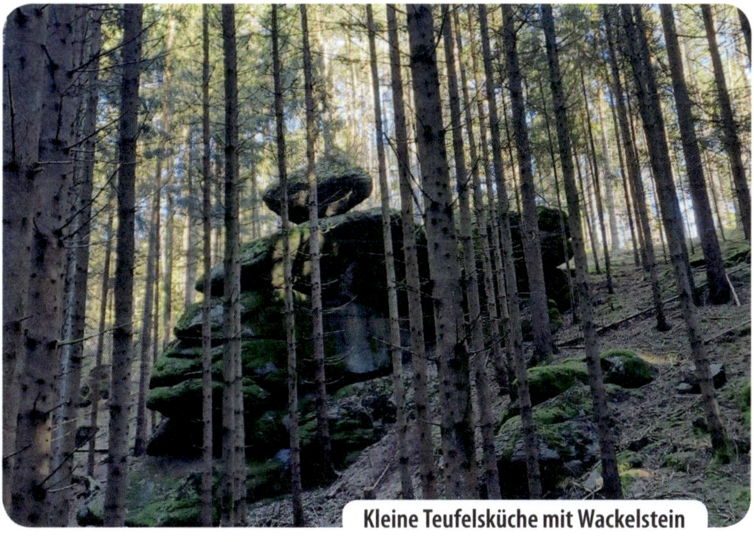

Kleine Teufelsküche mit Wackelstein

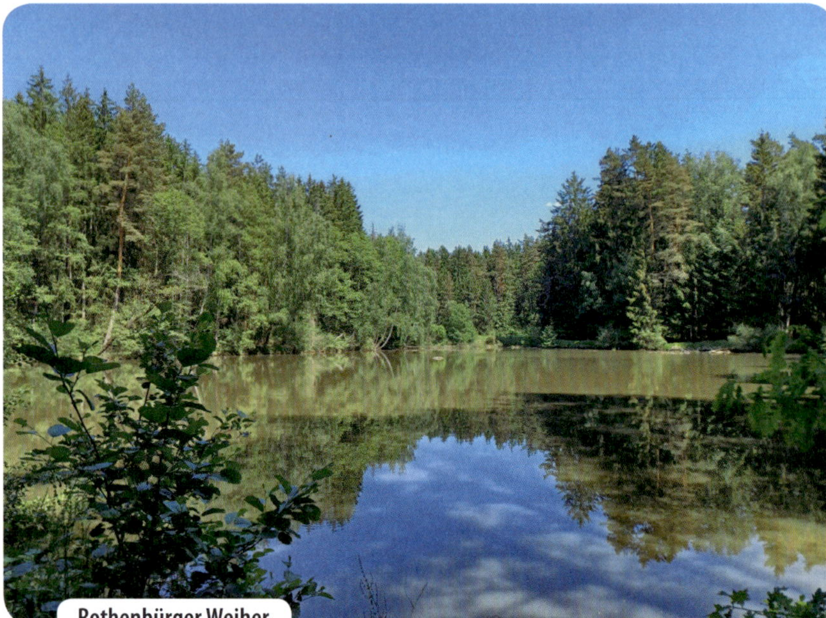

Rothenbürger Weiher

handelt es sich um einen natürlichen Granit-Hangaufschluss am Lauf des gleichen kleinen Baches wie in der Großen Teufelsküche. Ein Hinweis schickt uns eine rustikale Holztreppe hinauf, um den Wackelstein näher in Augenschein nehmen zu können. Der eiförmige Granitblock ist nur mit einer winzigen Fläche mit dem Untergrund verbunden und erweckt den Eindruck, ein leichter Schubs könne ihn ins Tal stürzen lassen. Was garantiert nicht möglich ist, sonst hätte es schon jemand gemacht.

Hier oben geht es für uns nicht weiter, also zurück über die Treppe auf den Wanderweg, der aufs schmale Südende des Rothenbürger Weihers zustrebt. Ein schmaler, mit Birken und Kiefern gesäumter Uferpfad mit Blick aufs Wasser macht Lust auf eine Erfrischung. Wir passieren die Faberloh- und Steigerteiche, biegen links ab und haben die Landstraße erreicht. Links ist der Zugang zum Badeufer des 3 **Rothenbürger Weihers.**

Er liegt direkt an der Verbindungsstraße nach Tirschenreuth, ist aber nicht überlaufen. Der vordere Teil ist Badegästen vorbehalten, die Angler finden ergiebige Buchten am Westufer entlang. Für Hundehalter gibt's einen eigenen Strandabschnitt und es besteht Leinenpflicht. An einem heißen Sommertag drängt sich hier ein Sprung ins kühle Wasser förmlich auf.

Luxus pur: Wir haben uns bei der Tirschenreuther Traditionsbäckerei Maschauer einen ④ **Picknickkorb,** Variante herzhaft, hierher bestellt, den wir aus der dafür installierten Gitterbox befreien. Bei der Bestellung bekamen wir einen Code, der Box und Korb öffnet. Nach dem erfrischenden Bad genießen wir mit Blick auf den glitzernden Weiher Brot, Brezen, Geräuchertes, Käse, Bier und Limonade. So nah liegt das Paradies also an der Teufelsküche!

Erfrischt und gestärkt geht's weiter. Ein Stück die Straße runter Richtung Tirschenreuth, bis auf der

An drei Standorten rund um Tirschenreuth (Heusterzbrücke, Naturdenkmal Wolfenstein und Rothenbürger Weiher) bietet die Traditionsbäckerei Maschauer ihre ***Picknickkörbe*** *mit den Varianten herzhaft, suß und verliebt an, bestellbar ab zwei Personen.*

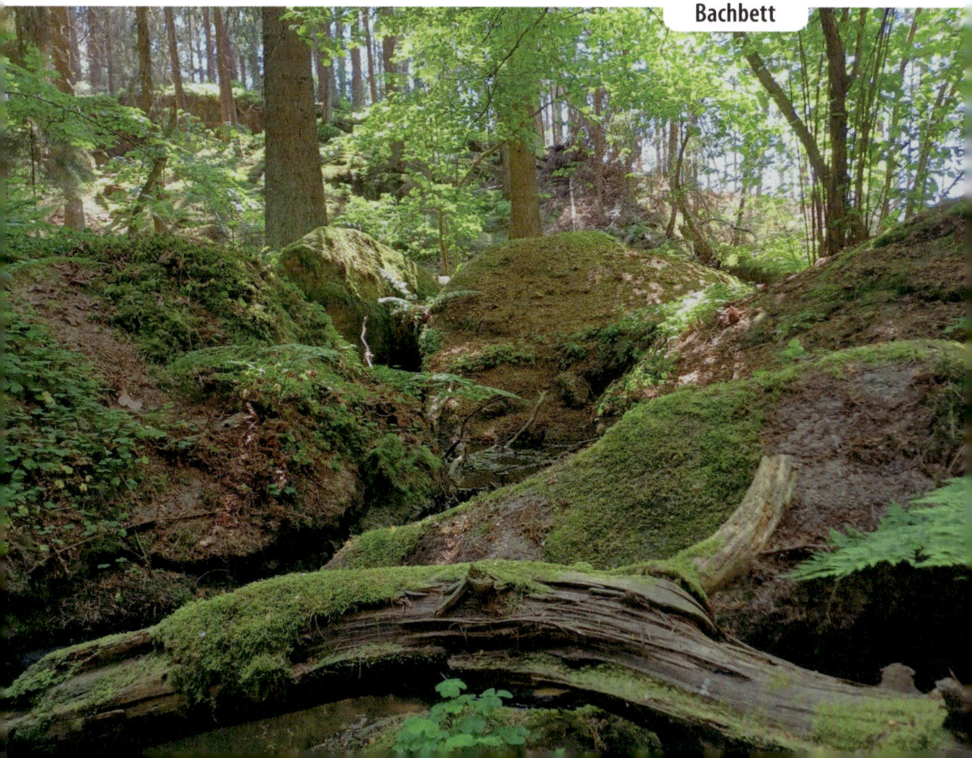

Bachbett

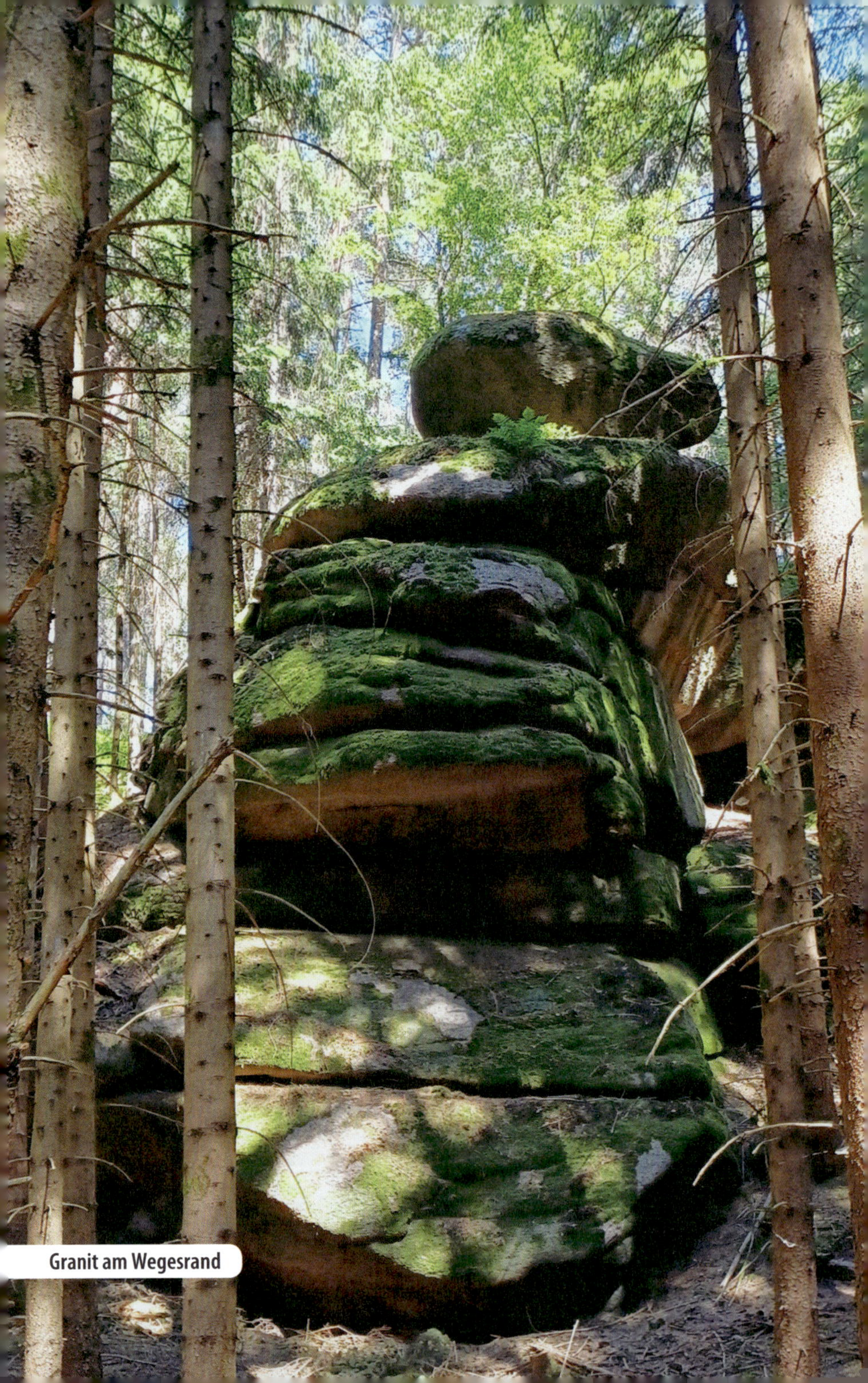

Granit am Wegesrand

anderen Seite der Wanderweg „T2“ (Tirschenreuth 2) im Wald verschwindet. Diese Markierung wird uns bis zum Wolfenstein und von dort zurück zum Ausgangspunkt begleiten. T2 schlängelt sich durch die Waldabteile Gold- und Judenlohe, trifft auf einen breiten Forstweg, biegt hier links ab, verlässt nach ein paar Hundert Metern den Wald und öffnet den Blick auf eine Feld- und Wiesenlandschaft. Rechter Hand wieder Teiche und auf einem kleinen Hügel erkennen wir die Umrisse des 8 Meter hohen 5 **Geotops Wolfenstein.**

Inzwischen erkennen wir Wollsackverwitterung an Graniten schon von Weitem. Auch hier hat die Zeit wieder faszinierende Formen herausmoduliert, als hätte ein Riese mal eben seine vollen Säcke achtlos abgestellt. Knorrige Eichen fühlen sich hier wohl. Der Wolfenstein soll ein altgermanischer Opferstein gewesen sein. Das hängt ihm noch nach, wir sehen aktuelle Opferreste in Form von Zigarettenkippen und

*Im Wald weisen **Flurnamen,** die auf -lohe enden (Forstlohe, Fichenlohe etc.) darauf hin, dass hier gezielt Bäume fürs Gerben von Leder aufgeforstet wurden (= Gerberlohe). Althochdeutsch steht es auch für niederes Holz oder eine bewachsene Lichtung.*

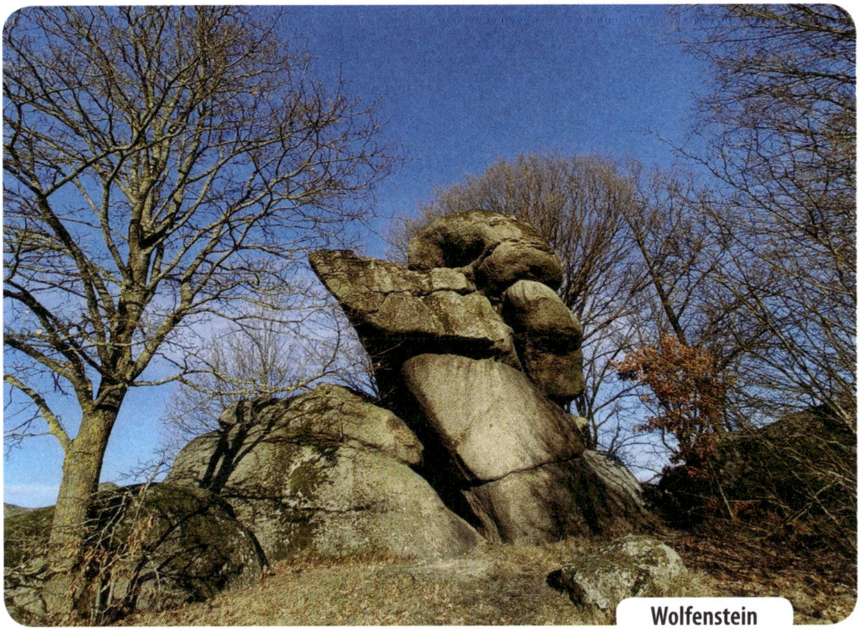

Wolfenstein

Die Häufung von mit Gold gefüllten Schatzkammern unter den hiesigen Burgen, Bergen und Geotopen rührt daher, dass im Oberpfälzer Wald tatsächlich über viele Jahrhunderte erfolgreich ***Gold*** *geschürft wurde.*

zerbrochenen Schnaps- und Bierflaschen. Schade um diesen schönen Ort. Unter ihm soll sich außerdem eine Schatzkammer voller Gold und Edelsteine befinden, die sich alljährlich am Palmsonntag öffnet.

Von hier sind es nur noch gemütliche 2 Kilometer bis zum Ausgangspunkt. Wir kehren um in den Wald bis zur Kreuzung, an der wir von rechts kamen. Jetzt gehen wir geradeaus, folgen nach wenigen Metern dem Linksschwenk von T2, am Rand einer Wiese entlang zur Straße. Diese wird überquert und auf der anderen Seite der Wanderweg und Trimm-Dich-Pfad entlang des Langen Dammes bis zum Parkplatz genutzt. Wieder ist ein zauberhafter Tag im Oberpfälzer Wald zu Ende gegangen.

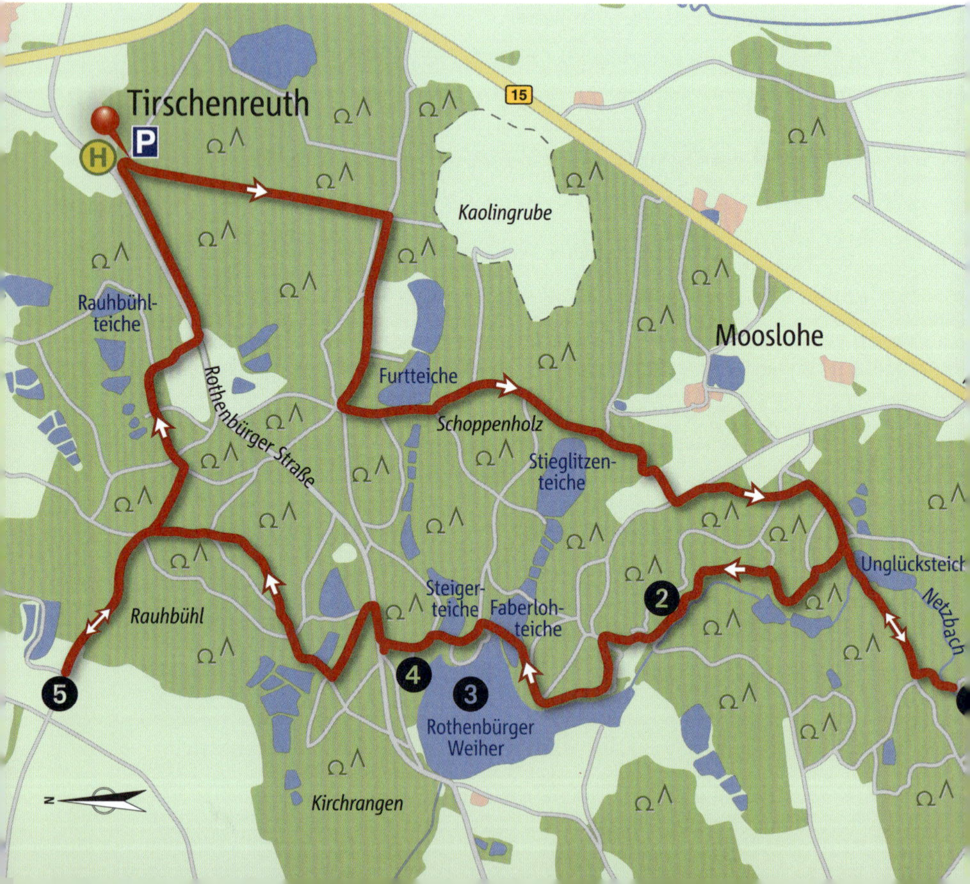

ALLES AUF EINEN BLICK

Entspannung ●●●●●
Abenteuer ●●●○○
Vielfalt ●●●●○

WIE & WANN

Auf gut ausgeschilderten Wald- und Forstwegen auch im Winter gut begehbar. Besonders zu empfehlen während der Sommermonate, wenn Badeweiher und Picknick-Korb-Service genutzt werden können.

HIN & WEG

Auto: Wanderparkplatz am OWV Heim, Rothenbürger Straße 13, 95643 Tirschenreuth
ÖPNV: Bus 1820 bis Tirschenreuth Marktplatz

ESSEN & ENTSPANNEN

4 **Picknickkerwl,** am Rothenbürger Weiher (spätestens 1 Tag vorher bis 17 Uhr bestellen bei: Stadtbäckerei Maschauer, Koloman-Maurer-Straße 4, 95643 Tirschenreuth, Tel. (0 96 31) 12 58, www.stadtbaeckereimaschauer.de)

ENTDECKEN & ERLEBEN

1 **Große Teufelsküche**
2 **Kleine Teufelsküche mit Wackelstein**
3 **Rothenbürger Weiher**
5 **Geotop Wolfenstein**

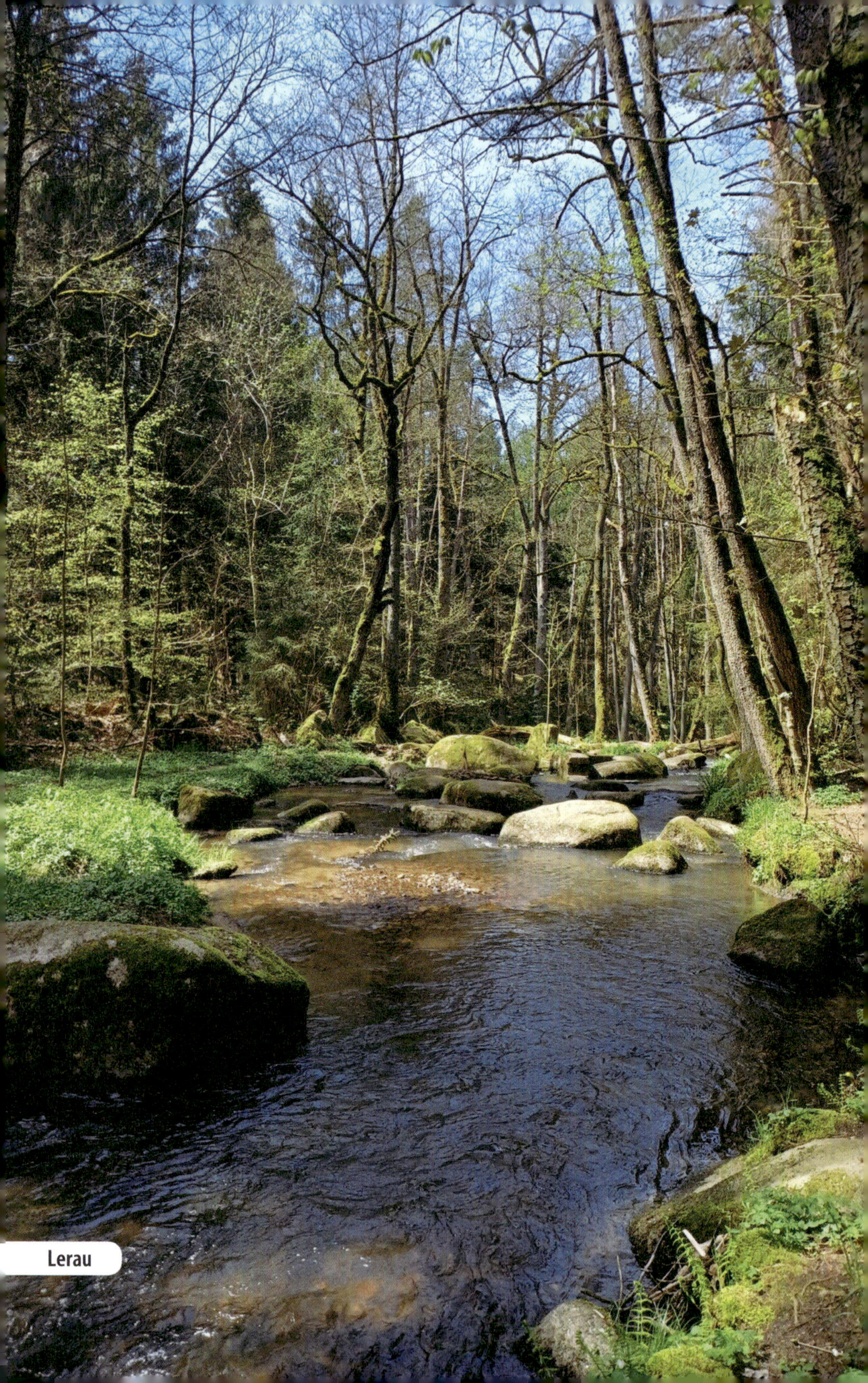
Lerau

In Gottes Hand

Das Lerautal bei Leuchtenberg

Wer eine romantische kleine Wanderung mit vielen landschaftlichen und kulturellen Highlights sucht, ist bei Leuchtenberg richtig. Der Markt gehört zum Landkreis Neustadt an der Waldnaab und liegt oberhalb des Lerautales. Weil es auf dem Wanderweg keine Einkehrmöglichkeit gibt, haben wir eine Brotzeit eingepackt.

Entstanden ist der Ort rund um die Burg **Leuchtenberg** im 12. Jahrhundert, erbaut vom gleichnamigen Adelsgeschlecht. Wir wollen uns der Ruine geruhsam von unten nähern und parken am Wanderparkplatz direkt an der B22. Von dort ist der Weg ins Lerautal bestens ausgeschildert. Unsere Markierung ist mit ganz wenigen Abstechern die „1" (Schwarze Eins auf rotem Grund). Wir verschwinden links auf einem Pfad im lichten Nadelwald. Nach wenigen Metern weisen ein Schild und ein Trampelpfad nach links auf die erste Sehenswürdigkeit hin. ❶ **Gottes Hände** sind riesig, aus wollsackverwittertem Granit und greifen durch Waldboden und Moos nach den Bäumen. Wir halten respektvoll Abstand und sind beeindruckt von dem Licht- und Schattenspiel, das die vertikalen Karren im Gestein wie dürre Finger wirken lässt.

Moosige Vielfalt: In Bayern gibt es, bedingt durch die Landschaftsvielfalt, über 1100 Arten von Moosen. Darunter sind auch seltene, geschützte Arten, die wir nicht sammeln oder zerstören dürfen.

Zurück auf dem Wanderweg queren wir nach wenigen Metern auf dem Schafsteg den Leraubach. Eine seiner Quellen entspringt auf dem Fahrenberg (Tour 16 „Goldmarie"). Seine schönsten Facetten spielt der Bach auf nur 1,5 Kilometern im ❷ **Naturschutzgebiet Lerautal** aus, bevor er nach insgesamt 10 Kilometern

Kilometer: 6,3
Höhenmeter: 120
Stunden: 2
RUNDWEG

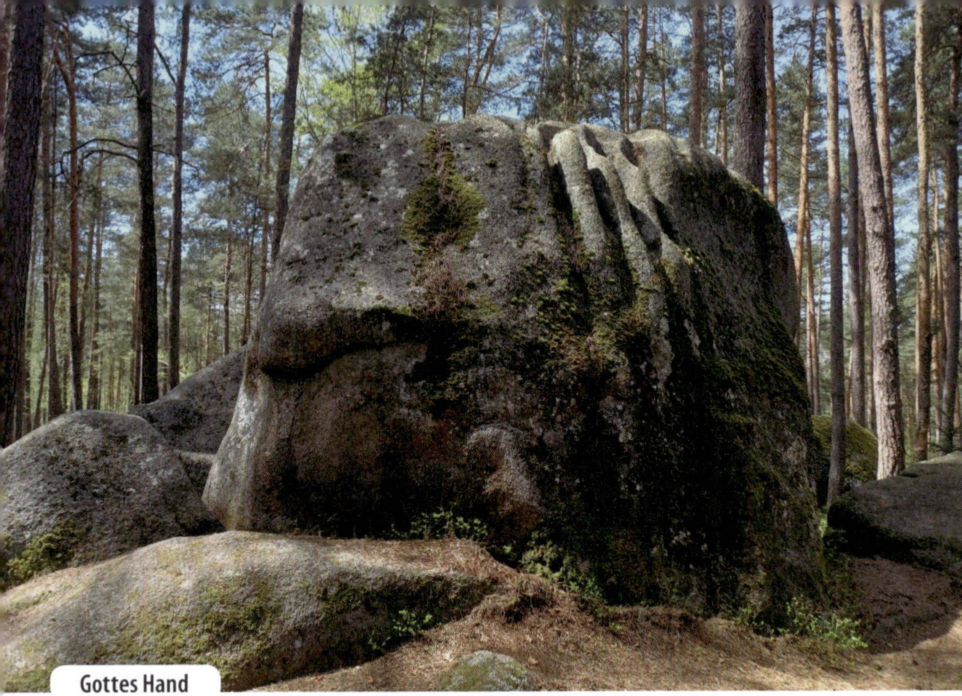

Gottes Hand

und knapp hinter dem Naturschutzgebiet bei der Burgmühle in die Luhe fließt. Das Tal erinnert an den Doost (Tour 19 „Der Findling") und das Waldnaabtal (Tour 18 „Nixengeflüster"). Wieder ziehen uns rundliche, bemooste Granitblöcke, durch die das Wasser sprudelt, in grüngoldenem Licht in ihren Bann. Kaum zu glauben, dass die kleine Lerau durch ihre Fließaktivität die Felsblöcke in Jahrtausenden von Sedimenten befreit und glatt geschliffen hat. Das Bachtal war bis in die 1930er-Jahre noch wilder und felsiger. Dann wurden die Granite für den Bau der Ostmarkstraße, der heutigen B22, abgetragen. Nur die Unterschutzstellung des Gebietes ab 1938 hat den Zauber des Tales erhalten können. An Quellen voller Edelsteine und Bergen voller Gold sind wir im Oberpfälzer Wald schon häufiger vorbeigekommen. Wer mit viel Geduld die Sedimente am Grund der Lerau siebt, kann heute auch dort noch Gold und Granat finden in einer Größe von immerhin 0,3 Millimetern!

Erst durch seinen Schliff erhält der ***Granat*** *seine typische rote Farbe. Der Halbedelstein wurde gerne zur Oberpfälzer Tracht als Schmuck getragen. Ihm werden magische Kräfte und eine heilende Wirkung auf den Träger zugesprochen.*

Der Weg schlängelt sich idyllisch am Bach entlang zur **Wolfslohklamm.** Die Bezeichnung Klamm ist sehr optimistisch – aber die Felsgruppe aus imposanten Wollsäcken ist auf jeden Fall ein weiteres Highlight der Tour. Viel zu schnell endet der Weg durchs Zaubertal. Ein letzter Blick zurück, dann schnell über die B22 durchs Burgholz den Berg hoch. Der Anstieg durch den Rotbuchenwald steigert sich auf knackige 18 Prozent. Auf einer gewissen Höhe stößt die Markierung auf einen kreuzenden Weg. Eigentlich müssten wir links herum der „1“ folgen, machen aber einen kleinen Abstecher nach rechts zum ❸ **Geotop Ehemaliger Steinbruch.** Inzwischen ist hier ein kleiner See entstanden und die Felswand am anderen Ufer nicht erreichbar. Der sogenannte Zweiglimmergranit soll einen bis zu 1 Millimeter großen Granat enthalten.

Für die Seele

Fasziniert streifen wir durchs alte Gemäuer und meinen, das ferne Klirren von Schwertern zu hören.

Schon wieder sind die Reichtümer unerreichbar für uns! Also zurück zur Markierung „1“. Links des Weges träumen wieder Granitkuppen im Baumschatten. Ein Wegweiser erinnert an eine weitere geologische Sehenswürdigkeit, das ❹ **Teufelsbutterfass.** Dabei handelt es sich um einen Felsturm aus wollsackverwittertem Granit. Es ist schwer zu glauben, dass hier kein Mensch Hand angelegt hat, so akkurat sind die Fugen. Oben hat die Korrosion – oder der Teufel? – eine Mulde in den Stein geformt, in dem sich Regenwasser sammelt. Bei passender Witterung sehen wir einen kleinen Wasserstrahl den Felsturm herabrinnen. Eine

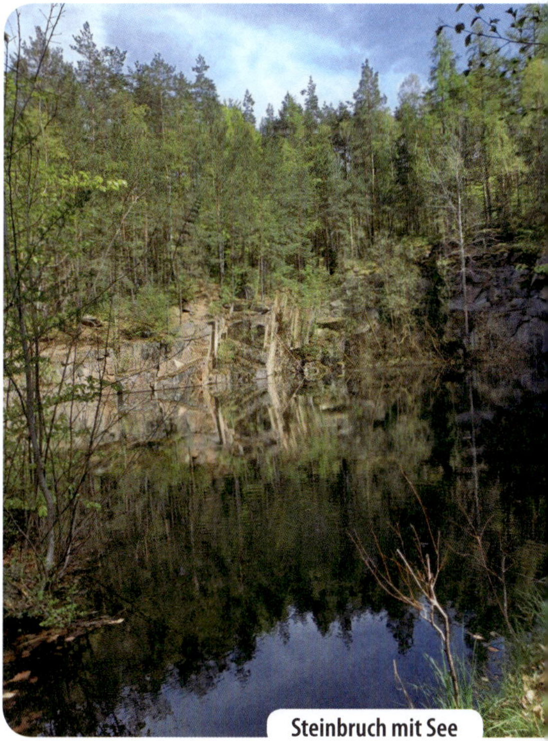

Steinbruch mit See

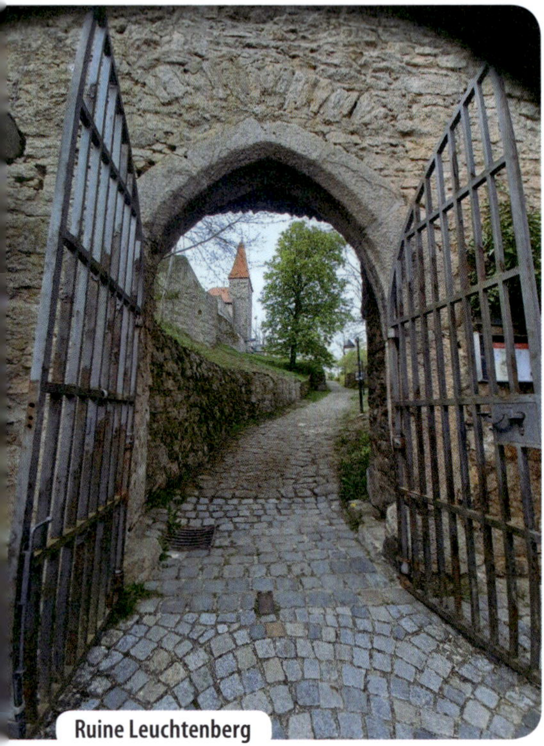

Ruine Leuchtenberg

Sage will wissen, dass der Teufel in ebendieser Mulde seine Butter rührt, der alte Feinschmecker. Behilflich sind ihm dabei einige Ratsherren aus Leuchtenberg.

Wir gehen den gleichen Weg wieder zurück bis zur „1“, die sich die letzten Höhenmeter hoch zur **5 Burgruine Leuchtenberg** schwingt. Schon von außen beeindrucken die mächtigen Mauern, Tore und Türme. Die Burgruine ist die prominenteste aller Burgruinen der Oberpfalz mit tiefen Wurzeln in der Zeitgeschichte. Erste Steine wurden wahrscheinlich schon im 10. Jahrhundert auf eine noch ältere Wehranlage gesetzt. Der umwerfende Überblick über die Landschaft und möglicherweise heranziehende Feinde war ein attraktives Standortkriterium. Das Geschlecht der Leuchtenberger hat über Jahrhunderte erfolgreich und geschichtsschreibend in der Region gewirkt. Heute noch ist der als Aussichtsturm begehbare Bergfried der Mittelpunkt der weitläufigen Anlage, die den Leuchtenberger Granit an vielen Stellen architektonisch reizvoll integriert. Das Mittelalterambiente macht die Burgkapelle begehrt für Hochzeiten und auf der Freilichtbühne finden regelmäßig Veranstaltungen statt.

Keine Burgruine ohne Sage: In den Mauern des Palas soll damals eine unkeusche junge Leuchtenbergerin lebendig eingemauert worden sein. Sensible Menschen können ihre unglücklich umherstreifende Seele wahrnehmen. Ihr unstandesgemäßer Geliebter, ein Knecht, wurde damals am Kalten Baum aufgehängt.

*Von Mitte Mai bis Ende Juli verwandelt sich der Innenhof der Burgruine mit den **Burgfestspielen Leuchtenberg** zum größten Freilichttheater Ostbayerns, gestaltet vom Ensemble des Landestheaters Oberpfalz.*

Den Kalten Baum gibt es tatsächlich, eine uralte, von noch mehr düsteren Legenden umrankte Linde im Weiler Kaltenbaum, direkt an der A6, keine 4 Kilometer von der Burg entfernt.

Durchs hintere Tor verlassen wir die Burg und laufen nun auf der Hauptstraße durch den Ort Richtung Osten, begleitet von der **Markierung „1".** Die Straße Innerer Markt geht über in Äußerer Markt. Wir wollen nach den Gotteshänden noch die Teufelskralle in Augenschein nehmen und verlassen deshalb die Markierung, um zwischen Grundschule und der Friedhofskapelle St. Sebastian rechts in die Ringelbrunnenstraße einzubiegen und dann die erste Abzweigung links zu nehmen in die Pfarrer-Reitter-Straße. Dort, wo sie einen Linksbogen beschreibt, laufen wir ein paar Schritte weiter und biegen links in einen namenlosen Fuhrweg ein, der hinter den Gebäuden zum Naturdenkmal

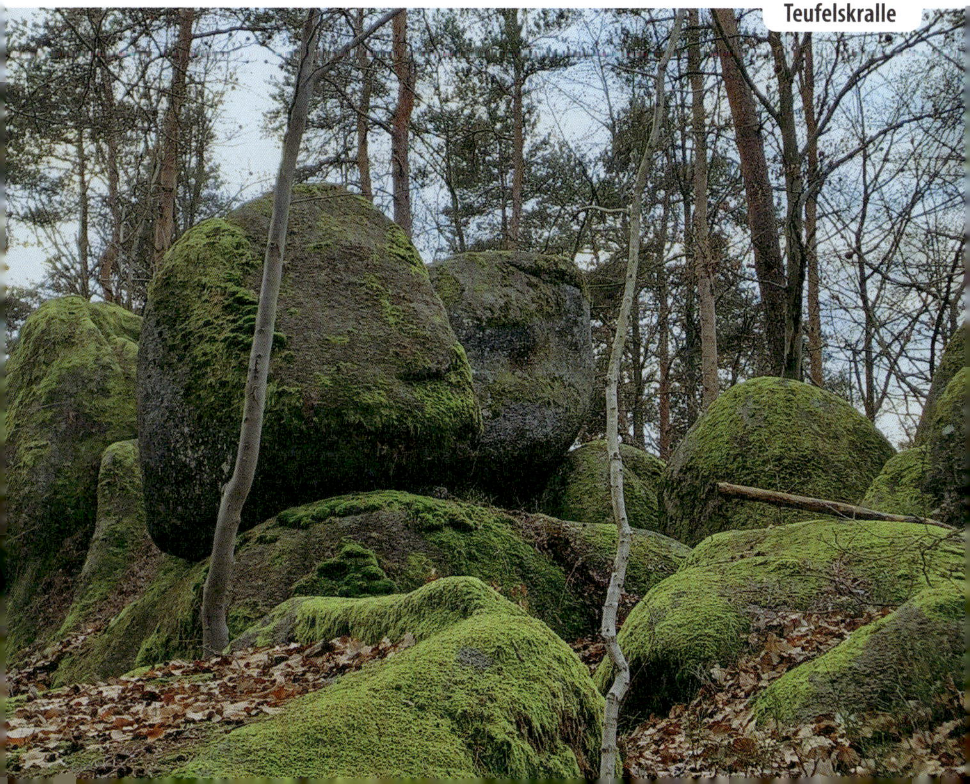
Teufelskralle

Die ***Teufelskralle*** *gibt's auch im Pflanzenreich: An den Wegrändern finden wir oft die weiß blühende Ährige Teufelskralle. Ein weiterer Name lautet Rapunzel, weil ihre Wurzeln und jungen Blätter essbar sind.*

❻ **Teufelskralle** oder Teufelspranke führt. Nach was des Teufels Kralle hier wohl tastet?

Die Straße macht eine Linksbiegung, wir biegen dann rechts in Am Hohen Stein ab, der uns auf die Hauptstraße Äußerer Markt und die Markierung „1" zurückbringt. Wir wechseln auf die linke Straßenseite, passieren den „Hohen Stein" mit eingeritztem Kreuz und biegen kurz danach links auf einen Feldweg ab. Auf halber Strecke zur B22 warten noch die ❼ **Zwillingsfelsen** darauf, Wanderer aus Leuchtenberg zu verabschieden. Wir bedanken uns bei ihnen und ihrer steinernen Familie für die vielen magischen Augenblicke des Tages. Schon sind wir an der B22 angekommen, auf der anderen Straßenseite ist der Wanderparkplatz.

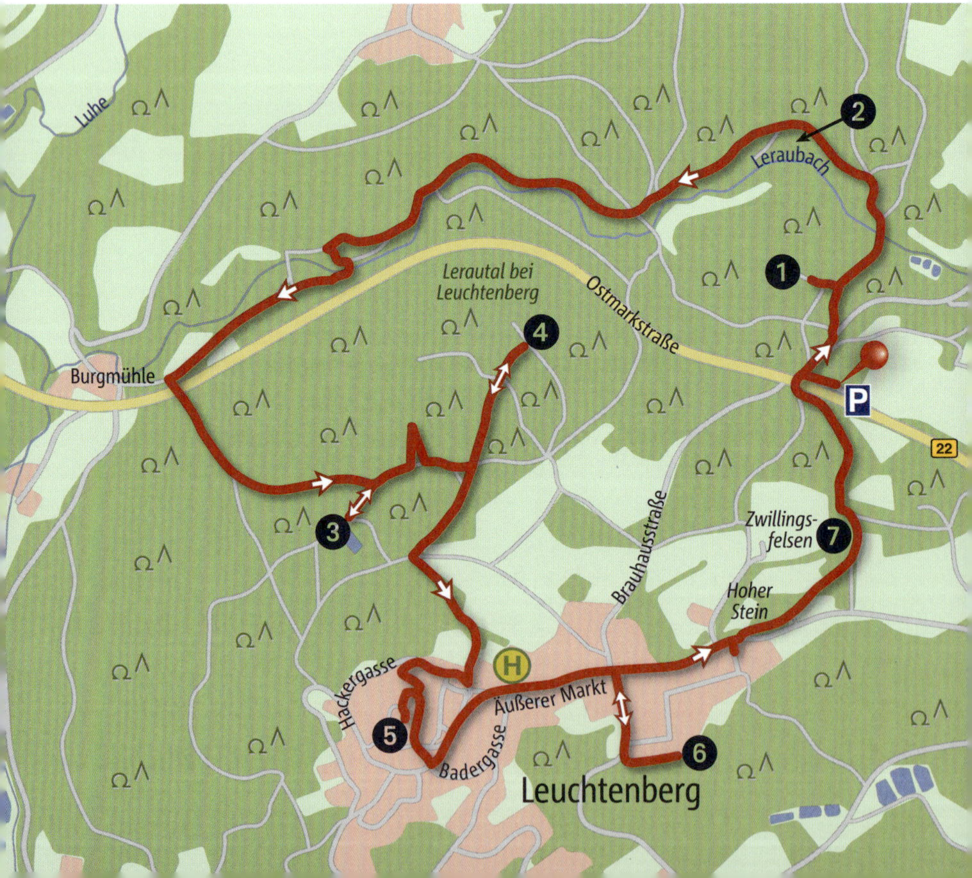

ALLES AUF EINEN BLICK

Entspannung 5/5
Abenteuer 2/5
Vielfalt 3/5

WIE & WANN

Gut ausgeschilderte Waldpfade, etwas Straße, ein steilerer Anstieg. Begehbar zu allen Jahreszeiten. Besonders schön im Frühling.

HIN & WEG

Auto: Wanderparkplatz Leuchtenberg-Blick an der B22/Glasstraße, 92705 Leuchtenberg
ÖPNV: Bus 6287 (Richtung Vohenstrauß) bis Leuchtenberg Ort oder BAXI 8434, Tel. (0 96 02) 6 37 97 97

ESSEN & ENTSPANNEN

Rucksackverpflegung einpacken.

ENTDECKEN & ERLEBEN

1. **Gottes Hände**
2. **Naturschutzgebiet Lerautal**
3. **Geotop Ehemaliger Steinbruch**
4. **Teufelsbutterfass**
5. **Burg Leuchtenberg,** Burgweg 10, 92705 Leuchtenberg, Tel. (0 96 59) 7 85, www.burgruine-leuchtenberg.de
6. **Teufelskralle**
7. **Zwillingsfelsen**

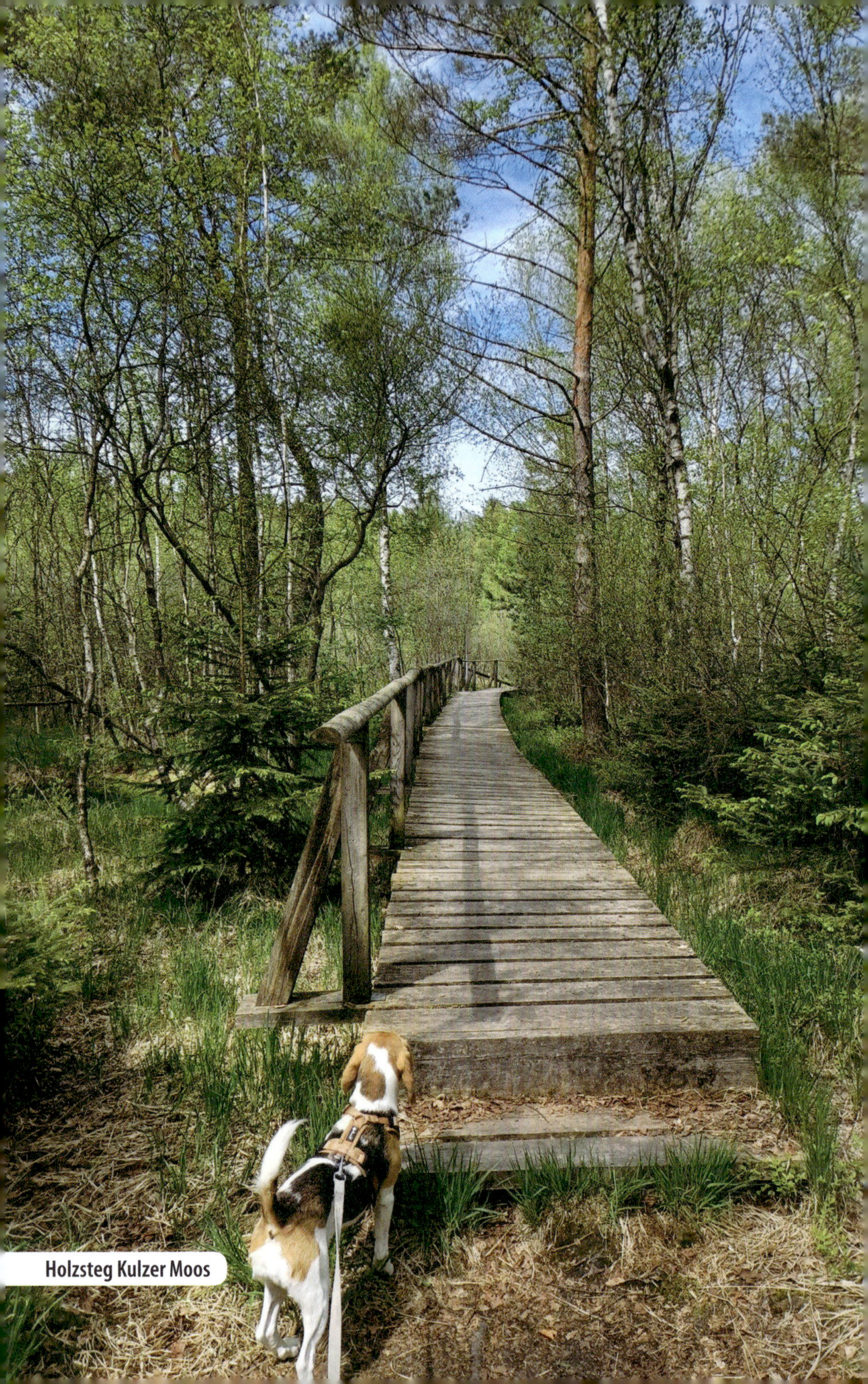

Holzsteg Kulzer Moos

Mystisches Moor

Das Kulzer Moos bei Thanstein

Ein ungewöhnlicher Landschaftsbestandteil für den Oberpfälzer Wald zieht uns heute nach **Thanstein:** Das Prackendorfer und Kulzer Moos ist das größte Flächenmoor der Oberpfalz.

Die kleine Ortschaft liegt im Landkreis Schwandorf und die knapp 1000 Einwohner verteilen sich auf Thanstein und die 16 Gemeindeteile. Das Dörfchen hat sich um die Burg Thanstein entwickelt, die vom Rittergeschlecht der Zenger (auch heute noch ein häufiger Name in der Gegend) bewohnt wurde.

Wir parken zentral am Kirchplatz und wollen als Einstieg einen Blick auf die Burgruine werfen. Dazu erklimmen wir die Stufen hinter der Kirche und betreten das Gelände der **1 Burgruine Thanstein** durch ein romantisch anmutendes Eingangstor. Ihren hiesigen Standort hat sie erst seit dem 14. Jahrhundert, es gab eine Vorgängerburg Altenthanstein, von der nur noch ein Burgstall etwa 2 Kilometer westlich oberhalb des Ortsteils Dautersdorf existiert. 1811 brannte die wehrhafte Gipfelburg bis auf den 17 Meter hohen Bergfried und einige überbaute Mauerreste ab.

Es heißt, manchmal soll um die Ruine ein seltsames Klingeln und Rasseln zu hören sein. Das stammt von einem riesigen Schatz von Goldmünzen, die von den Unterirdischen hin und her bewegt werden. Bewacht wird der Schatz vom Teufel selbst in Gestalt eines schwarzen Hundes, und allen mutigen Burschen, die ein Bergen des Schatzes versucht haben, ist es schlecht ergangen.

Kilometer: 9,3
Höhenmeter: 130
Stunden: 2,5
RUNDWEG

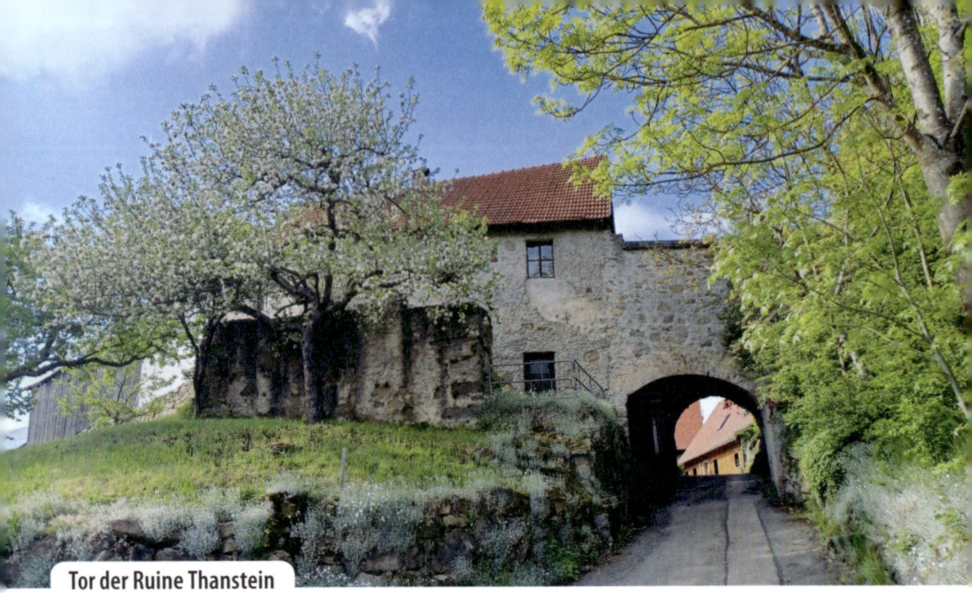

Tor der Ruine Thanstein

Jährlich wird die ***Walpurgisnacht*** *auf der von den Einheimischen „Juhe" genannten Burganlage mit Hexen, Musik und Feuer gefeiert. Jeden ersten Donnerstag im Monat findet in der Raubritterbar ein Hüttenabend statt.*

Der im 19. Jahrhundert restaurierte ❷ **Bergfried,** Wahrzeichen von Thanstein, kann kostenfrei erobert werden. Wegezoll erhebt nur ein Kartenlesegerät, das unsere Personalausweise oder Führerscheine auf Berechtigung (Alter?) checkt. Die Stufen innen sind eng, schmal und abenteuerlich, der Ausblick entschädigt dafür: Zu sehen ist der Böhmerwald im Osten, im Nordosten der Frauenstein (Tour 3 „Vergessene Burgen"), im Süden der Schwarzwihrberg (Tour 4 „Steinernes Herz").

Wieder durchs Torgebäude halten wir uns links und suchen die **Markierung „Goldsteig"** (Goldene Serpentine), die uns bis zum Moorgebiet führen wird. Entspannt schlägt der Weg einen Linksbogen um Thanstein herum durch mit Fichten durchsetzten Rotbuchenwald. Unterhalb des Bründlsteins unbedingt darauf achten, die Markierung nicht zu verlieren, die einen kleinen Zacken läuft, hier kreuzen, gabeln und überschneiden sich die Pfade etwas.

Aus dem Bodenwald heraus queren wir ein kurzes Stück Wiese und die Verbindungsstraße nach Kulz. Auf der anderen Straßenseite verschwinden wir im Bachmaierholz, kommen am Goldbacherl vorbei und werfen einen hoffnungsvollen Blick ins flache Wasser.

Zur Erinnerung: Wir befinden uns im Goldschürferland, Zufallsfunde nicht ausgeschlossen.

Der Goldsteig beschreibt einen Rechtsbogen, der Fichtenwald öffnet sich zu einem lückigen Birken-Laubmischwald. Ein Schild mit Libelle am Baum verkündet: Das **3 Prackendorfer und Kulzer Moos** ist erreicht. Wir folgen ab hier der übersichtlichen Ausschilderung durchs Moor, die sumpfig nassen Bereiche werden mit einem Holzsteg erlebbar gemacht.

Für die Seele

Die Stille der Landschaft mit ihren schwarzen Mooraugen lässt uns eintauchen in ihre mystischen Geschichten.

Das Prackendorfer Moos nimmt den westlichen Teil, das Kulzer Moos den östlichen des rund 80 Hektar großen Naturschutzgebietes ein. Die Geschichte ist recht jung. Der Torfabbau reicht etwa 200 Jahre zurück und erfolgte mühsam per Menschenhand. 3 bis 4 Meter der wertvollen Torfdecke wurden entfernt und mit Ochsenkarren über den heutigen Lehrpfad abtransportiert. Zum Vergleich: Ein Meter Torf braucht zum Entstehen bzw. Wachsen etwa 1000 Jahre. Fürs Entstehen des Torfes ist eine ganz und gar unscheinbare Pflanze verant-

Blick über Thanstein

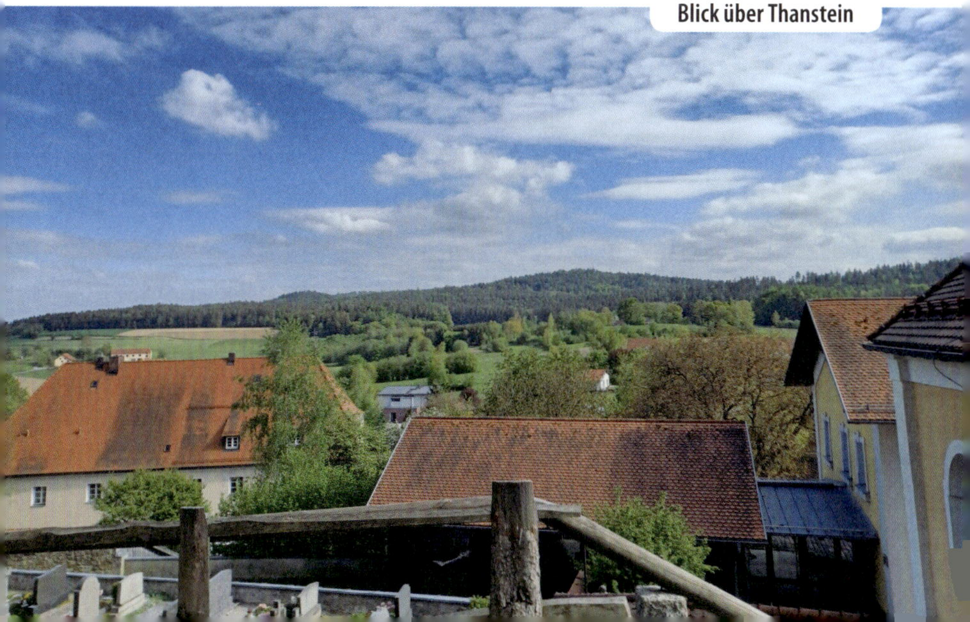

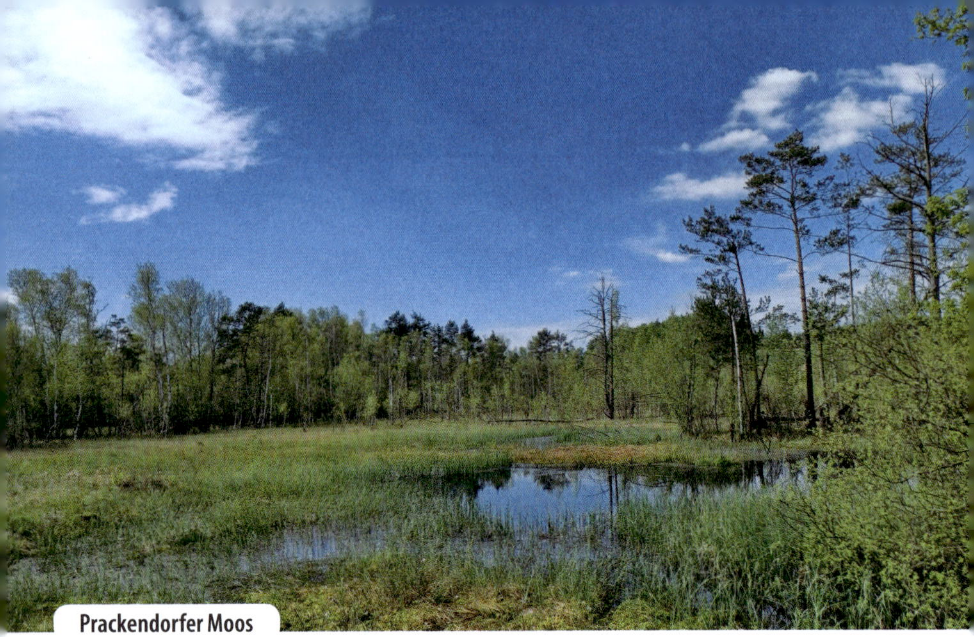

Prackendorfer Moos

Torf wurde in den vergangenen Jahrhunderten als Brennholzersatz genutzt, als es aufgrund der Übernutzung der Wälder zur Holznot in Deutschland kam. Außerdem als Dämmstoff im Häuserbau und Einstreu in Viehställen.

wortlich: das Torfmoos. 30 Arten der Sporenpflanze kommen in Deutschland vor, alle sind geschützt. Ja, liebe Leser, auch Moos darf nicht einfach dem Wald entnommen werden, es könnte eine seltene, geschützte Art sein. (Torf-)Moose haben keine Wurzeln, sie wachsen einfach in die Höhe und der untere Teil stirbt ab, verrottet aber nicht, sondern wird in Jahrhunderten durch natürliche Vorgänge zu Torf gepresst.

Der Torfabbau wurde im Zuge moderner Heizmöglichkeiten unrentabel und in den 1960er-Jahren des letzten Jahrhunderts aufgegeben. Seit 1987 ist das Gelände Naturschutzgebiet. Wir spazieren durch eine Pfeifengrasbrache. Mit dem namensgebenden Gras wurden früher Pfeifen gereinigt und auch Besen gebunden. Die Herbstmahd führte zu einer Nährstoffarmut im Boden, die nur spezielle Pflanzen aushalten, wie die Knabenkräuter (Orchideen) oder der Lungenenzian. Es folgen ein Zwischen- und Niedermoor und ein Birkenmoorwald mit Moorbirken, die extrem nährstoffarme Standorte aushalten.

Der Reichtum an spezialisierten Pflanzen ist hier größer als der an Tierarten. Das Wasser ist zu sauer für Amphibien, für Schmetterlinge und andere Bestäuber gibt es relativ wenig Blühpflanzen. Trotzdem kann hier der seltene Trauermantel vorbeischaukeln oder der Ameisenbläuling. Libellen schwirren in großer Zahl herum und aus dem dichten Bruchwalddschungel pfeifen Buchfink, Baumpieper und Zilpzalp heraus. Seltene Vogelarten wie der Schwarzstorch oder die Waldschnepfe haben das Kleinod ebenfalls als Habitat wiederentdeckt.

Wir verlassen Holzsteg und Kulzer Moos und folgen der **Lehrpfadausschilderung** in einem Linksbogen um ein Fichtenwäldchen, um weiter westlich wieder im Prackendorfer Moos zu laufen. Hier wurde der Torfabbau später begonnen und es hat sich eine etwas andere Flora entwickelt. Das Quellwasser aus den südlich gelegenen Bergen ist nicht so sauer, was einen Erlenbruchwald möglich macht. Erlen halten nasse, überschwemmte Standorte gut aus. Mit Knöllchenbakterien in ihren Wurzeln können sie Stickstoff herstellen und so auch an schwierigen Standorten überleben.

*Die Blätter der **Erle** wurden früher heilkundlich genutzt. Aufgrund des hohen Gerbstoffgehaltes halfen sie als Gurgelmittel bei Hals- und Zahnfleischentzündungen, aber auch als Abstilltee oder, kombiniert, als Stärkungsmittel für Frauen.*

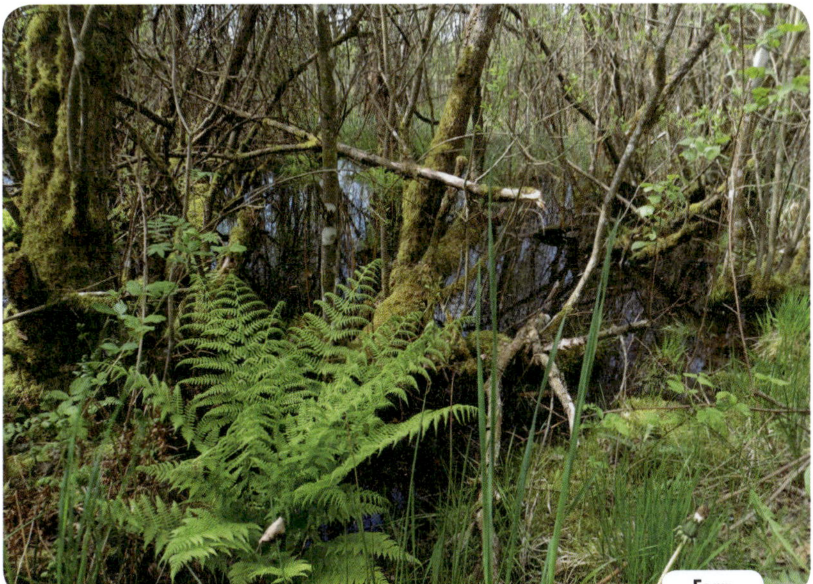

Farn

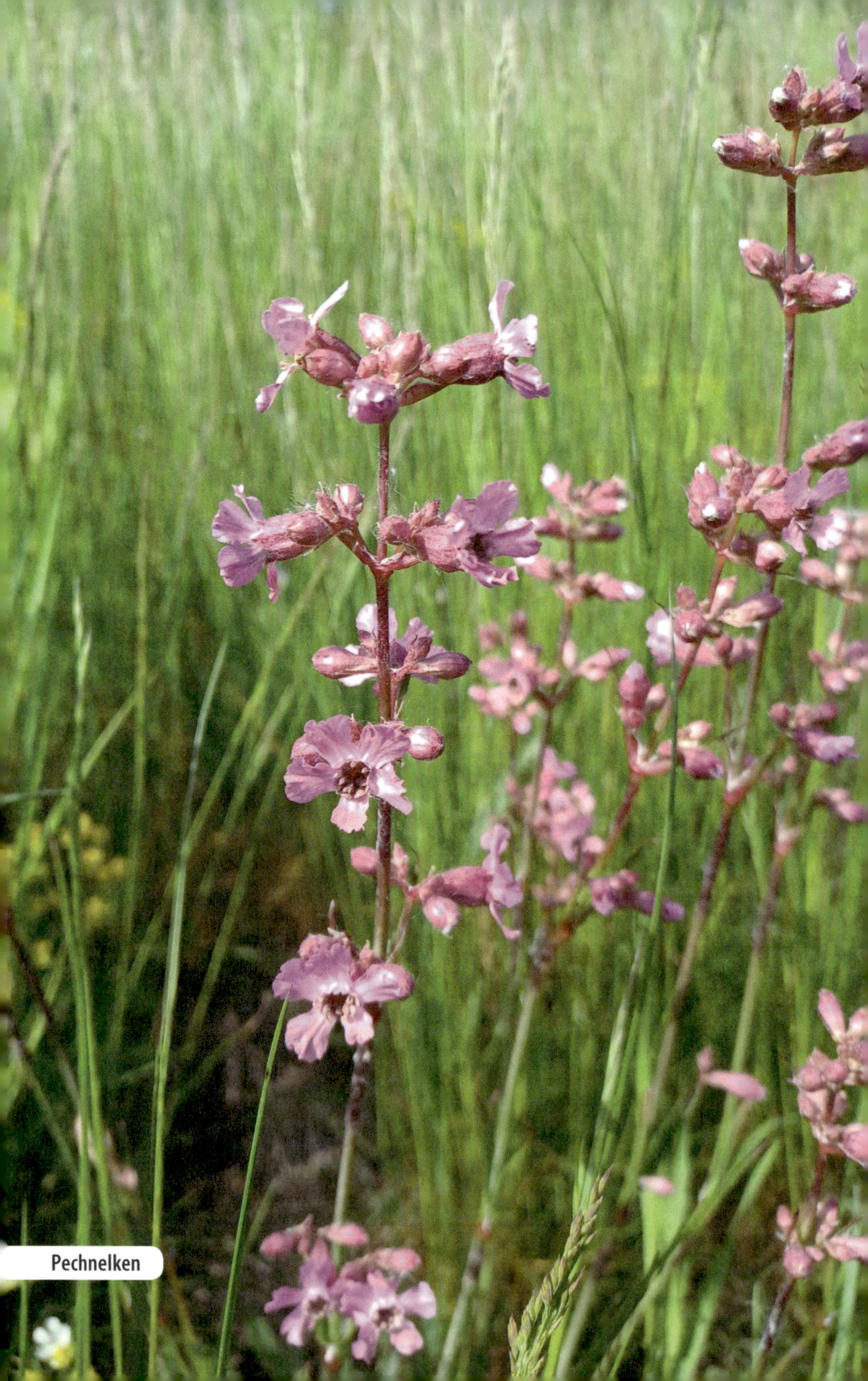

Pechnelken

Natürlich hat das Moor auch seine Geister. Zwei Schwestern gehen hier ruhelos herum auf der Suche nach ihren jüngeren Geschwistern, die sich auf dem Weg zu ihrem torfabbauenden Vater hier verirrten und ertranken.

Wir sind wieder bei dem Libellenschild angekommen und laufen die Goldsteig-Kurve zurück bis zu einem breiten Weg, der nach rechts abzweigt, leicht bergauf. Links und rechts dösen moosbedeckte Granitblöcke unter den Fichten. Der Weg bringt uns nach wenigen Metern auf die Markierung „K4“ (Kulz 4), der wir auf einem breiten Forstweg bis zur Verbindungsstraße nach Kulz folgen. Rechts von uns (südlich) erhebt sich der **Alte Thanstein,** jene Bergkuppe, auf der sich mit kundigem Auge noch der Burgstall der Burg Altenthanstein erkennen lässt. Eine weiße Frau kann hier dem Wanderer erscheinen und ihn weinend ein Stück weit Richtung Thanstein begleiten. Wir bleiben unbehelligt.

Heute laufen wir zum großen Teil auf dem ***Goldsteig,*** *der mit 660 Kilometern der längste und vielfältigste Qualitätswanderweg Deutschlands ist. Der Oberpfälzer Teil beginnt in Marktredwitz und teilt sich bei Thanstein in zwei Routen, die dann durch den Bayerischen Wald weiterführen.*

Die Straße laufen wir ein paar Meter links entlang und dann rechter Hand auf eine schmale Teerstraße,

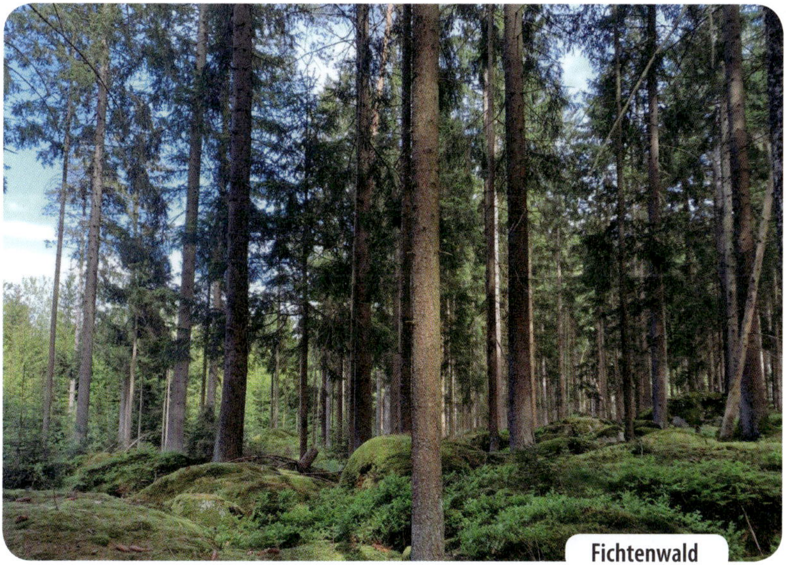

Fichtenwald

die uns bis nach Thanstein zurückbringt. Richtung Süden öffnet sich ein harmonischer Weitblick auf die Hügellandschaft. K4 verabschiedet sich nach links in den Wald, wir verbleiben an der dortigen Aussichtsbank „Platz der Ruhe“ und genießen das spätnachmittägliche Sonnenlicht.

Auf den letzten Metern passieren wir ein Marterl unter Birken, am Ortsrand von Thanstein eine kleine Kapelle und erreichen nun von der anderen Seite die Anlage der Burgruine. Durch den Torbogen und an der Kirche vorbei sind wir schon am Parkplatz. Leider ist heute kein Wochenende, sonst hätten wir diese entspannte Tour gerne im ④ **Wintergarten-Café** unten an der Straße mit Kaffee und Kuchen gefeiert.

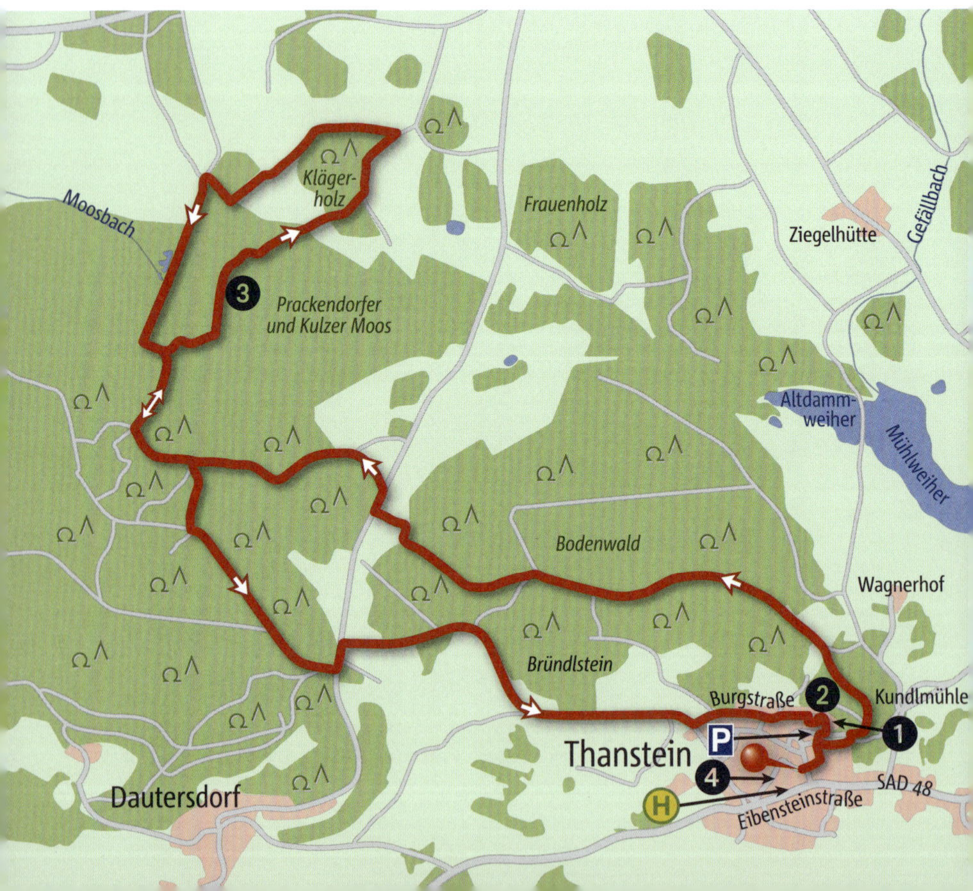

ALLES AUF EINEN BLICK

Entspannung 5/5
Abenteuer 2/5
Vielfalt 5/5

WIE & WANN

Gut ausgeschilderte, bequeme Waldpfade und Forstwege, durchs Moor führt ein Holzsteg. Ganzjährig begehbar. Besonders schön im Herbst.

HIN & WEG

Auto: Wanderparkplatz Kirchplatz (vor der Kirche Johannes der Täufer), 92554 Thanstein
ÖPNV: Bus 430 (Richtung Waldmünchen) bis Thanstein oder BAXI 8407, Tel. (0 94 31) 8 02 80 05

ESSEN & ENTSPANNEN

4 **Wintergarten-Café,** Eibensteinstraße 5, 92554 Thanstein, Tel. (0 96 76) 3 39

ENTDECKEN & ERLEBEN

1 **Burgruine Thanstein**
2 **Bergfried**
3 **Prackendorfer und Kulzer Moos**

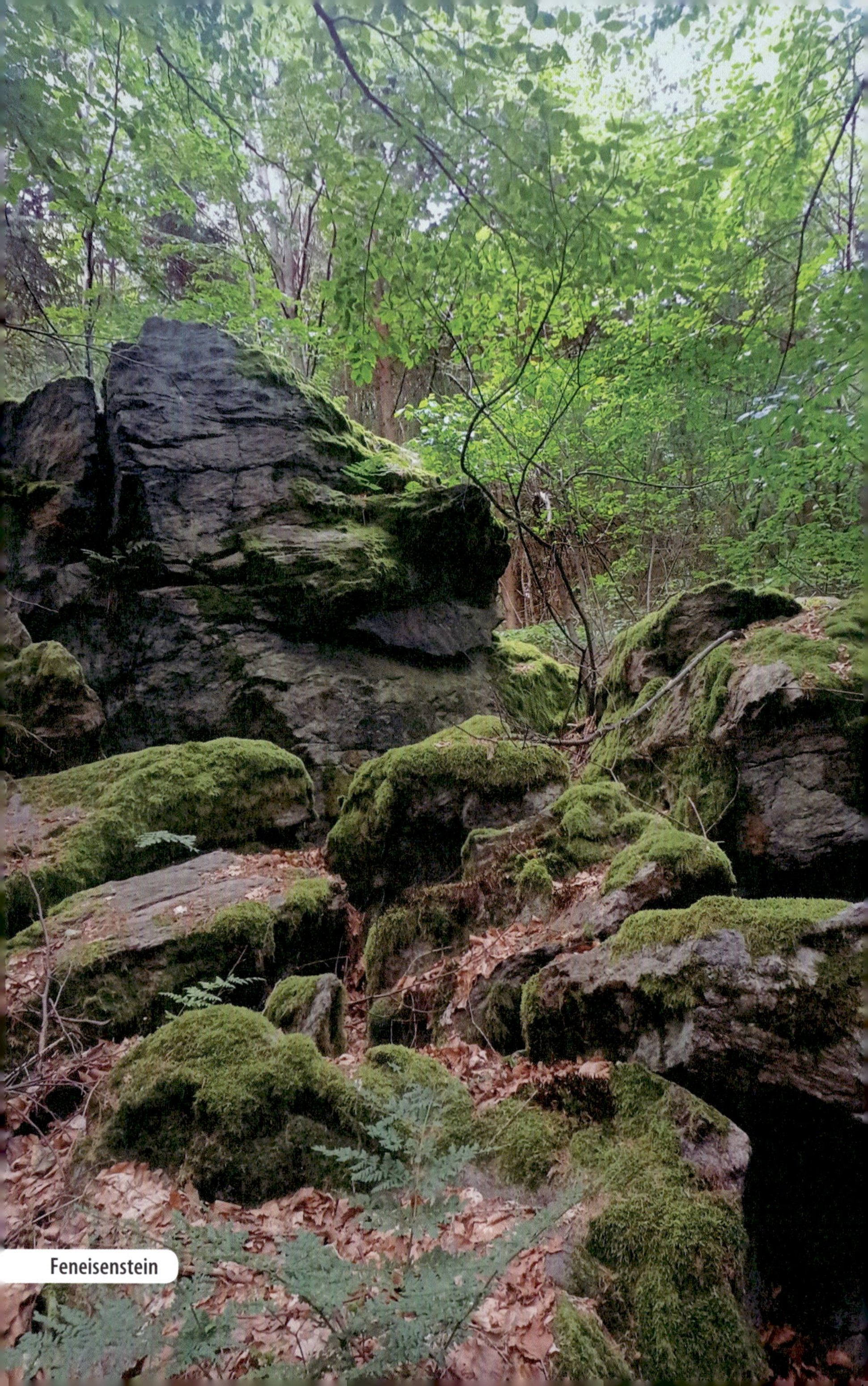

Feneisenstein

Goldmarie

Der Fahrenberg bei Pleystein

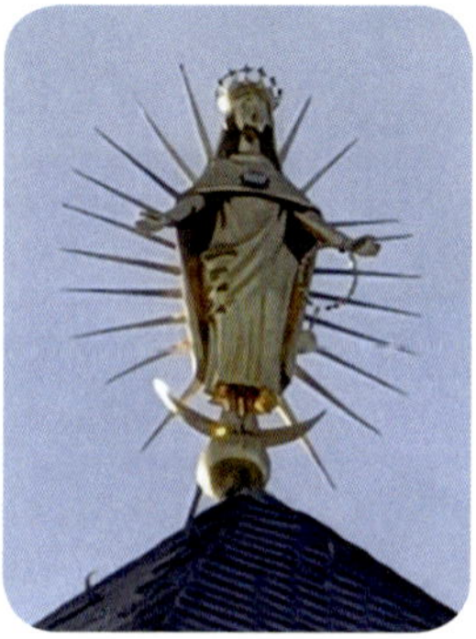

Pleystein liegt ziemlich genau in der Mitte des Oberpfälzer Waldes auf der Nord-Süd-Achse, dafür weit östlich, gewissermaßen in Rufweite der tschechischen Grenze, eingebettet im idyllischen Zottbachtal. Die Kleinstadt gehört zum Landkreis Neustadt an der Waldnaab. Der 801 Meter hohe Fahrenberg begrenzt das Stadtgebiet im Nordwesten. Der Name Pleystein leitet sich vom althochdeutschen „pleyen“ (= leuchten/glänzen) her und bezieht sich auf das geologische Highlight im Stadtzentrum, den rosa schimmernden Quarzfelsen.

Wir parken zentral am Marktplatz Pleystein. Auf dem Weg zum leuchtenden Berg machen wir halt bei der **1 Bäckerei Enslein** in der Altstadt. Seit fast 150 Jahren backt und verkauft der Familienbetrieb mit nostalgischem Café köstliche Backwaren in herzhafter und süßer Variante. Je nach Wochentag gibt's unterschiedliche Brote, alle lecker. Wir decken uns für unsere Wanderung üppig ein.

Das nächste Highlight des Tages ist der **2 Kreuzberg Pleystein,** gekrönt von der römisch-katholischen Wallfahrtskirche Heiligkreuz. Es lohnt sich, den ungefähr 35 Meter hohen Quarzfelsstock langsam zu umrunden und die Details ins Auge zu fassen. Der harte Kern des Berges besteht aus hellem Rauchquarz und weißem Milchquarz. Berühmt wurde Pleystein durch den Fund des rosafarbenen Rosenquarzes. Dieser wurde über mehrere Jahrzehnte derart exzessiv für die Porzellan- und Glasherstellung abgebaut, dass der Berg zu verschwinden drohte. Ab 1920 wurde der Abbau verboten,

Kilometer: 12
Höhenmeter: 330
Stunden: 305
RUNDWEG

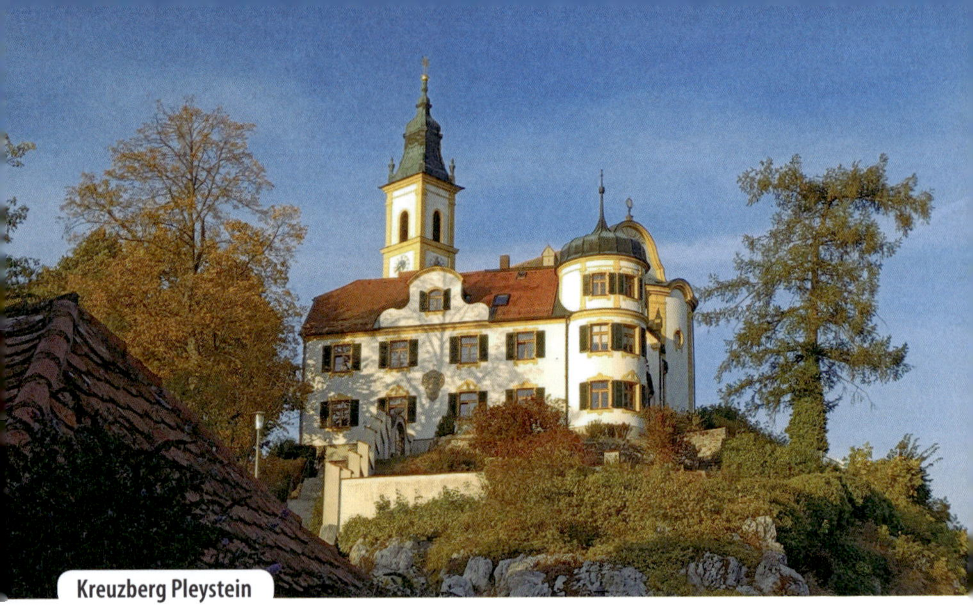

Kreuzberg Pleystein

Pegmatit *heißt der Quarz, aus dem der Pleystein besteht. Dabei handelt es sich um eine relativ seltene Gesteinsgruppe, die bei magmatischer Gesteinsschmelze entsteht.*

heute steht der Kreuzberg als Naturdenkmal unter Schutz und gilt als wissenschaftliches Referenzobjekt. Tatsächlich schimmert das Gestein je nach Sonneneinstrahlung pastellfarben. Wir meinen, Rosatöne zu sehen. Ein Berg aus Halbedelsteinen, das klingt wie im Märchen und ist wirklich einmalig.

Schon mal vor Ort, erklimmen wir die Stufen des **Kreuzweges** zur Wallfahrtskirche, die im 13. Jahrhundert als Burganlage begann. Der heutige Bau wurde nach einem vernichtenden Brand im Jahr 1901 im Barockstil neu errichtet. Vom Kirchenvorplatz haben wir eine herrliche Aussicht über Pleystein bis zum Fahrenberg, unserem heutigen Tagesziel.

Nach der kleinen Starterrunde kehren wir zurück zum Marktplatz und laufen die **Neuenhammerstraße** (Richtung Norden) aus dem Ort hinaus. Unsere Markierung sind für den kompletten Weg zwei unterschiedlich große rote Punkte nebeneinander. Die Neuenhammerstraße endet an der Verbindungsstraße nach Georgenberg, links ist ein Discounter.

Auf der anderen Straßenseite schlendern wir die Straße **Am Sonnenhang** leicht bergan, kommen an einer verlassenen und zuwachsenden Hotelanlage vorbei und biegen oberhalb rechts in eine Feld- und

Wiesenlandschaft ab. Gemächlich geht es auf die bewaldeten Ausläufer des Fahrenberges zu.

Direkt am Waldanfang offeriert uns der Wegweiser zwei Möglichkeiten, den roten Doppelpunkt zu laufen. Wir nehmen die linke Seite: „Fahrenberg 2,5 Kilometer" (von rechts werden wir zurückkommen). Durch lichten Fichtenwald geht es auf dem wenig begangenen Weg weiter leicht bergauf. Wir atmen tief die gute Luft ein und genießen es, den Wald ganz für uns zu haben. Noch sieht man es nicht, aber der Fichtenwald wird in naturnahen und klimastabilen Mischwald umgebaut.

Für die Seele

Die Ruhe und Kraft, die dieser Ort unter dem Blick der goldenen Maria ausstrahlt, stärkt unsere Seele.

Das letzte Stück bis zum ③ **Aussichtspunkt** führt der Doppelpunkt am Waldrand entlang. Rechts von uns entfaltet sich die wellige, idyllische Landschaft des Oberpfälzer Waldes. Oben, an der kleinen Teerstraße angekommen, lohnt sich ein Abstecher nach rechts zur Aussichtsbank unter alten Buchen, errichtet von einem Oberpfälzer, der seine Region offenbar sehr liebt(e). Ein schöner Platz für eine kleine Atempause.

*Im Nadelwald atmen wir vor allem **Terpenoide** ein. Was die Bäume schützt und stärkt, tut auch unserem Immunsystem gut: Es produziert mehr Killerzellen, die Jagd auf Krankheitserreger machen.*

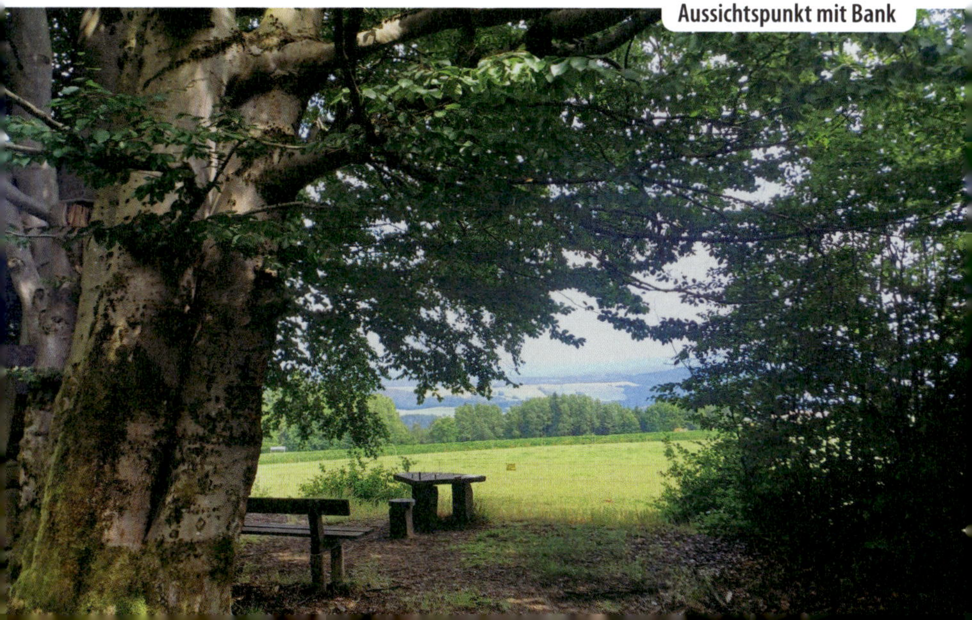

Aussichtspunkt mit Bank

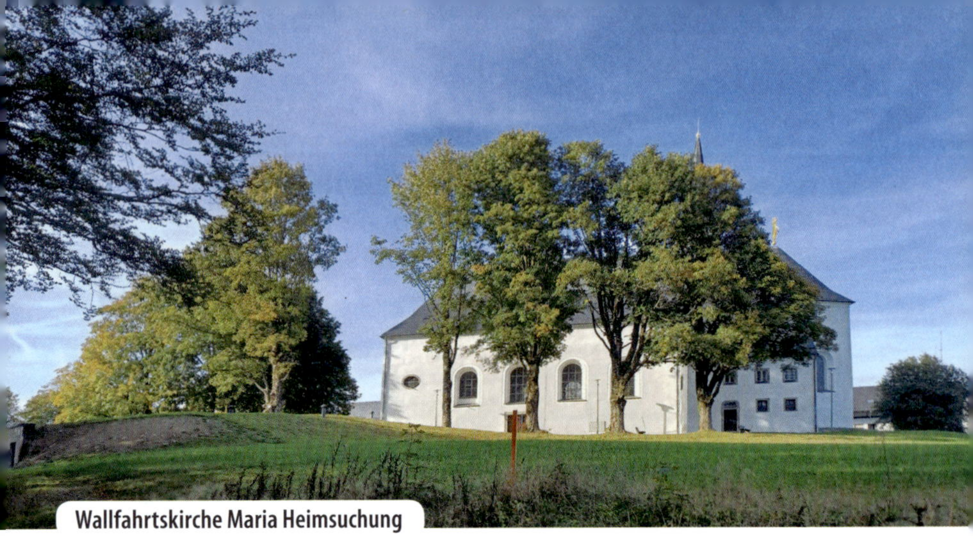

Wallfahrtskirche Maria Heimsuchung

Dann queren wir die Straße, um die letzten 50 Höhenmeter zu machen. Auf halber Strecke weist ein kleines Holzschild nach rechts in den Wald Richtung **4 Naturdenkmal Feneisenstein.** Nach etwa 50 Metern entdecken wir im Berghang das versteckte und selten erwähnte Naturdenkmal. Es entfaltet seine Faszination aus schroffem Gestein und weichen Moospolstern erst, wenn man es einmal umrundet. Geologen sprechen von „verfaltetem moldanubischen Biotitgneis". Er erinnert daran, dass der die ganze Umgebung beherrschende Fahrenberg überwiegend aus Gneis aufgebaut ist.

Wir rechnen halb damit, dass gleich entweder ein Troll oder ein Zwerg um die Ecke biegen und uns fragen, was wir hier wollen.

Die Kuppe des Fahrenberges ist waldfrei. Auf ihrem höchsten Punkt steht, von Bergahorn umgeben, die **5 Wallfahrtskirche Maria Heimsuchung,** daneben der **6 Berggasthof Weig.** Wir befinden uns am ältesten Wallfahrtsort Bayerns, der schon 200 Jahre vor Altötting aufgesucht wurde. Auch hier stand im 13. Jahrhundert erst mal eine Burg, bevor ein Tempelritter eine Marienfigur mitbrachte und in einer kleinen Kapelle aufstellte. Der Ort entwickelte sich zu einem Zentrum der Marienfrömmigkeit in der Oberpfalz, der auch Pilger aus dem benachbarten Böhmen anzog. Uns beeindruckt besonders die etwa 3 Meter hohe, vergoldete Marienstatue auf dem Dachfirst der Kirche. Sie steht auf einer Mondsichel und einem Sonnenball. Die „Friedensmadonna" ist relativ neu, sie wurde während des Kalten Krieges von einem Bischof aufgestellt. Sie blickt nach Osten, nach Tschechien, als Symbol der Freundschaft und des Friedens.

Der Berggasthof Weig – mit eigener Metzgerei und bekannt für seine Schlachtschüsseln – hat heute Ruhetag. Deshalb nehmen wir Platz auf einer der Bänke unterm Bergahorn und packen unsere Brotzeit aus.

Gut gestärkt geht es ab jetzt nur noch bergab. Der rote Doppelpunkt verschwindet Richtung Osten im Wald, den Skilift lassen wir links liegen. Aufgepasst im **Weiler Bibershof!** Hier gabelt sich die Markierung verwirrend. Wir biegen rechts ab und laufen durch die beiden Ortsteile von Bibershof. Kurz hinter den letzten Häusern macht die Markierung einen Schwenk wieder in den Wald hinein. Auf bequemen Wald- und Forstwegen spazieren wir bergab, bis wir wieder am Fuße des Fahrenbergausläufers ankommen mit jenem Wegweiser.

*Eine klassische **Oberpfälzer Schlachtschüssel** beinhaltet frische Leber-, Blut- und Bratwürste mit Kesselfleisch, Sauerkraut, Dotsch und frischem Brot. Eine deftige Delikatesse für Fleischliebhaber.*

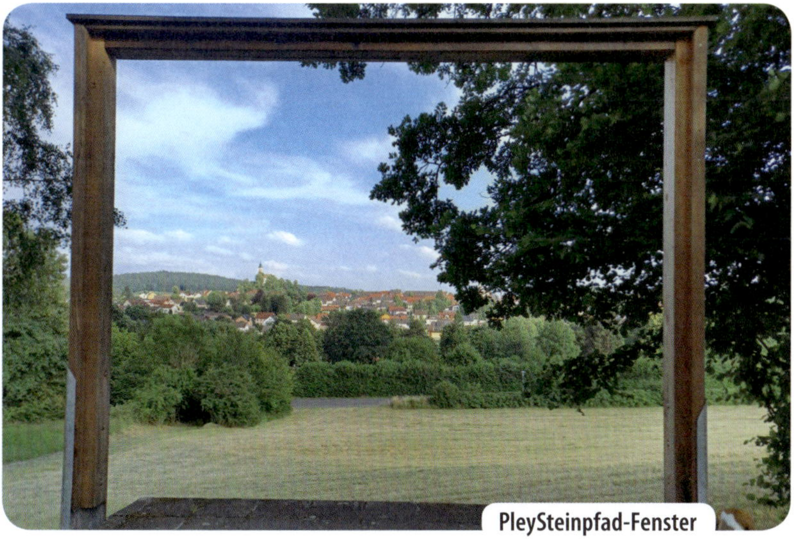

PleySteinpfad-Fenster

*Für **Pilzeinsteiger:** Hände weg von Lamellenpilzen und bei den „Schwammerln" mit den Röhren bleiben wie Maronenröhrling. Unter den Röhrenpilzen gibt es keine tödlich giftigen Arten.*

Wir laufen die gleiche Strecke auf der wenig bis gar nicht befahrenen Teerstraße zurück. Hinter dem verlassenen Hotelgelände macht eine Infotafel auf den **7 PleySteinpfad** aufmerksam, einen geologischen Lehrpfad, der noch mal zusammenfasst, was wir bei unseren Touren durch den Oberpfälzer Wald alles unter unseren Füßen oder vor Augen haben: Gneise, Biotite, Kalksilikate und ganz viel Granit. Wir machen einen Schwenk über den Erlebnispfad und laufen dann über die Neuenhammerstraße zurück zum Marktplatz.

Voller neuer Eindrücke und herrlicher Erinnerungen verlassen wir die „Stadt am glänzenden Stein" und die Goldmarie auf dem Fahrenberg.

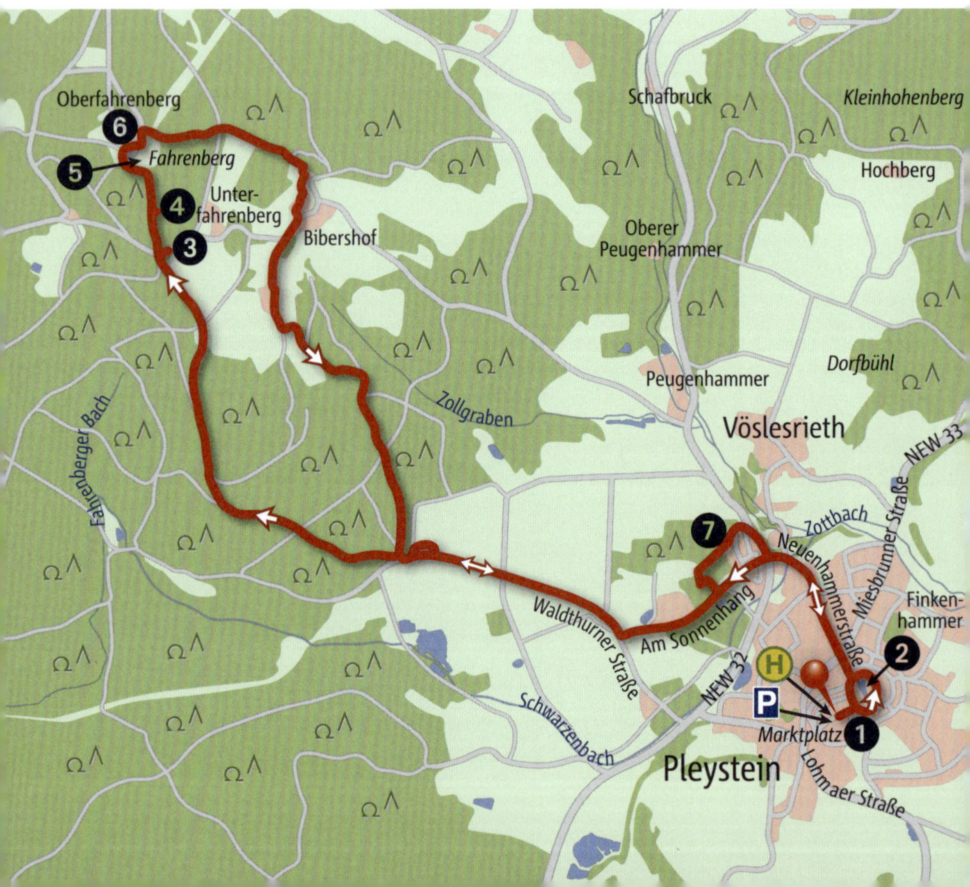

ALLES AUF EINEN BLICK

Entspannung 5/5
Abenteuer 3/5
Vielfalt 3/5

WIE & WANN

Gut ausgeschilderte, bequeme Feld-, Wald- und Wiesenwege.
Ganzjährig gut begehbar. Besonders schön im Herbst.

HIN & WEG

Auto: Parkplatz auf dem Marktplatz, 92714 Pleystein
ÖPNV: Bus 6291 (Richtung Eslarn Bf.) bis Marktplatz Pleystein

ESSEN & ENTSPANNEN

1 **Bäckerei Enslein,** Altstadt 4, 92714 Pleystein, Tel. (0 96 54) 2 05
6 **Berggasthof Weig,** Oberfahrenberg 1, 92727 Waldthurn, Tel. (0 96 54) 14 83, www.berggasthof-weig.de

ENTDECKEN & ERLEBEN

2 **Kreuzberg Pleystein**
3 **Aussichtspunkt**
4 **Naturdenkmal Feneisenstein**
5 **Wallfahrtskirche Maria Heimsuchung**
7 **PleySteinpfad,** Schullandheimweg 11, 92714 Pleystein

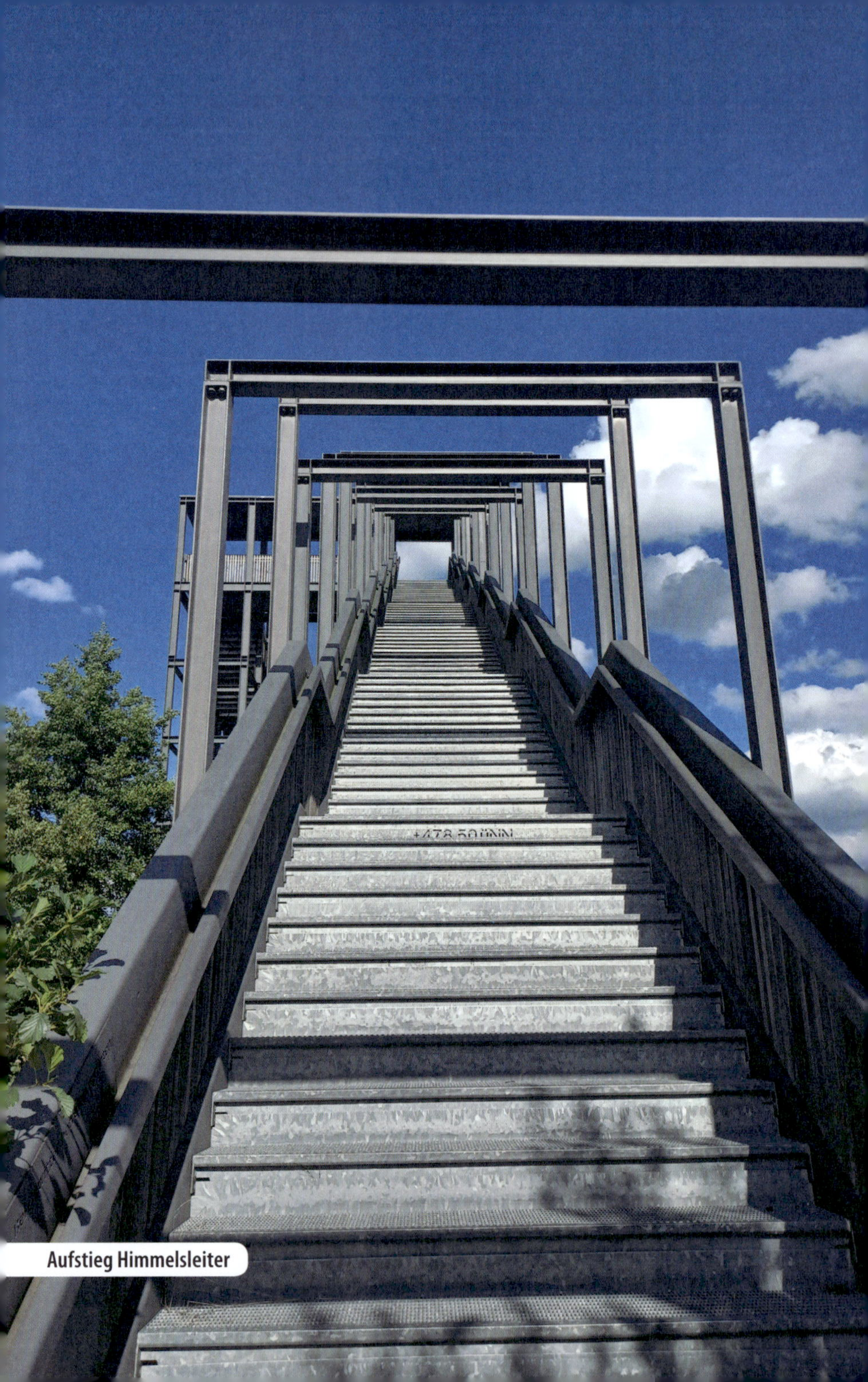

Aufstieg Himmelsleiter

Bunte Karpfenwelt

Teichpfanne bei Tirschenreuth

Uns ist heute nach einer einfachen Wanderung ohne Steigungen mit viel offener Landschaft. Da sind wir in der sogenannten Teichpfanne bei Tirschenreuth genau richtig, mit 70 Höhenmetern erreichen wir fast Flachlandniveau. Egal ob mit Auto oder Bus – schon auf dem Weg zum Startpunkt fallen um und in **Tirschenreuth** knallbunt bemalte Karpfenskulpturen mit fast 3 Meter Länge auf. Sie stehen vor Wohnhäusern, an Kreisverkehren, vor Schulen und in Parkanlagen. Jede Skulptur ist mit anderen Motiven, Mustern oder Schriftzügen oder einer Kombination von allem bemalt. Es handelt sich dabei um die **„Phantastischen Karpfen"**, eine Initiative aus Kemnath. Einheimische Künstler haben mehrere Hundert Exemplare des Kultfisches in Szene gesetzt und im gesamten Karpfengebiet verteilt.

Der Wanderparkplatz am Ende der Kornbühlstraße macht mit den Infotafeln den Einstieg in die Karpfenwelt angenehm einfach.

Touristisch wird gerne vom **Land der 1000 Teiche** gesprochen oder der Teichpfanne – tatsächlich sind es knapp 4000 Teiche im Landkreis Tirschenreuth. Und die sind nur ein übrig gebliebener und teils wiederbelebter Teil der ursprünglich im 12. Jahrhundert vom Kloster Waldsassen angelegten Karpfenteiche. Trotzdem ist es eines der größten zusammenhängenden Teichgebiete Deutschlands und auch die älteste und größte Kulturlandschaft. Die Karpfenteichwirtschaft gehört wie das Zoigl zum immateriellen Kulturerbe der UNESCO.

*Jährlich finden in Tirschenreuth während der Abfischzeit der Karpfenteiche von Ende September bis Mitte Oktober die **Erlebniswochen Fisch,** unter anderem mit Grill- und Kochkursen, statt.*

Kilometer: 7,4
Höhenmeter: 70
Stunden: 2
RUNDWEG

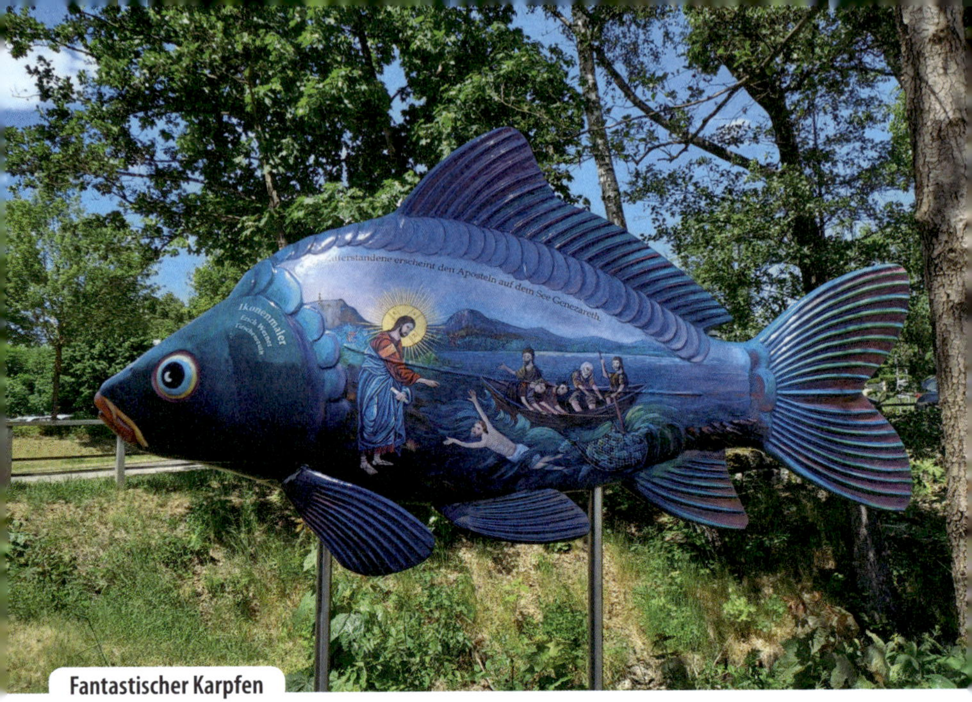

Fantastischer Karpfen

*Die weiblichen Karpfen heißen im **Fachjargon** Rogner, die männlichen Fische Milchner. Mindestens 2 Jahre alt und 500 Gramm schwer sollte ein Speisekarpfen sein.*

*Im Unterschied zum See ist ein **Teich** ein von Menschenhand geschaffenes, stehendes Gewässer, das gezielt befüllt und entleert wird.*

Eine Handvoll dieser wertvollen Teiche wollen wir uns heute ansehen. Wir gehen auf den Vizinalbahnradweg oberhalb des Parkplatzes, wählen die **Markierung „5"** (Rote Fünf in weißem Kreis) aus und laufen nach links los. Rechter Hand hinterm Zaun erstreckt sich ein Firmengelände, linker Hand die Auenlandschaft der Tirschenreuther Waldnaab mit Weiden und Feuchtwiesen. Sturm- und Windbruch an beiden Seiten des Weges werden absichtlich liegen gelassen, um Artenreichtum und Versteckmöglichkeiten für Wildtiere zu fördern. Am Waldrand biegt die „5" nach rechts ab, auch auf Tschechisch ausgeschildert, wir befinden uns im Grenzgebiet. Einige Hundert Meter geradeaus weiter zwischen Firmenzaun und Nadelwald geht es am Ende des Firmengeländes links entlang und wir stehen vor den ersten Teichen.

Die „5" lotst kundig im Zickzackkurs über Wirtschaftswege und Teichdämme durch das Gebiet. Ein Karpfenteich ist durchschnittlich 1 Meter tief. Normalerweise werden Teichketten angelegt, beim Wasserablassen im Herbst fließt das Wasser dann von einem in den nächsten Teich. Die 1 **Teichpfanne** entwässert in die Waldnaab und diese dann in die Donau. Es gibt verschiedenste Arten von Karpfenteichen – spezielle Laichgewässer, Anzuchtteiche und Teiche für erwachsene Fische. 95 Prozent der hiesigen Teiche werden für die Karpfenzucht genutzt, der Rest darf gezielt verwildern.

Für die Seele

Wir freuen uns am Ergebnis von zeitgemäßem Naturschutz in Verbindung mit Tradition und Geschichte.

Die verschiedenen Teicharten begünstigen wiederum unterschiedliche Vegetationen, unter anderem am Teichboden, die ihrerseits speziellen Tierarten Nahrung bietet. Wir befinden uns nämlich außerdem im Herzen des 2 **Naturschutzgroßprojektes Waldnaabaue,** das insgesamt 32.000 Hektar Land mit einem Mosaik aus Feuchtwiesen und Moorwäldern umfasst und 2000 gestartet wurde. Die nachhaltige Bewirtschaftung der Teiche ermöglicht eine wertvolle Artenvielfalt, die in den umliegenden Wirtschaftswäldern aus Fichtenmonokulturen nicht möglich wäre. So wurde zum Beispiel ein spezielles Teichmanagement entwickelt,

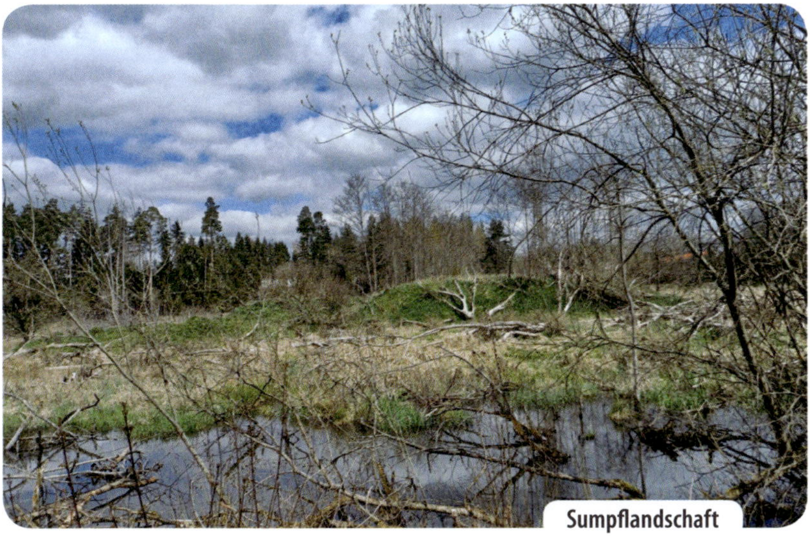

Sumpflandschaft

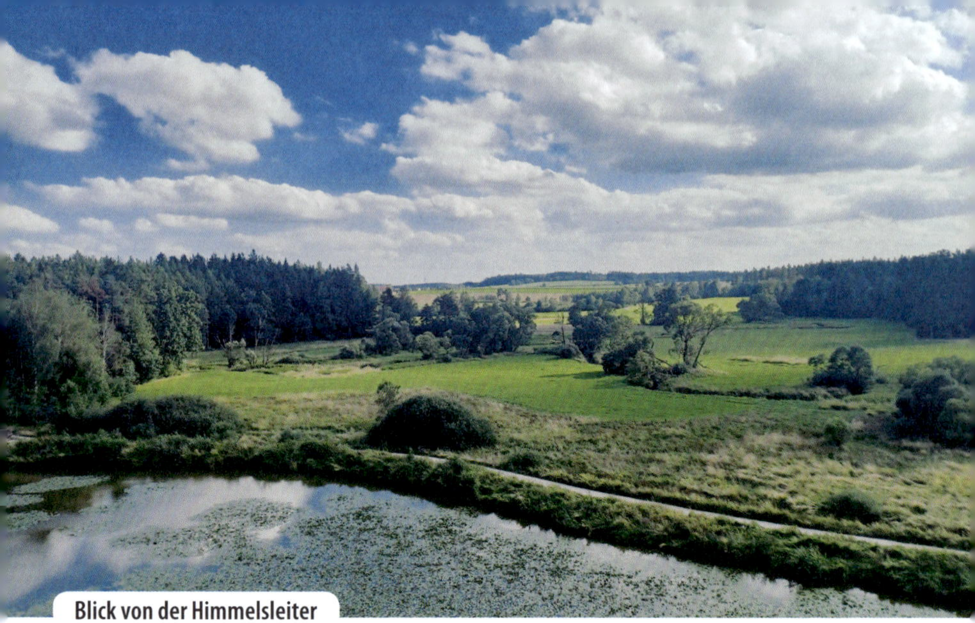

Blick von der Himmelsleiter

um Pionier- und Verlandungspflanzen zu fördern oder ehemalige Teiche in Feuchtbiotopkomplexe umzuwandeln. Für besonders bedeutsame Tier- und Pflanzenarten wurden gesteuert die Lebensraum- und Nahrungsbedingungen verbessert.

Ausgedehnte Verlandungszonen mit Schilf, Rohrkolben und Seggen (eine Grasart) sind Versteck und Lebensraum für Libellen, Kleinfische und viele Frosch- und Krötenarten, darunter auch seltene Arten wie Moorfrosch und Knoblauchkröte. Vor allem im Frühling wird es farbenfroh mit Wasserhahnenfuß, Wasserfedern, Fieberklee, verschiedenen Seerosenarten und Sumpfdotterblumen. Sogar die rare Buschnelke wächst hier üppig und an manchen Stellen finden wir das eigentlich nur im alpinen Raum vorkommende Sumpfherzblatt.

Schwäne und Enten ziehen auf diesen Luxusteichen ihre Runden, Störche und Reiher halten die Maus- und Kleinfischpopulationen in Schach. Was über uns am Himmel kreist, könnten auch Fischadler, Seeadler oder Rohrweihen sein, die hier jagen und in den umliegenden Wäldern horsten. Aber auch nicht so gern gesehene Gäste haben die Teichpfanne für sich erobert. Sanduhrförmig angefressene Bäume und Nagespuren an Ästen verraten den Biber, der mit seinem Geschick und Eifer durchaus eine Gefahr für die Standfestigkeit der Deiche werden kann.

Unser Weg macht einen Linksbogen zwischen Wagnerholzteich und Schlosserloheteich, trifft auf einen Querweg und biegt links ab, es geht am Steiningerteich entlang, dann wieder links zwischen den Pfarrloheteichen hindurch. Von hier sehen wir schon unser Ziel, die „Himmelsleiter", aufragen. Wir gelangen an eine Wegkreuzung, links von uns ein Marterl. Hier wechseln wir auf den Wanderweg „4" nach rechts und steuern auf die **3 Himmelsleiter** zu. Dabei handelt es sich um eine stählerne Aussichtskonstruktion, die von 20 Meter Höhe einen herrlichen Blick über die Teiche und anschließende Auenlandschaft bietet. Die Treppenform steht symbolisch für den Fortschrittswillen der Region.

Verwildernder Weiher

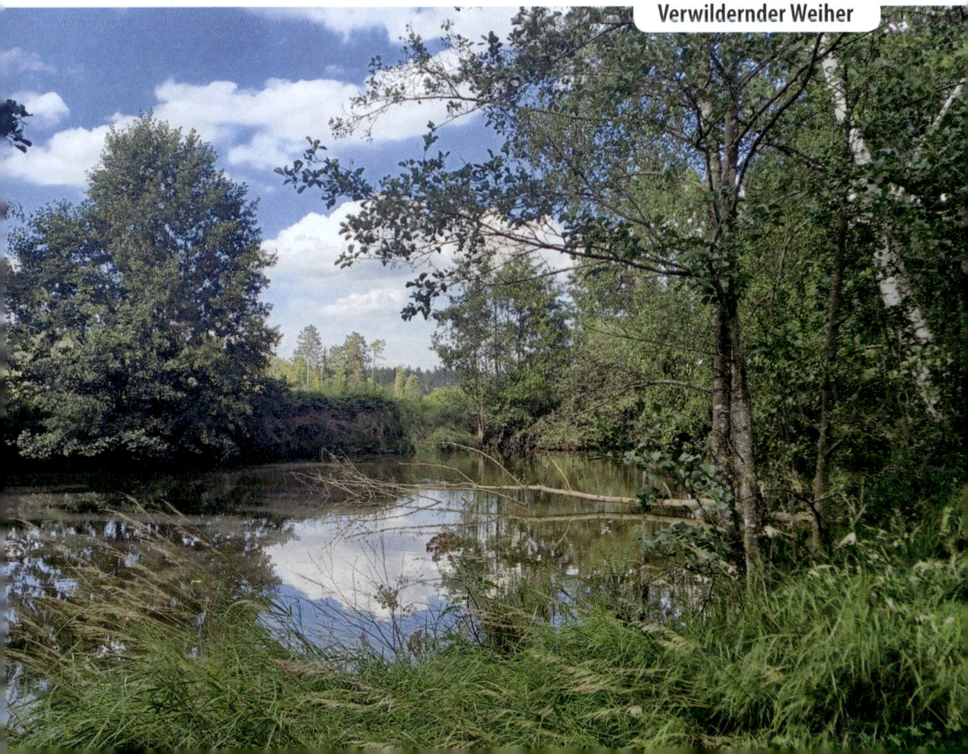

Auf der anderen Seite verlassen wir die Himmelsleiter und laufen am Kühnsteinteich entlang bis zur nächsten Wegkreuzung. Hier folgen wir weiter dem Wanderweg „4“ nach links. Ein kurzes Stück Feuchtwiese mit Sumpfdotterblumen, ein letzter Teich, dann verschwindet der Weg im Fichtenwald des Kornbühls. Kurz vor dem Parkplatz kommen wir wieder in der Moor- und Auenlandschaft der Tirschenreuther Waldnaab heraus, dieses Mal unterhalb des Vizinalbahnradweges und haben mit wenigen Schritten das Auto erreicht. Die entspannte kleine Wandertour schließen wir im 4 **Gasthof Goldener Anker** in Tirschenreuth ab, wo wir uns frittierte Karpfenfilets schmecken lassen.

__Karpfen__ schmeckt nicht nur traditionell in Bierteig gebacken, sondern wird in der heimischen Gastronomie auch blau, frittiert, als Sülze, Brotaufstrich, Suppe, Filet oder im Salat angeboten.

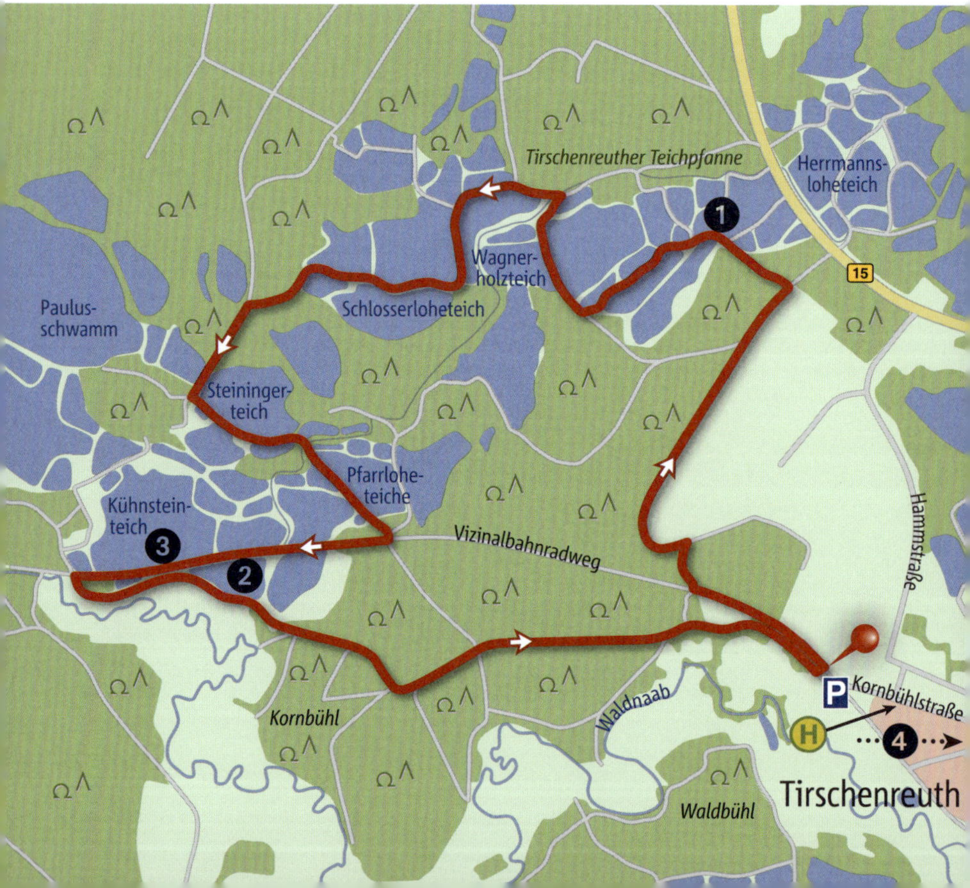

ALLES AUF EINEN BLICK

Entspannung 5/5
Abenteuer 2/5
Vielfalt 3/5

WIE & WANN

Gut ausgebaute Feld- und Wirtschaftswege sowie Deichdämme, kaum Wald. Orientierung leicht. Ganzjährig gut begehbar. Besonders schön im Frühling zur Frühblüherblüte und im Herbst während der Fischwochen.

HIN & WEG

Auto: Wanderparkplatz Waldnaabaue, Kornbühlstraße 55/Vizinalbahnradweg (gegenüber der Firma Hamm), 95643 Tirschenreuth
ÖPNV: Bus 6267 oder Bus 6276 (Richtung Wiesau Bf.) bis Tirschenreuth Keramische Werke

ESSEN & ENTSPANNEN

4 **Gasthof Goldener Anker,** Mähringer Straße 1, 95643 Tirschenreuth, Tel. (0 96 31) 6 00 14 32

ENTDECKEN & ERLEBEN

1 **Teichpfanne**
2 **Naturschutzgroßprojekt Waldnaabaue**
3 **Himmelsleiter**

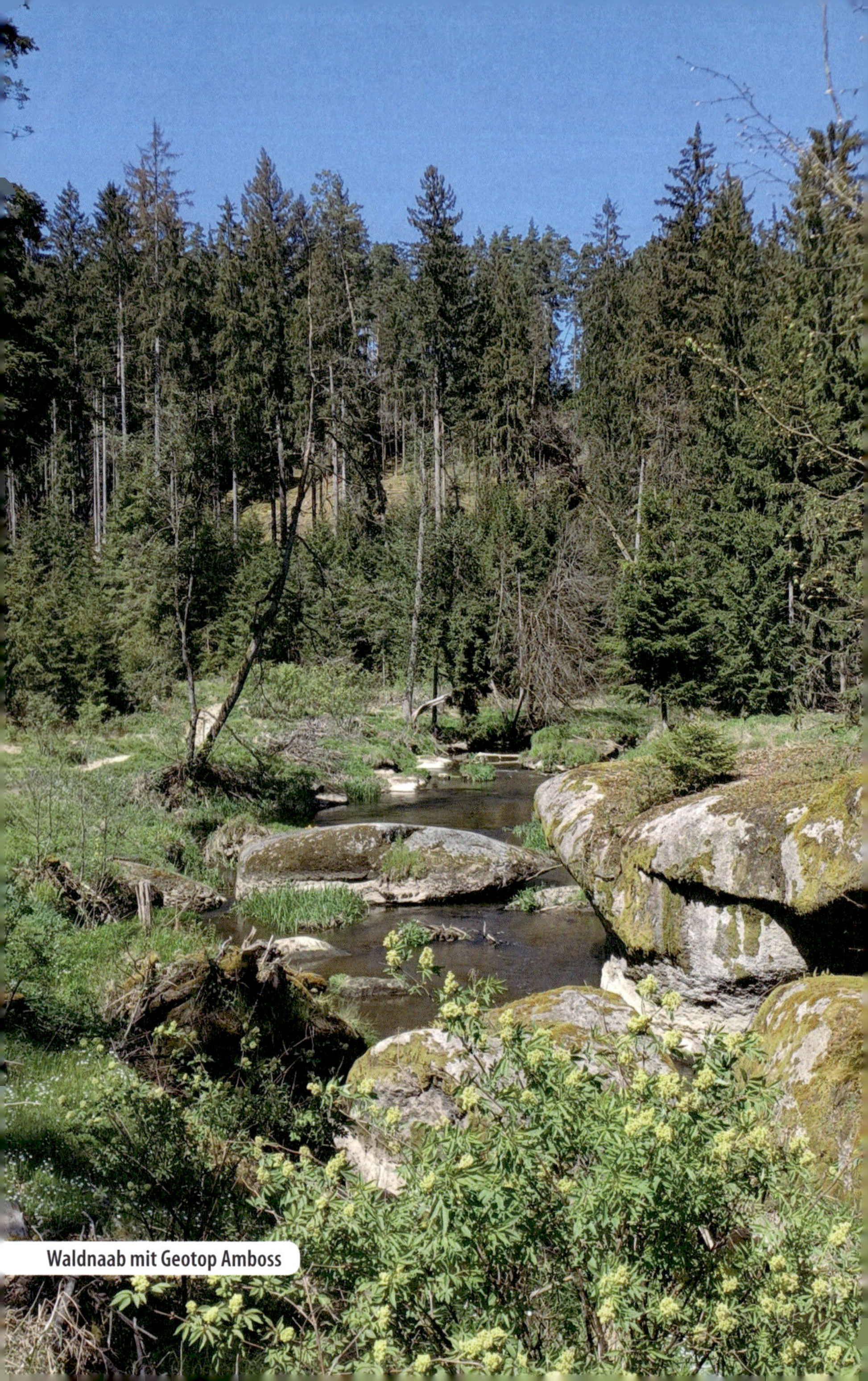

Waldnaab mit Geotop Amboss

Nixengeflüster

Das Waldnaabtal bei Falkenberg

Heute wollen wir uns eine geballte Dosis Romantik genehmigen. Davon bietet der **Markt Falkenberg,** südwestlich von Tirschenreuth, eine ganze Menge. Beginnend im Wappen, wo seit 1000 Jahren ein goldener Falke auf silbernen Bergspitzen sitzt, weil dazumal ein Adeliger seinen entflogenen Jagdfalken auf dem Naab-Berg wiederfand.

Geparkt wird unterhalb der Burg an der Kirche auf dem öffentlichen Parkplatz. Die **Burg Falkenberg,** schlicht und trutzig, gewissermaßen das Basismodell einer Burg, ist ein beliebtes Fotomotiv. Nach einer abenteuerlichen Geschichte, in der auch verfluchte Ritter und ertrunkene Jungfrauen eine Rolle spielen, ist sie als Hotel und Tagungszentrum mit Museum gediegen zur Ruhe gekommen. Ein kleiner Park verschafft qualmenden Tagungsteilnehmerhirnen frische Luft. Stolz sitzt die Burg auf einer Bergkuppe aus Graniten, deren Form an prall gefüllte und aufeinandergestapelte Wollsäcke erinnert. Hier wurde der geologisch akzeptierte, wenn auch saloppe Begriff „Wollsackverwitterung" geschaffen, der am Burgberg Falkenberg besonders ausgeprägt zu bewundern ist. Das **1 Geotop Burgberg** zählt zu Bayerns 100 schönsten Geotopen. Wollsäcke aus Granit werden uns auch im Waldnaabtal bei Tour 19 „Der Findling" und Tour 14 „In Gottes Hand" begegnen.

Unterhalb der Burg fällt uns ein Brunnen auf. Auf einem sechsstrahligen Stern tragen zwei lebensgroße Figuren ein Gefäß mit Flamme. Es ist einer der fünf relativ jungen

Kilometer: 8,6
Höhenmeter: 120
Stunden: 2,5
RUNDWEG

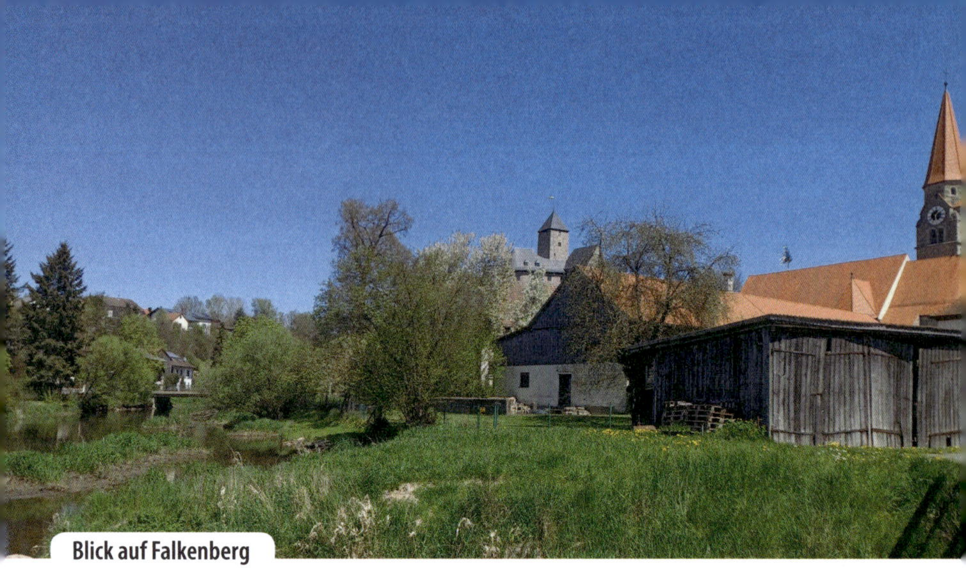

Blick auf Falkenberg

2 Zoiglbrunnen der Region und zeichnet Falkenberg als einen der ursprünglichsten Zoiglorte aus.

Neben dem Brunnen steht das über 500 Jahre alte **Kommunbrauhaus,** das ursprünglichste seiner Art in der Oberpfalz. Hier wird noch heute das Bier in einer offenen Sudpfanne gebraut.

Nach diesen ersten Eindrücken starten wir am Parkplatz mit der Markierung des Goldsteiges „Gelbe Serpentine“ Richtung Waldnaabtal/Blockhütte. Dieses Symbol begleitet uns die erste Hälfte der Tour. Es geht über eine Grünfläche, über die Waldnaab, auf der anderen Seite an einem der „Phantastischen Karpfen“ (Tour 17 „Bunte Karpfenwelt“) vorbei aus dem Ort hinaus Richtung Wanderparkplatz zum Waldnaabtal. Die Waldnaab setzt sich aus der Fichtel- und Tirschenreuther Waldnaab zusammen. Gemeinsam mit Letzterer bringt sie es auf 99 Kilometer, bevor sie sich von links in die Naab ergießt. 12 Kilometer davon hat sie sich schnell – aus erdgeschichtlicher Sicht – und effektiv in den Falkenberger Granit Richtung Windischeschenbach gefressen und so das **3 Naturschutzgebiet Waldnaabtal** geschaffen, das geologisch auch als Canyon durchgeht. Auf etwa 180 Hektar streckt es sich von der Hammermühle bis zur Mündung des Frombaches kurz vor Windischeschenbach.

*Der Begriff „**Zoigl**“ leitet sich von „zeigen“ ab. Ursprünglich zeigte man das frisch gebraute Bier durch das Heraushängen eines Fichtenzweiges oder des blauweißen Sternes an.*

Steil aufragende Granitfelsen, die an Fantasiewesen aus der Märchenwelt erinnern, säumen den Weg. Mal fließt die Waldnaab langsam, mal nimmt sie rasant Tempo auf, bildet Strudel und Schaum. Mal ist das Wasser klar und einladend, dann dunkel und abweisend. Der Wechsel von felsigen und felsfreien Flusswindungen macht den Reiz der Waldnaab aus.

Für die Seele

Die Nixen flüstern uns zu, das Hier und Jetzt zu genießen. Sie arbeiten ständig an der Veränderung des Tales.

Die bizarren Felsformationen haben Namen bekommen. Wir passieren den Kammerwagen, steil rechts des Pfades aufragend, den Amboss im Flussbett, das Gesicht im Felsen und gelangen zum 4 **Sauerbrunnen.** Die kleine Quelle enthält Eisen und Kohlensäure, die als Ergebnis vulkanischer Aktivitäten aus der Tiefe emporsteigen. Das Wasser ist durchs Eisenoxid rötlich und schmeckt säuerlich – es ist ausdrücklich kein Trinkwasser, andererseits pilgern die Menschen seit Jahrhunderten hierher im

„Step and Pool" ist der Fachbegriff für die Strömungsregulation in Flüssen. Die Steps sind steinreiche Abschnitte, die Pools steinfreie.

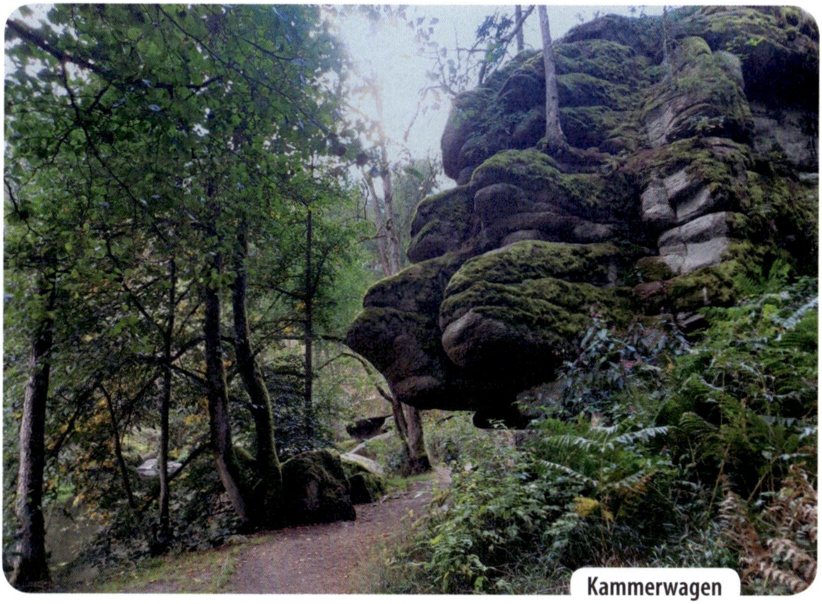

Kammerwagen

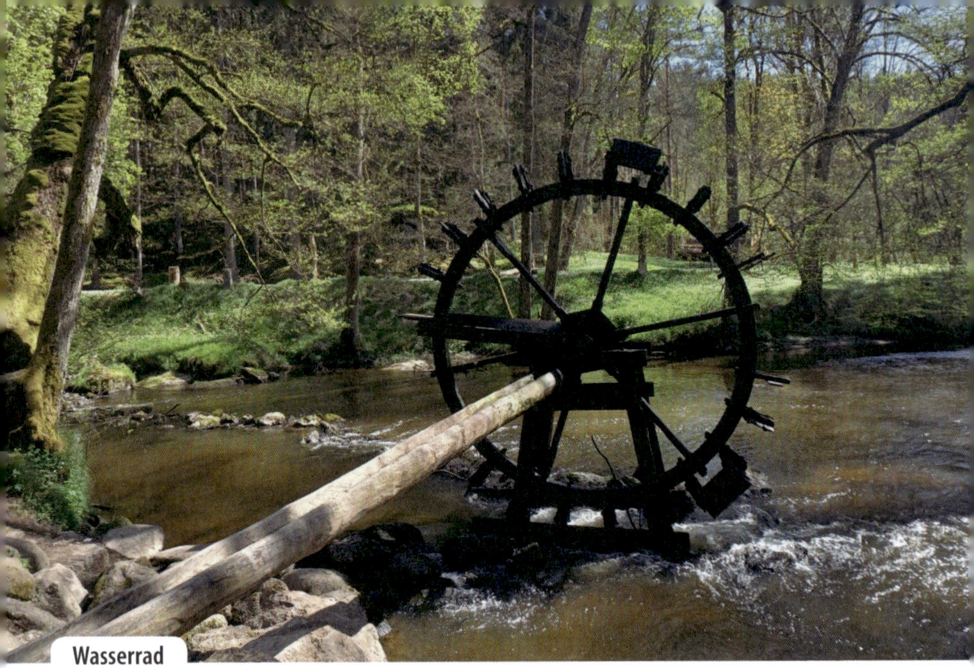

Wasserrad

Glauben, es sei besonders heilsam. Die Felsformation Butterfass im Fluss ist eine beeindruckende Felsschwelle, durch die sich das Wasser noch nicht gearbeitet hat. Wasserwirbel hobeln und schleifen unermüdlich am Granit und erschaffen Hohlformen und Strudellöcher.

Das naturkundige Auge entdeckt in der Auwaldvegetation Raritäten wie die Echte Arnika, Türkenbundlilien, Straußenfarne und sogar Alpenrosen. Eisvögeln, Wasseramseln und Rauhfußkäuzen gefällt dieses wildromantische Ambiente ebenso wie uns. Auf einer Bank mit Blick auf den Fluss und viele kleine Wollsäckchen machen wir Pause, um dem Geflüster der Waldnaabnixen zu lauschen. Die sind sehr redselig, viele Millionen Jahre alt und freuen sich immer, wenn Wanderer innehalten und sich Zeit für sie nehmen.

Wir erreichen die Gaststätte **5 Blockhütte im Waldnaabtal.** Einladend stehen (leere) Biertischgarnituren unter Schatten spendenden Kastanien. An dieser Stelle müssen wir gestehen, dass wir uns für die Wanderung einen Ruhetag ausgesucht haben. Nur dann entfaltet sich der Zauber der Landschaft vollständig.

Netterweise gibt es an der Hütte einen Automaten mit den wichtigsten Getränken, unter anderem Zoigl. Wir bedienen uns und pausieren erneut im Schatten der Erlen am historischen Wasserschöpfrad.

Der Rückweg nach Falkenberg ist einfach: Wir gehen zurück zur Holzbrücke vor der Blockhütte, queren die Waldnaab, verabschieden uns von diesem herrlichen Stückchen Erde und halten uns auf der anderen Talseite an die **Markierung „Rotes Andreaskreuz".** Die wenigen Höhenmeter der Wanderung werden jetzt absolviert. Gemächlich geht es durch Fichtenwald bergauf bis zu den Mühlnickelweihern. Am Großen Mühlnickelweiher biegen wir links ab und folgen der Markierung mehr oder weniger geradeaus durch Wald und am Waldrand entlang. Schließlich öffnet sich die Landschaft wieder, einen Steinwurf weiter sehen wir die Gebäude der **Hammermühle,** dahinter den Wanderparkplatz.

Rosskastanien
sind beliebte Biergartenbäume, weil von ihnen keine Insekten in den Hopfentrunk fallen. Eine Rosskastanie in der Tasche soll Reisende vor Stolpern und Verirren schützen.

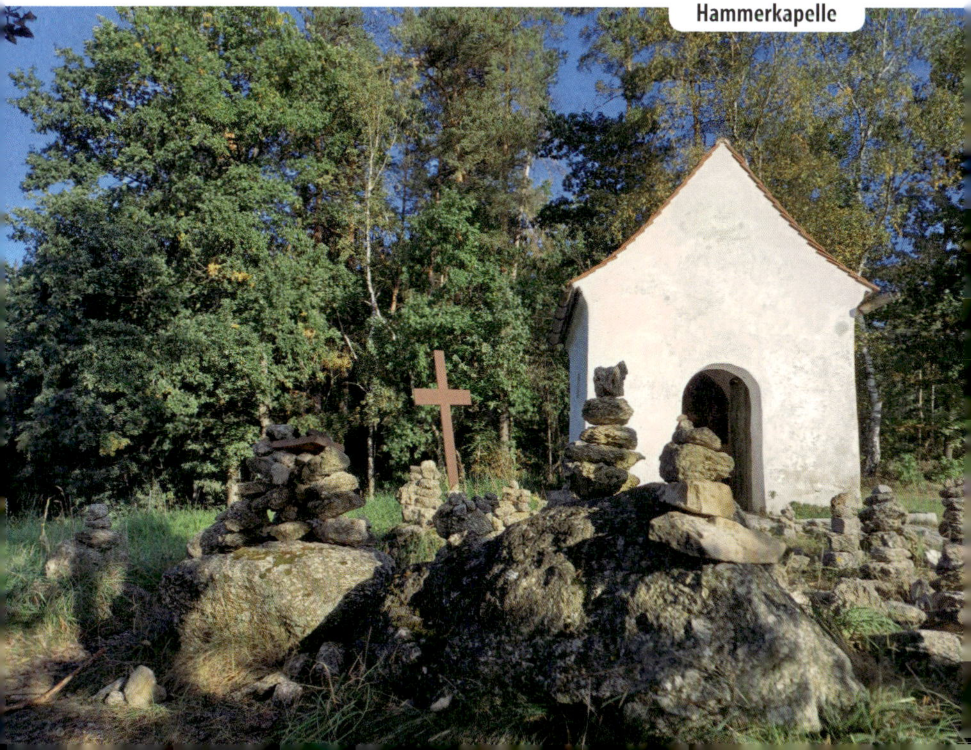

Hammerkapelle

Vor uns steht die kleine **6 Hammerkapelle,** die zum Gebäudekomplex der Hammermühle gehört. Das massive Gotteshäuschen ist frei begehbar. Davor haben Wanderer Steintürmchen errichtet, vielleicht als Danke für einen schönen Tag oder Fürbitte.

Wir biegen hier rechts ab, nähern uns Falkenberg, werfen einen Blick durchs „Steinzeitfernrohr" und lassen uns von der Markierung sicher in die Ortsmitte zurückführen. Inzwischen hat der **7 Historische Gasthof zum Roten Ochsen** geöffnet. Unter der Gewölbedecke und jahrhundertealten Balken, den Kachelofen im Blick, genießen wir Wild aus heimischen Wäldern und dazu ein Zoigl – natürlich.

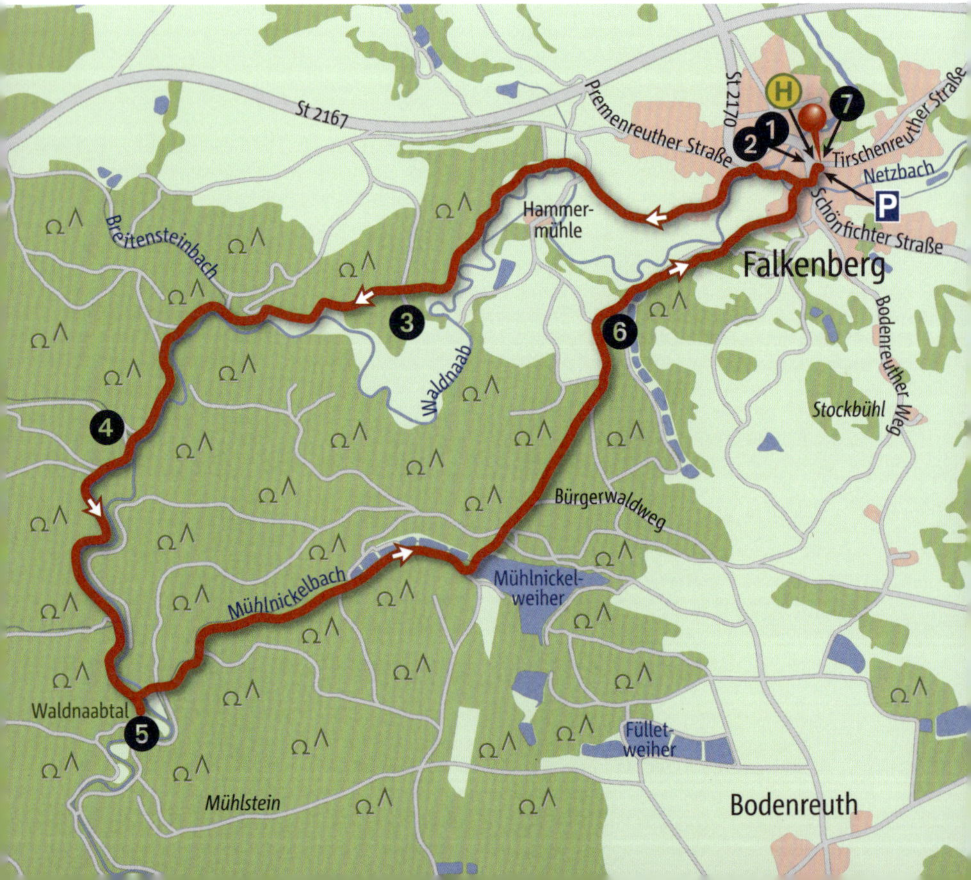

ALLES AUF EINEN BLICK

Entspannung 5/5
Abenteuer 3/5
Vielfalt 4/5

WIE & WANN

Gut ausgeschilderte, bequeme Feld-, Wald- und Wiesenwege. Ganzjährig gut begehbar. Besonders schön im Herbst.

HIN & WEG

Auto: Parkplatz Ecke Schönfichter Straße/Marktplatz, 95685 Falkenberg
ÖPNV: Bus 6267 oder Bus 6276 (Richtung Wiesau Bf.) bis Falkenberg Kirche

ESSEN & ENTSPANNEN

5 **Blockhütte im Waldnaabtal,** 95685 Falkenberg, Tel. (0 96 37) 4 15 (März–Okt. Mi.–So. geöffnet)

7 **Historischer Gasthof zum Roten Ochsen,** Schönfichter Straße 7, 95685 Falkenberg, Tel. (0 96 37) 2 72, www.gasthof-roter-ochse-falkenberg.de

ENTDECKEN & ERLEBEN

1 **Geotop Burgberg mit Burg Falkenberg**
2 **Zoiglbrunnen und Kommunbrauhaus**
3 **Naturschutzgebiet Waldnaabtal**
4 **Sauerbrunnen**
6 **Hammerkapelle**

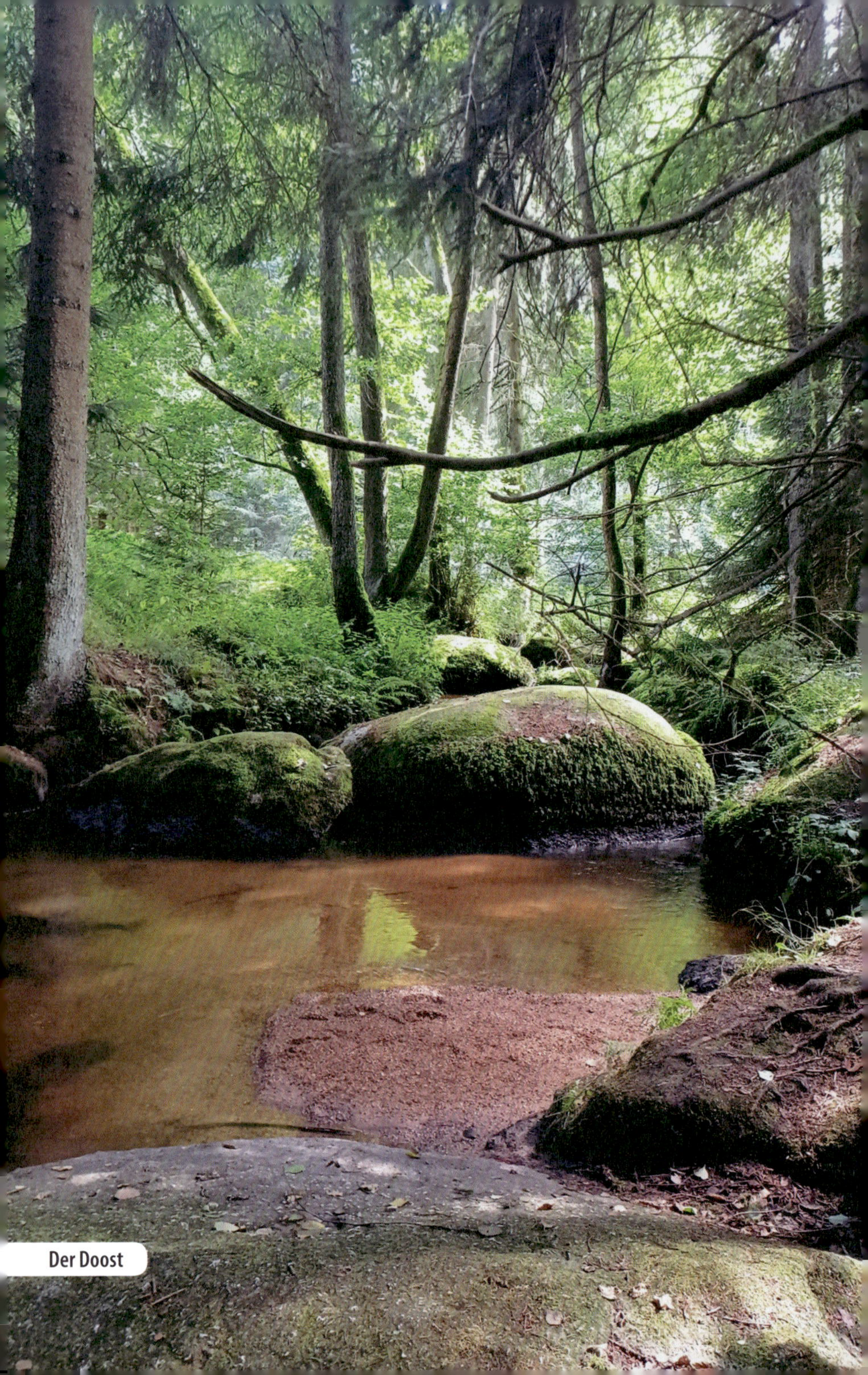

Der Doost

Der Findling

Seelenweg zum Doost bei Floß

Die Ortschaft **Floß** liegt seit über 1000 Jahren unauffällig zwischen Neustadt an der Waldnaab und Flossenbürg. Über die Namensherleitung gibt es eine Vielzahl schlüssiger Erklärungen, uns gefällt die mit keltischen Wurzeln am besten. Der naturverbundene Volksstamm besiedelte die fruchtbare Gegend bis etwa 500 v. Chr. Das Wort „flathasach" stand bei ihnen für „hell & schön" – ein Motto, das auch für die heutige Tour gilt.

Wir parken auf dem großen öffentlichen Parkplatz in der Kettelerstraße und beginnen auf der Straße, die ortsauswärts führt. Gegenüber vom Familiengasthof Schaller zweigen nach rechts diverse Wanderwege ab, die am Ortsrand entlang in die Landschaft entführen. Unsere Markierung ist heute das große „F" für den **1 Findlingsweg,** immer eingemeißelt in Granitblöcke. An zwölf detailreichen, gut durchdachten und ästhetischen Themenstationen lädt der Rundwanderweg dazu ein, zur Ruhe zu kommen, zu sich selbst zu „finden". Er wird als Seelenweg bezeichnet, also wie gemacht für dieses Buch.

*Die **Bahnlinie Weiden–Eslarn** wurde 1885 erbaut, Floß wurde mit dem eigenen Bahnhof zum Mittelpunkt des Floßer Amtes.*

Die ersten Meter gehen über den **Bocklradweg,** ein Teilstück des Radweges Paris–Prag. Hier verlief bis zum Ende des letzten Jahrhunderts eine Bahnlinie, die für einen gewissen wirtschaftlichen Aufschwung in den entlegenen Orten des Oberpfälzer Waldes sorgte, dann aber an Bedeutung verlor und aufgegeben wurde. Eine Obstbaumallee sorgt ab Frühsommer für einen vitaminreichen Startersnack.

Kilometer: 8,7
Höhenmeter: 130
Stunden: 2,5
RUNDWEG

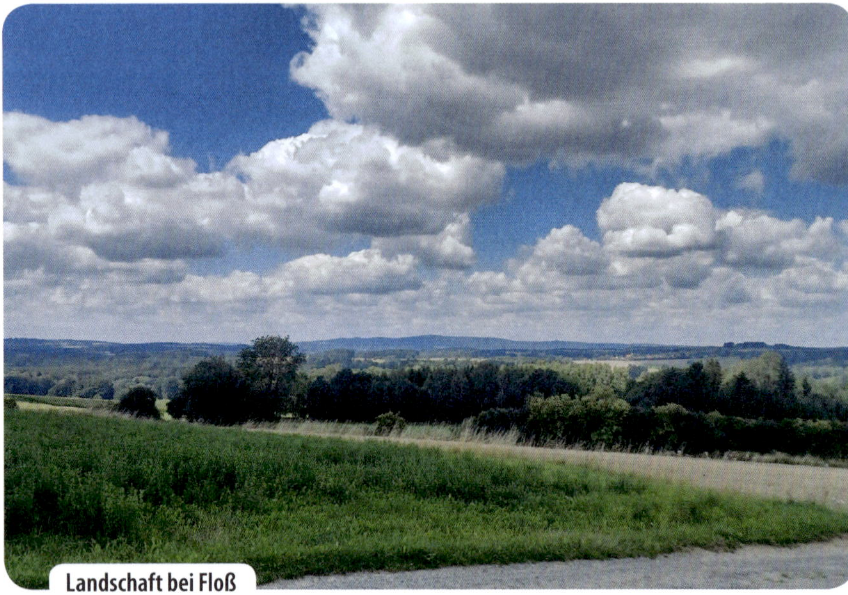

Landschaft bei Floß

*Die Zusammensetzung des magmatischen Gesteins Granit können wir uns mit dem **Merksatz** „Feldspat, Quarz und Glimmer – die drei vergess ich nimmer!" gut merken.*

Ein paar Hundert Meter Verbindungsstraße Richtung Theisseil müssen danach überwunden werden, bevor ein Wegweiserbaum unsere Schritte nach rechts in die offene Landschaft lenkt. Schattiger Wald empfängt den Wanderer auf der Ostseite des kleinen **Galgenberges,** der seinen Namen tatsächlich davon hat, dass hier der ❷ **Richtplatz** des Hochgerichts Floß war. Ein Gedenkstein mit Schwert, Galgen und Rad erinnert an diesen Teil der Vergangenheit. Persönliche Gedenksteine dürfen wir weiter im Wald in eiserne Schalen legen – mit guten Gedanken an diejenigen, die schon von uns gegangen sind.

Nach diesem etwas düsteren Einstieg schweift der Weg durch sonnige, offene Landschaft. Der ❸ **Lug ins Land** lädt ein und erklärt den Blick gen Osten, in die Weiten des Oberpfälzer Waldes. Verschiedene Guckröhen sind auf verschiedene Ziele gerichtet, unter anderem auf die Ruine Flossenbürg, die Wallfahrtkirche auf dem Fahrenberg (Tour 16 „Goldmarie"), den

Entbühl (Tour 1 „Grenzwerte") und den Bohrturm der KTB (Tour 12 „Hopfenhimmel").

Wir spazieren auf dem gut ausgeschilderten Weg weiter, überqueren eine schmale Landstraße und gelangen an den **Schnepfenhof,** einen Ortsteil von Floß seit dem 13. Jahrhundert. Hinter der geschmackvoll-idyllisch hergerichteten alten Hofstelle ist der **4 Seerosenteich** ein von den Bewohnern gepflegtes landschaftliches Highlight, das unbedingt erwähnt werden muss. Auf rund 400 Quadratmetern hat sich ein prachtvolles Biotop entwickelt. Zwischen einem halben Dutzend verschiedener Seerosenarten, Schwertlilien, Wasseriris, Kunigundenkraut und Blutweiderich schwirren Libellen und quaken Frösche um die Wette. Ein kleines buntes Paradies der Artenvielfalt und Wildheit in der Kulturlandschaft.

Für die Seele

Auf dem Seelenweg kommen wir zur Ruhe und gedenken all derer, die wir vermissen.

Der Findlingsweg taucht am Ende der Wiesenlandschaft in den Wald ein, macht einen Linksknick

Seerosenteich

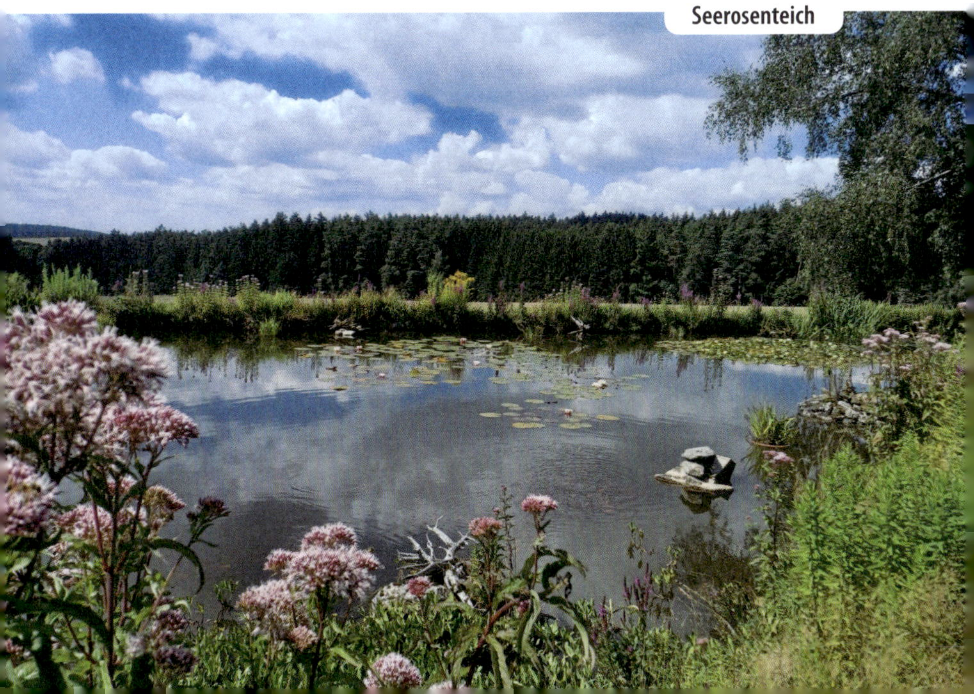

zwischen Badeweiher und Wanderparkplatz und strebt auf das **5 Naturschutzgebiet Doost** zu. Beim Anblick der ersten rundlichen Granitblöcke wissen wir, dass wir unser Ziel erreicht haben. Das Naturschutzgebiet Doost umfasst gerade mal 11 Hektar und geht 750 Meter am Bächlein Girnitz entlang. Der Name Doost lässt sich von „Tosen" (= Tost, Dost) herleiten. Es ist schwer vorstellbar, dass die eher zurückhaltend plätschernde **Girnitz** zu einem tosenden Gewässer anschwellen könnte und dass sie in den letzten Jahrtausenden das faszinierende Felsenmeer aus moosgrünen Granitkugeln jeder Größe geschaffen hat. Das Wasser hat dabei keine Steine von höheren Gebirgslagen talabwärts transportiert, wie es meistens der Fall ist. Das Blockmeer ist allein durch Verwitterung von umliegendem, weicherem Gestein entstanden, die Granite sind zurückgeblieben. Sie bilden einen schützenswerten Lebensraum für seltene Arten von Moosen, Farnen und Flechten. Schon 1937 wurde das Gebiet unter Schutz gestellt und ist damit das älteste Naturschutzgebiet der Oberpfalz. Deshalb auch die Bitte an alle Wanderer, auf dem Weg zu bleiben und nicht auf und zwischen den Felsblöcken umherzuspringen und zu -klettern. Das zerstört den einmaligen Bewuchs.

__Flechten__ sind eine Lebensgemeinschaft aus Algen und Pilzen. Die Algen produzieren durch die Photosynthese Zucker für die Pilze, die Pilze bieten den Algen ein feuchtes Habitat.

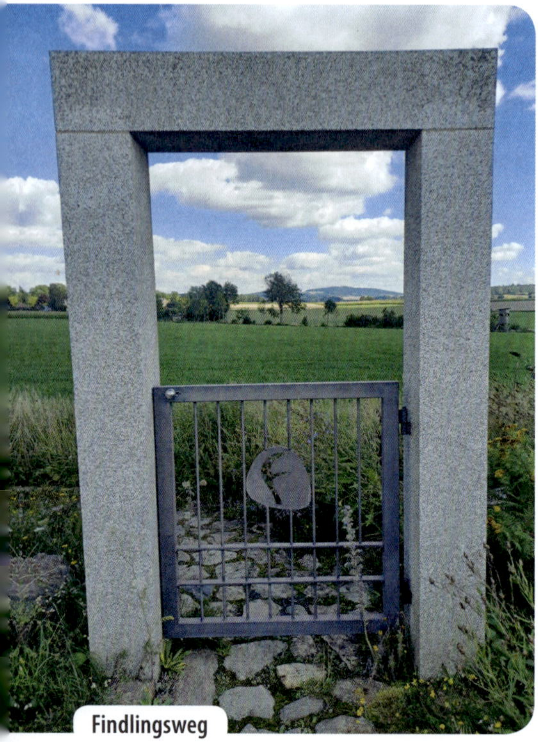
Findlingsweg

Vor allem die Jungfrauen unter uns sollten vorsichtig sein bei solchen Sprüngen, denn in den Schatten lauert der Doost-Neck, ein Wassergeist, der (jungfräuliche) Seelen einfängt und in Töpfen am Girnitzgrund lagert.

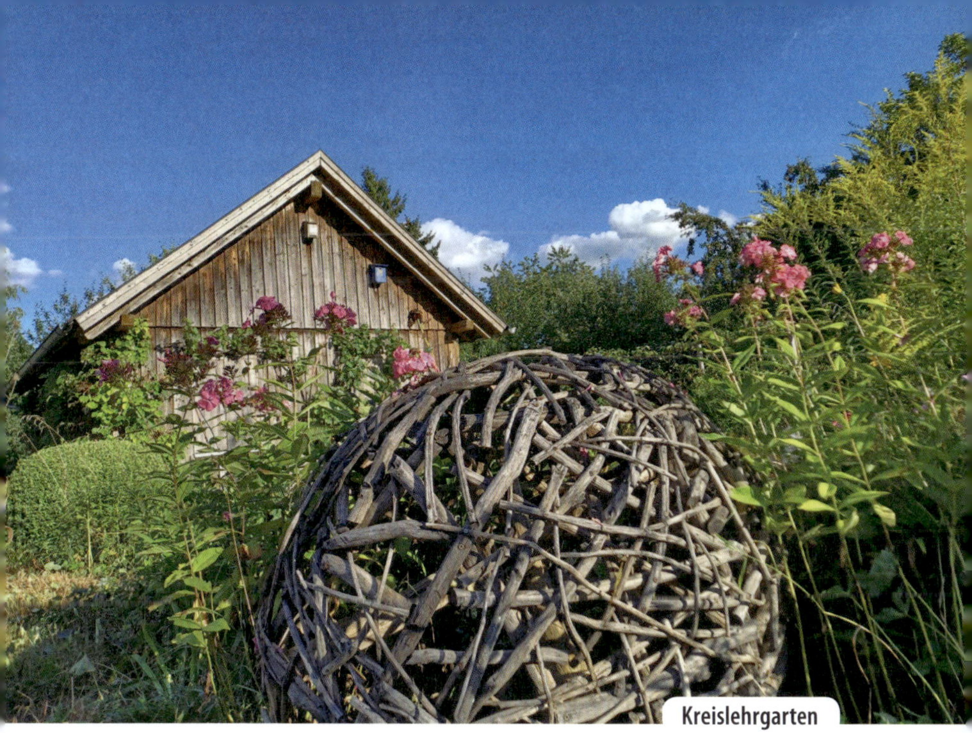

Kreislehrgarten

Wir lassen uns gerne vom Licht- und Schattenspiel der Sonne auf dem Granitmeer verzaubern. Viel zu schnell ist der Weg gegangen und führt in einem Linkschwung auf dem Wald heraus. Auf dem Hügel links wartet der 6 **Durchkriechstein** darauf, uns von unnötigem Seelenballast zu befreien. Der Brauch kommt aus vorchristlichen Zeiten: Durch das unter Umständen anstrengende und beängstigende Krabbeln durch unterirdische Röhren konnte der Kriechende eine Art Wiedergeburt erfahren und befreit neu anfangen.

Ab hier verläuft der Findlingsweg unaufgeregt am Paintbach entlang, verabschiedet sich mit einem Granittorbogen in die Landschaft, bis er am Fuß des Galgenberges erneut auf unseren Herweg stößt, den wir genau so wieder zurücklaufen. Kurz vor dem Parkplatz machen wir aber einen Rechtsschwenker auf die Vohenstraußer Straße zum 7 **Kreislehrgarten Floß.** Der Garten ist tagsüber von Mai bis Oktober geöffnet, kostenfrei und ein abschließender Höhepunkt der

70 Prozent der gesundheitswirksamen Inhaltsstoffe eines ***Apfels,*** *unter anderem das zellerneuernde Vitamin C, sitzen direkt unter der Schale. Je älter die Apfelsorte, desto mehr Vitamine enthält sie.*

Wanderung. Auf etwa 4000 Quadratmetern finden wir Inspirationen für zukunftsweisendes und weises Gärtnern. Fachkundig und fantasievoll gestaltet fügen sich Kräuterschnecke, Teich, Streuobstwiese und Räuberpfad ineinander, laden Bänke und Liegen zum Entspannen ein und ein Pavillon zum Informieren. Im Schatten alter Apfelbäume legen wir eine Pause ein.

Nur schwer können wir uns von diesem schönen Ort lösen, aber die Mägen knurren. Einkehrmöglichkeiten gibt es in Floß genügend. Wir entscheiden uns für die urige **8 Zoiglstube Zum Gogerer** im Zentrum von Floß und stoßen dort zwischen Wolpertingern und Girnitztrollen mit süffigem Zoigl auf die gelungene Wanderung an.

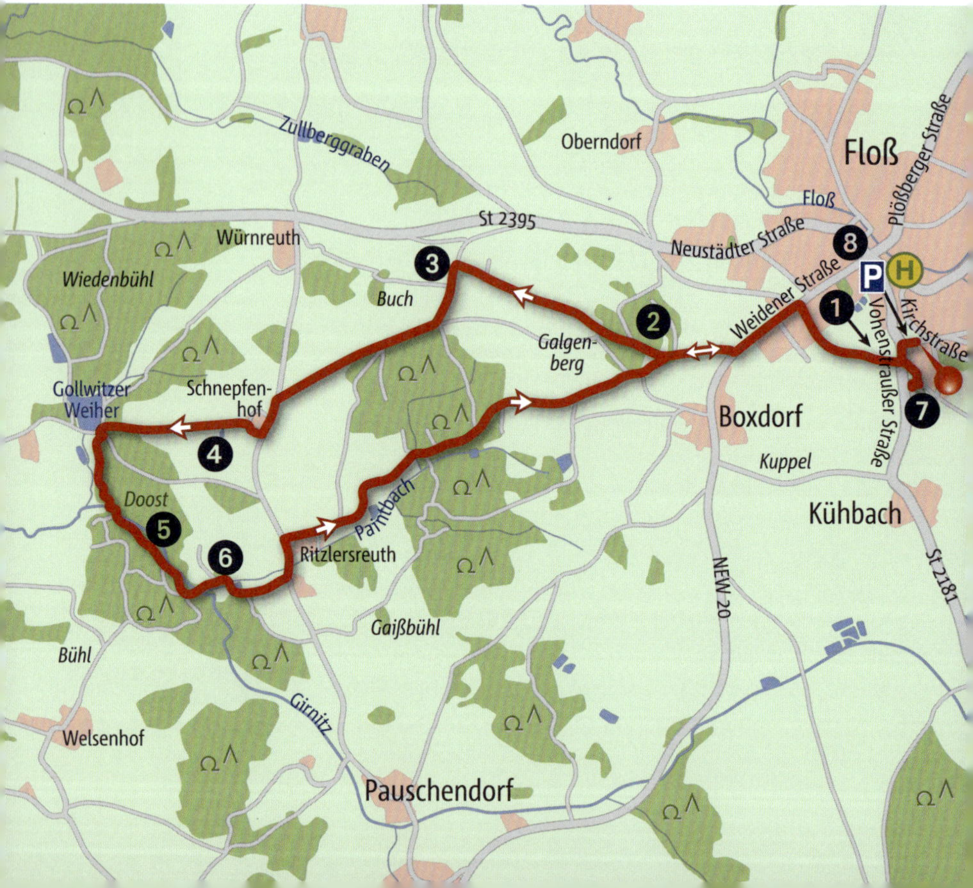

ALLES AUF EINEN BLICK

Entspannung (5/5)
Abenteuer (3/5)
Vielfalt (5/5)

WIE & WANN

Gut ausgeschilderte, bequeme Feld-, Wald- und Wiesenwege, überwiegend offene Landschaft. Ganzjährig gut begehbar. Vor allem im Sommer und Herbst sind der Doost und der Kreislehrgarten reizvoll.

HIN & WEG

Auto: großer öffentlicher Parkplatz, Kettelerstraße, 92685 Floß
ÖPNV: Bus 6272 (Richtung Weiden Bf.) oder Bus 6293 (Richtung Vohenstrauß Marktplatz) bis Marktplatz Floß, dann etwa 600 Meter/10 Minuten Fußweg zum Startpunkt

ESSEN & ENTSPANNEN

8 **Zoiglstube Zum Gogerer,** Freiherr-von-Lichtenstern-Straße 20, 92685 Floß, Tel. (0 96 03) 23 57

ENTDECKEN & ERLEBEN

1 **Findlingsweg**
2 **Ehemaliger Richtplatz auf dem Galgenberg**
3 **Lug ins Land**
4 **Seerosenteich,** 92685 Schnepfenhof
5 **Naturschutzgebiet Doost**
6 **Durchkriechstein**
7 **Kreislehrgarten Floß,** Vohenstraußer Straße 21, 92685 Floß, Tel. (0 96 03) 79 52 50

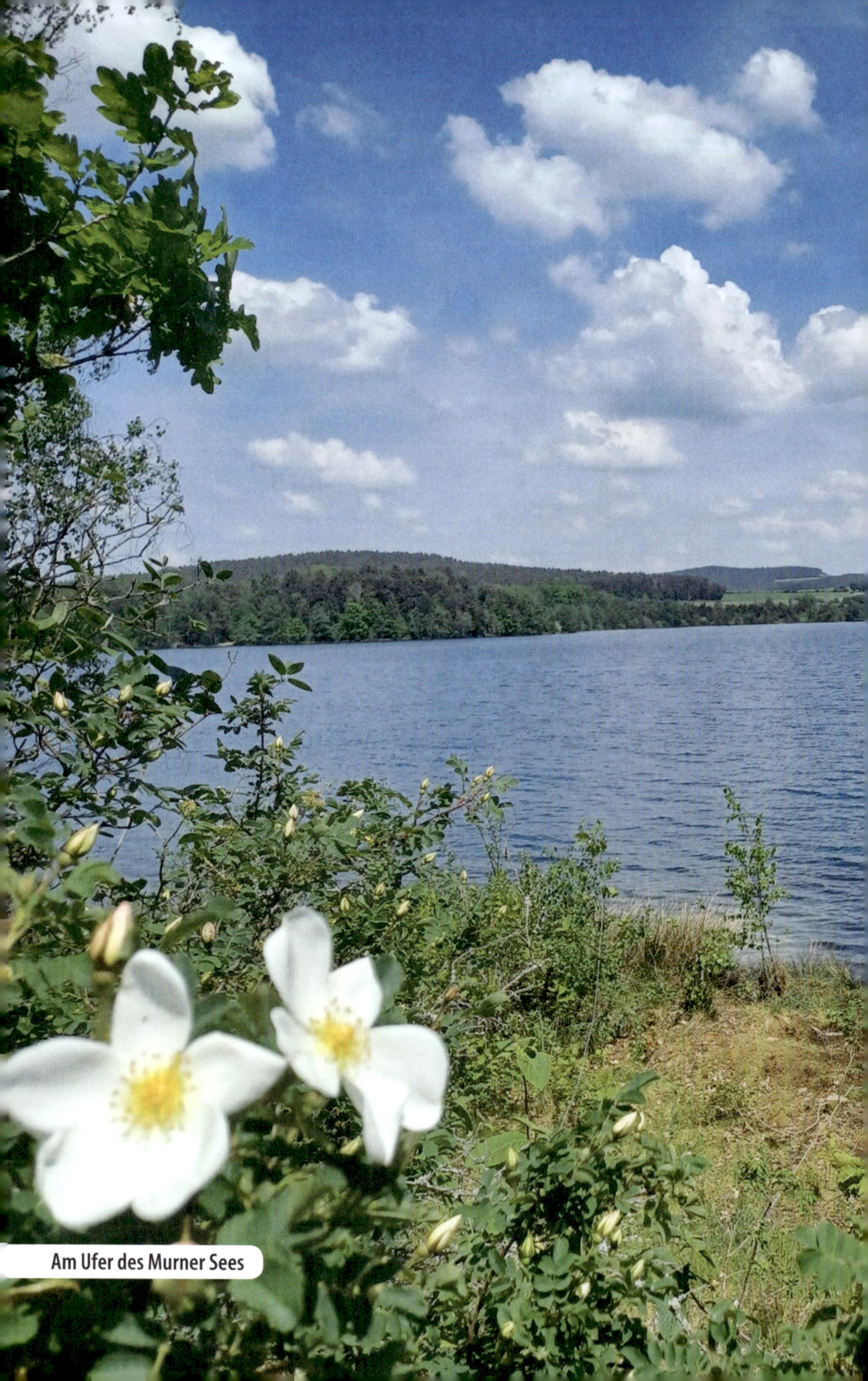

Am Ufer des Murner Sees

Vogelfrei

Das Weihergebiet bei Schwandorf

Das Teich- und Weihergebiet östlich von Schwandorf ist neben der Tirschenreuther Teichpfanne (Tour 17 „Bunte Karpfenwelt“) in der Oberpfalz die zweite bedeutende Region der Karpfenteichwirtschaft. Dazu kommen drei Freizeitseen und ein ausgedehntes Naturschutzgebiet. Diese Kulturlandschaft wollen wir heute auf angenehm flachen Pfaden erkunden. Weil es auf dem Wanderweg keine Einkehrmöglichkeit gibt, haben wir eine Brotzeit eingepackt. Für die Vogelbeobachtung im Naturschutzgebiet empfiehlt es sich, ein Fernglas dabeizuhaben.

Wir parken auf dem ausgeschilderten Wanderparkplatz Wasser, Fisch, Natur im Wackersdorfer Ortsteil **Rauberweiherhaus.** Von dort folgen wir dem Schild **1 Erlebnispark Wasser-Fisch-Natur.** Originell und familientauglich erfahren wir hier viel über Biologie und Kulinarik des Oberpfälzer Karpfens. Rechts des Weges reihen sich fünf kleine Teiche, jeder mit einem eigenen Motto. Die ersten beiden klären auf, mit welchen Pflanzen und anderen Tieren die Karpfen das Wasser teilen, der dritte lädt zur entspannten Naturbeobachtung ein. Infotafeln tauchen in die Karpfengeschichte ein und erzählen alte Sagen und Legenden. Wir sehen sogar die stattlichen Fische gemächlich in den Teichen ihre Runden ziehen. Wendbare Blechkarpfen beantworten Karpfenfragen, die wir uns schon immer gestellt haben, zum Beispiel „Warum haben Karpfen so viele Gräten?“. Die Weiherreihe mit dem abschließenden Spielplatz wurde mit Fördermitteln der

Kilometer: 12,3
Höhenmeter: 60
Stunden: 3
RUNDWEG

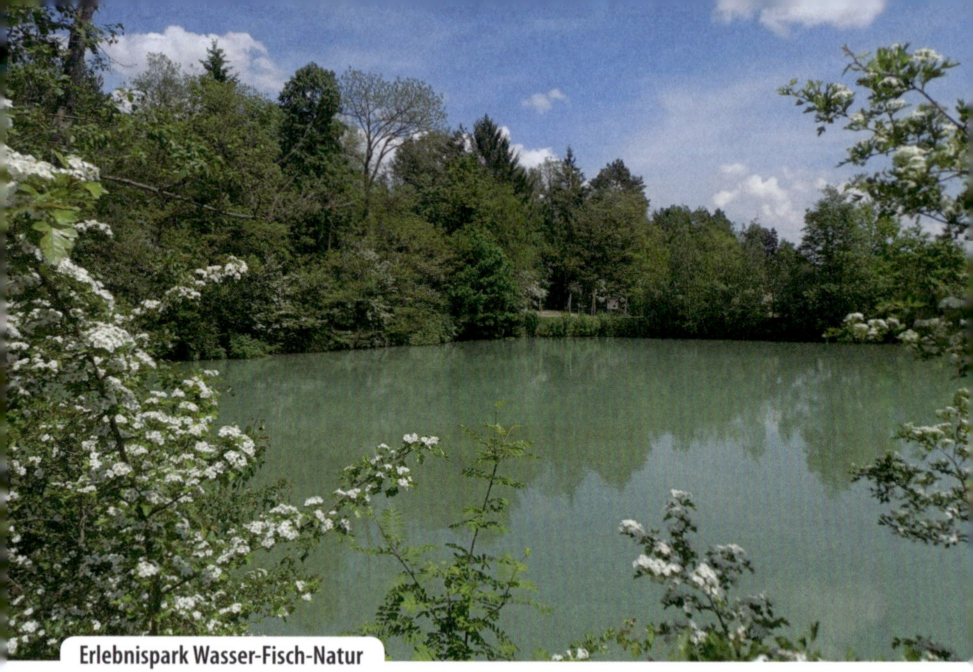

Erlebnispark Wasser-Fisch-Natur

EU aus ehemaligen Klärteichen der Gemeinde Wackersdorf geschaffen.

Vor dem Spielplatzgelände biegen wir links ab und laufen entspannt am Westufer des ❷ **Murner Sees** entlang, wir lassen den kleinen Rauberweiher links liegen, kommen an unserer späteren Abzweigung vorbei und erreichen den hölzernen Aussichtsturm. Das bei Badegästen, Wassersportlern und Campern beliebte Gewässer umfasst etwa 90 Hektar und bildet zusammen mit dem östlich anschließenden Brückelsee ein beliebtes Ausflugsziel. Auch hier hat eine Rekultivierung stattgefunden. Bis 1982 wurden in der Region 187 Millionen Tonnen Braunkohle im Tagebau abgebaut. Der Murner See ist ein ehemaliges Braunkohlegrubenfeld, genau wie die Seenketten östlich und südlich, das nach Stilllegung des Abbaus mit ansteigendem Grundwasser geflutet wurde. Trotz eines fehlenden frischen Zuflusses ist die Wasserqualität sehr gut.

Mit Karpfen genießen wir nachhaltig. Während die Weltmeere leer gefischt werden, wird die Binnenfischerei immer wichtiger. Entgegen seinem Image hat er wenig Fett, dafür viele ***Omega-3-Fettsäuren.***

Schön in die Ufervegetation fügt sich der hölzerne, 16 Meter hohe ❸ **Aussichtsturm** ein, der einen Blick über die Seenlandschaft ermöglicht und sich dank Fernrohr sogar für die Vogelbeobachtung eignet.

Nachdem wir nun die Übersicht übers Vogelparadies haben, laufen wir ein Stück des Weges zurück bis zur **Wegmarkierung „Jakobsmuschel"**, die nach rechts zeigt. Die Jakobsmuschel wird uns ab jetzt einmal quer durchs Weihergebiet begleiten.

Zuerst geht es übers offene Feld geradewegs auf die wenig befahrene Landstraße zu, auf die wir rechts einbiegen und ihr knapp 1 Kilometer folgen. Im Weiler Holzhaus biegt die Jakobsmuschel scharf links ab an den Häusern vorbei. Wir betreten das **4 Naturschutzgebiet Charlottenhofer Weihergebiet**, dessen Gelände deckungsgleich mit einem FFH-Gebiet und Vogelschutzgebiet ist. Zusätzlich verstecken sich zwischen den Weihern einige Naturwaldreservate. Mit über 800 Hektar ist es das zweitgrößte Naturschutzgebiet in der Oberpfalz, in dem 15 große und über 80 mittlere und kleine Teiche ein einzigartiges Biotopnetz bilden. Die Geschichte beginnt mit der Karpfenzucht im 15. Jahrhundert, die während des Dreißigjährigen Krieges abbrach. Die Flächen wurden

Für die Seele

Luxus pur: Vesperpause unter blauem Himmel mit Blick auf den geschichtsträchtigen Weiher.

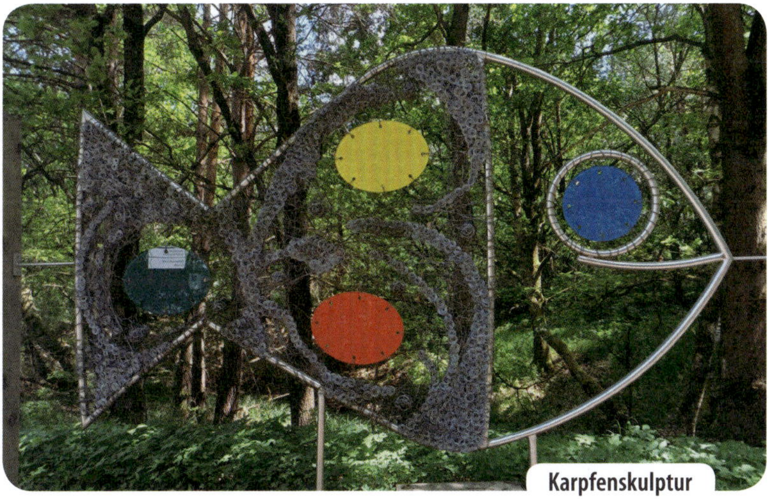

Karpfenskulptur

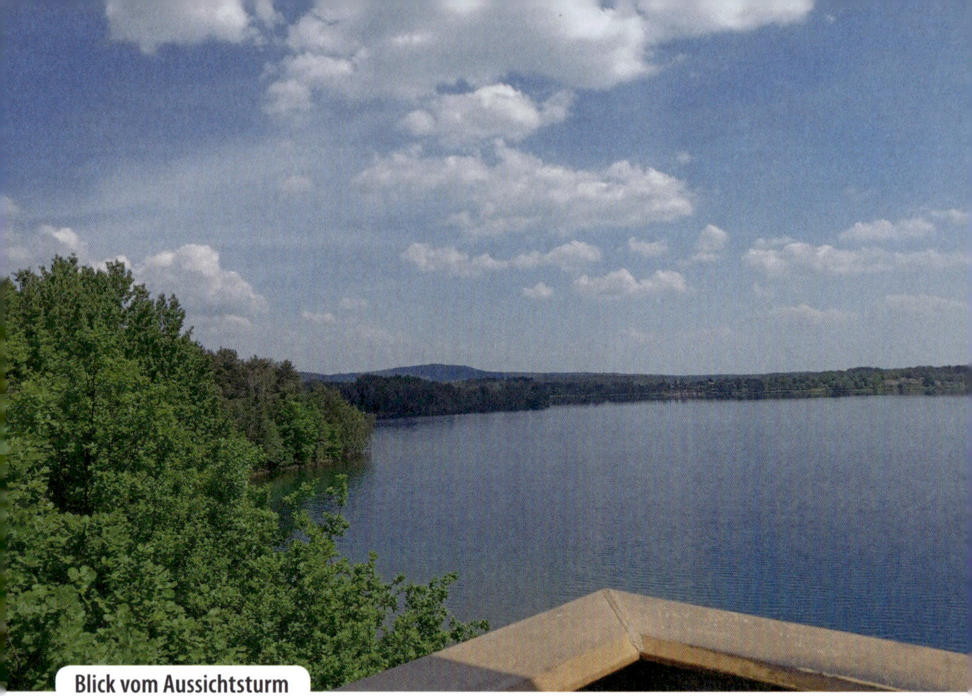

Blick vom Aussichtsturm

als Viehweide oder Wiese genutzt. Auch hier wurde ab der Mitte des 20. Jahrhunderts teilweise Braunkohle gefördert, während parallel die Karpfenzucht wieder aufgenommen wurde. Diese wechselhafte Geschichte hat über die Jahrhunderte ganz spezielle Lebensräume geschaffen – wir haben extensiv bewirtschaftete Weiher, Verlandungszonen, Röhrichtzonen, Moorwälder und Auwälder in enger Verzahnung. Wir sehen hier rechts und links des Weges in den schwarz glänzenden Pfützen das Sumpf-Glanzkraut, Herzlöffel und Sonnentau. Zweidrittel des Geländes stehen unter Wasser oder sind so sumpfig, dass sie nicht begehbar sind. Ein paar Meter weiter aber haben sich trockene, sandige Kiefernwälder entwickelt. Entsprechend vielfältig ist auch die Fauna: Dass der Biber hier eingezogen ist, bezeugen seine Nagespuren. Aber auch Fischotter, Amphibien, Reptilien, diverse Libellenarten und viele Fledermausarten sind hier zu Hause.

In der Oberpfalz gibt es nur einen einzigen natürlichen See: den ***Kleinen Arbersee*** *im Bayerischen Wald. Alle anderen Seen wurden künstlich angelegt, entweder für die Fischzucht oder als Stauseen.*

Getoppt wird das noch von der Vogelvielfalt. Das **Charlottenhofer Weihergebiet** ist ein überregional wichtiges Wasservogelrast- und -brutgebiet. Auf dem

Wasser schwimmen zwischen Schwänen und Stockenten auch Zwergtaucher. Im dichten Röhricht verstecken sich Rohrdommel und Heidelerche. Mit viel Glück blitzt das Blau des Eisvogels auf. See- und Fischadler haben im Wald ihre Horste und am Himmel kreisen mit etwas Glück Wespenbussard, Rohrweihe und Schwarzmilan.

Um die Tier- und Pflanzenwelt zu schonen, aber gleichzeitig interessierten Besuchern die Möglichkeit zur Beobachtung zu bieten, wurde ein Wanderweg durch das Gebiet gelegt. Manche Bereiche sind ganz oder zweitweise gesperrt, um den Tieren ihre Ruhezonen zu sichern. Natürlich bleiben wir auf den erlaubten Wegen!

Die **Jakobsmuschel** fädelt sich zwischen Erlenbruchwäldern hindurch, zwischen dem Landsknecht- und Forstweiher hindurch und verlässt kurz das Naturschutzgebiet, wenn sie auf den Gebäudekomplex Charlottenhof mit Fortbildungszentrum und Schloss

*Das Tourismusbüro Schwandorf bietet mehrmals im Jahr **fachkundige Führungen** für die ganze Familie durch das Naturschutzgebiet an. Termine und Infos unter tourismus@schwandorf.de.*

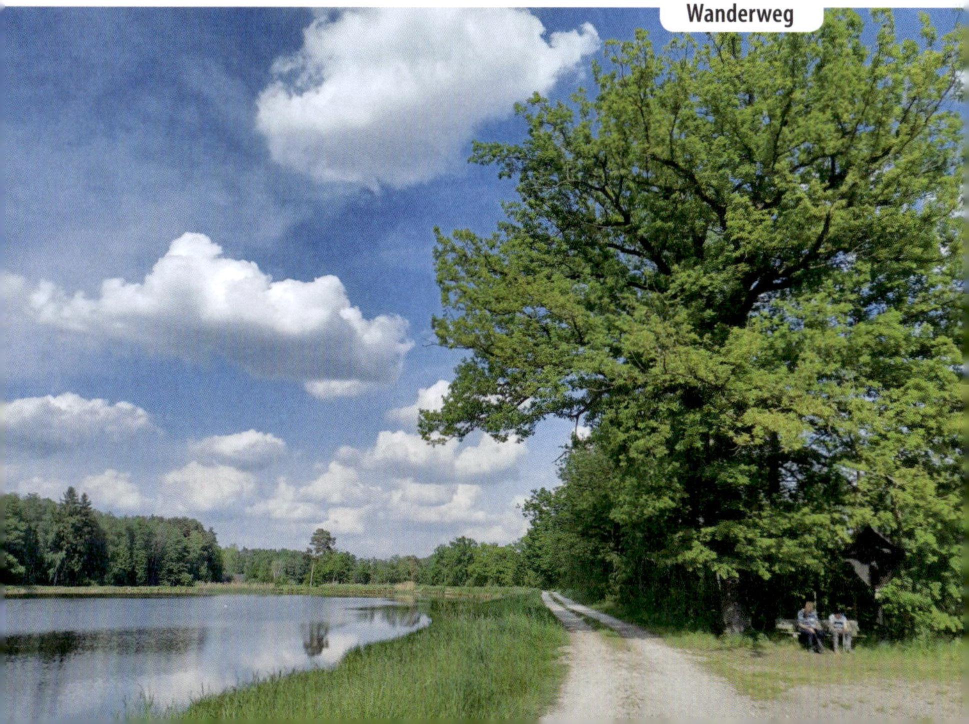

Wanderweg

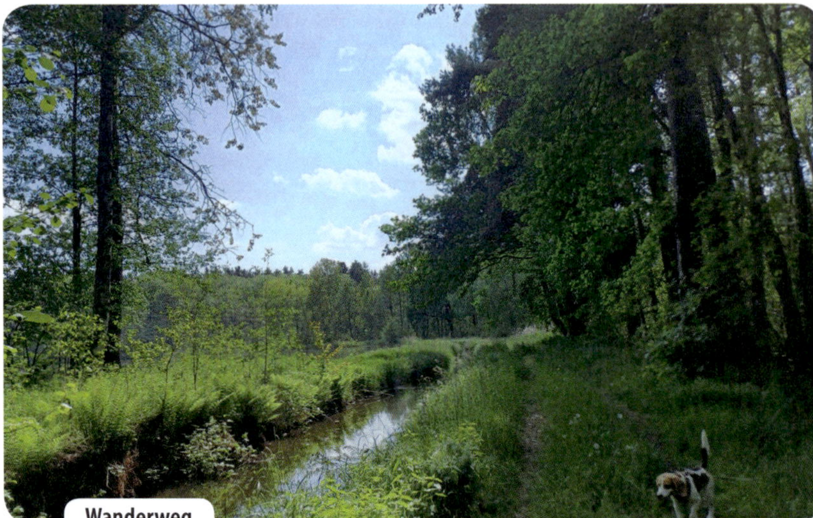

Wanderweg

Keine Angst vor Stechmücken in der Teichlandschaft! Denn in einem ***gesunden Ökosystem*** *wie hier gibt es genügend Fressfeinde von Mückenlarven wie Libellen- und Florfliegenlarven, Wasserläufer und Wasserwanzen.*

zusteuert. Hier geht es rechts herum, dann über die Landstraße und wieder in den nächsten Teil des Naturschutzgebietes. Die Qualität der Tour ergibt sich aus der Kombination von unangestrengten, ebenen Wegen zum einen entlang und zum anderen zwischen den Weihern hindurch. Die Vegetation ändert sich für das aufmerksame Auge ständig: farnbewachsene Bruchwälder, alte Eichen, schwarze Sumpfaugen, Röhrichte. Es knackt und knistert im Gebüsch, wir hören Flügelschlag unbekannter Vögel, Frösche plumpsen ins Wasser, unsichtbare Wasserbewohner bilden Wasserringe und -blasen. Der bequeme Weg führt am Nordufer des großen Hausweihers entlang, wo wir uns auf einem sonnigen Fleckchen auf dem Boden für eine Brotzeitpause niederlassen. Der Weg umrundet anschließend den Rotweiher und steuert auf die A93 zu. Hier geht es nur links herum weiter, parallel zur Autobahn. Nach ein paar Hundert Metern verabschieden wir uns von der Jakobsmuschel und biegen links auf den Fahrradweg ab, der auf dem Forstweg geradeaus Richtung Osten führt.

Die nächste Wegetappe verläuft ohne Markierung auf guten Wegen, aber es heißt Augen auf und die Beschreibung gut lesen. Der Weg macht einen Bogen um den **Stockweiher** und kommt an eine Wegkreuzung. Der Fahrradweg geht geradeaus weiter. Nach etwa 20 Metern zweigt ein unmarkierter, breiter Weg nach links ab. Wir folgen diesem Dammweg, der den Haus- vom Hofbauerweiher trennt. Der Pfad steuert auf die Landstraße zu, die wir bereits einmal weiter nördlich bei Charlottenhof überquert haben. Auf der anderen Seite stoßen wir auf zwei unmarkierte Forstwege und nehmen davon den linken. Dieser führt am **Charlottenhofer Flugplatz** vorbei und durch jungen, lichten Kiefernwald. Wir bleiben immer auf dem Waldweg, bis dieser sich nach 700 bis 800 Metern verzweigt. Wir biegen wieder links ab und kommen an eine Freifläche, wo sich der Weg etwas verliert und wir nach Gefühl laufen müssen. Am besten rechts am Waldrand entlang, die mit Ginster bewachsene Freifläche

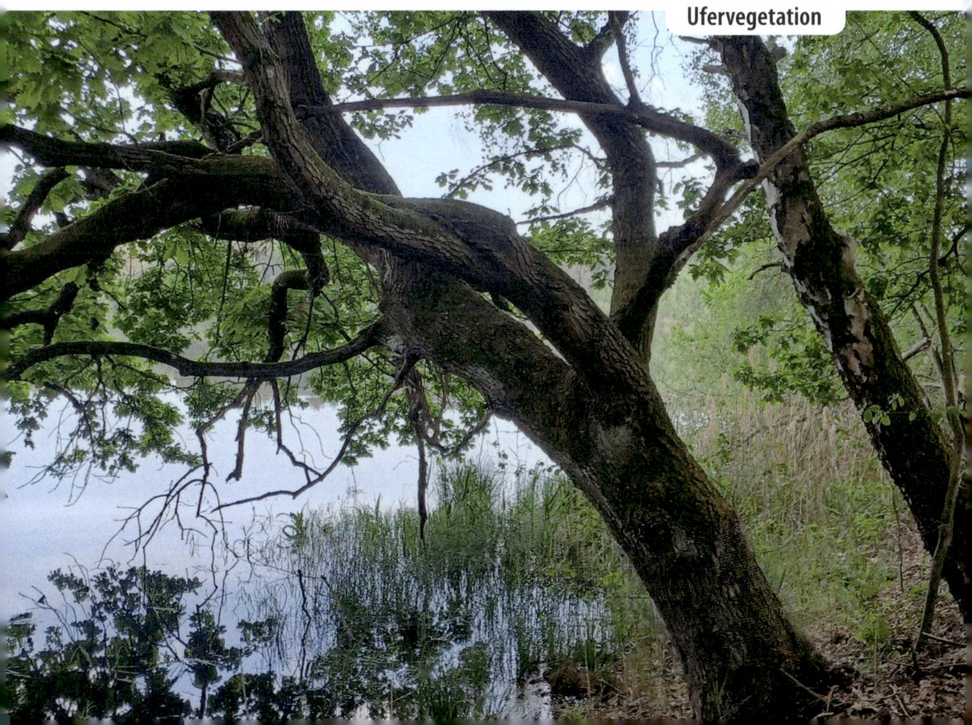
Ufervegetation

lassen wir links liegen. Wir steuern auf den **Roten-Weiher-Bach** zu, den eine uralte Steinbrücke überquert. Auf der anderen Bachseite stoßen wir auf die **blaue Goldsteig-Markierung** „Blaue Serpentine", der wir rechts herum folgen.

Nach wenigen Metern kommen wir an der Straße heraus, gegenüber liegt der Wanderparkplatz Wasser-Fisch-Natur. Für die Tour haben wir trotz der moderaten Kilometer und Höhenmeter fast einen ganzen Tag gebraucht aufgrund von vielen Beobachtungs- und Genusspausen an verschiedenen Stellen. Einen schönen Abschluss mit Seeblick gönnen wir uns in der **Gastronomie im Feriendorf zwischen Murner und Brückelsee,** das wir in wenigen Autominuten erreichen.

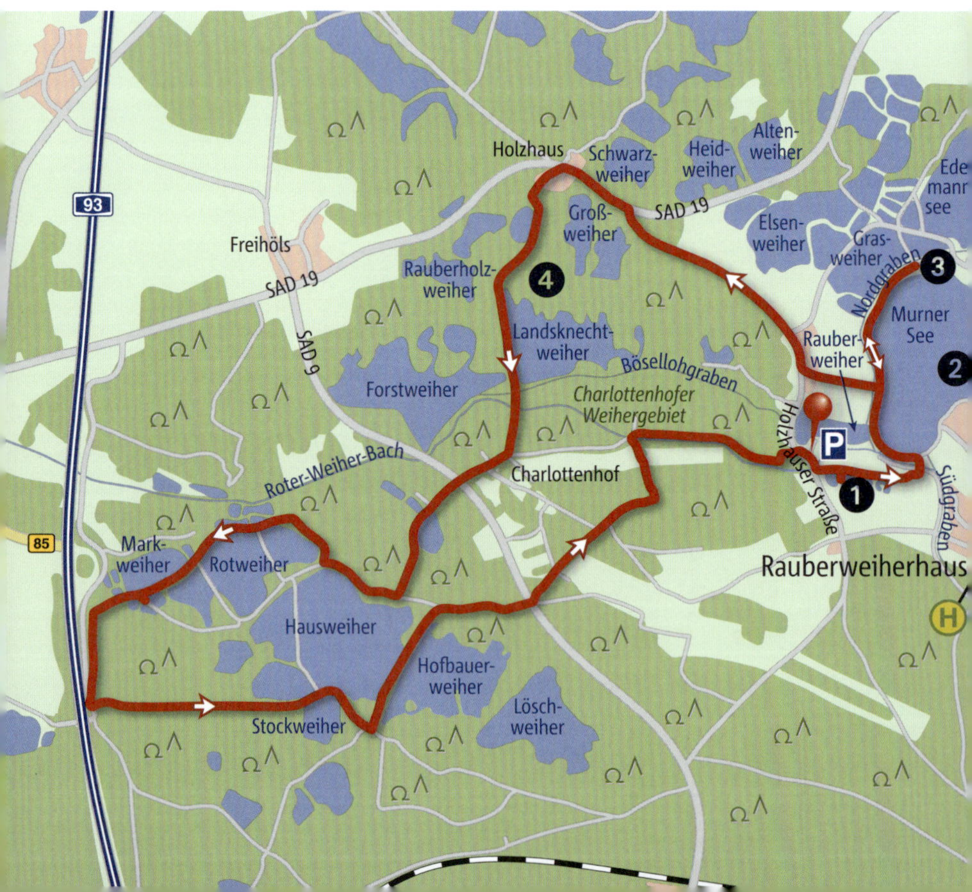

ALLES AUF EINEN BLICK

Entspannung 5/5
Abenteuer 2/5
Vielfalt 5/5

WIE & WANN

Gut ausgeschilderte, breite Wiesen- und Teichdammwege. Am schönsten im Frühling und Sommer.

HIN & WEG

Auto: Wanderparkplatz Wasser, Fisch, Natur, Holzhauser Straße, 92442 Rauberweiherhaus
ÖPNV: BAXI 8411 oder BAXI 8409 bis Rauberweiherhaus Ortsmitte, Tel. (0 94 31) 8 02 80 05

ESSEN & ENTSPANNEN

Rucksackverpflegung einpacken.
Abseits der Strecke empfehlenswert: Gastronomie am Feriendorf und Campingplatz zwischen Murner See und Brückelsee

ENTDECKEN & ERLEBEN

1. **Erlebnispark Wasser-Fisch-Natur**
2. **Murner See**
3. **Aussichtsturm**
4. **Naturschutzgebiet Charlottenhofer Weihergebiet**

Die GPS-Daten zu jeder Tour gibt es auf
www.droste-verlag.de

Konzeption: Droste Verlag, Düsseldorf
Einbandgestaltung: Britta Rungwerth, Düsseldorf, unter Verwendung von Bildern von © Fotolia.com: Andrey Kuzmin, undrey, dabost, niroworld; © www.stock.adobe.com: OberpfalzBild
Fotos: Daniela Reisch, außer S. 31: CC BY 4.0: © Simon Scotland – https://www.inaturalist.org/photos/134793107 (https://commons.wikimedia.org/w/index.php?curid=106410389); S. 51: stock.adobe.com © Mk Lichtbild/Wirestock Creators
Textlektorat: Ute König, Kitzingen
Karten: Thorsten David, Bochum
Satz: Vollnhals Fotosatz, Neustadt/Donau
Druck und Bindung: LUC GmbH, Greven

Alle Angaben in diesem Buch wurden sorgfältig recherchiert und geprüft. Für die Richtigkeit der Angaben, für etwaige Unfälle und Schäden jeglicher Art kann keine Haftung übernommen werden; die Nutzung erfolgt auf eigenes Risiko. Abweichungen, die nach Redaktionsschluss erfolgten, konnten im Buch nicht mehr berücksichtigt werden. Hinweise und Änderungen nehmen wir gern entgegen.

ISBN 978-3-7700-2534-3
www.droste-verlag.de